U0939162

本书由云南大学创新团队建设项目（CY2262420230）资助出版

ZHIYE JIAOYU YU CHANYE FAZHAN YANJIU

YI YUNNANSHENG WEILI

职业教育与产业发展研究

——以云南省为例

廖炼忠　晏月平　著

人民出版社

责任编辑:侯俊智
助理编辑:程　露
封面设计:王春峥
责任校对:吕　飞

图书在版编目(CIP)数据

职业教育与产业发展研究:以云南省为例/廖炼忠,晏月平 著. —北京:
人民出版社,2022.6
ISBN 978-7-01-024058-9

Ⅰ.①职…　Ⅱ.①廖…②晏…　Ⅲ.①职业教育-关系-产业发展-研究-云南
Ⅳ.①G719.2

中国版本图书馆 CIP 数据核字(2022)第 032555 号

职业教育与产业发展研究
ZHIYE JIAOYU YU CHANYE FAZHAN YANJIU
——以云南省为例

廖炼忠　晏月平　著

人民出版社 出版发行
(100706　北京市东城区隆福寺街 99 号)

北京建宏印刷有限公司印刷　新华书店经销

2022 年 6 月第 1 版　2022 年 6 月北京第 1 次印刷
开本:710 毫米×1000 毫米 1/16　印张:20.25
字数:260 千字

ISBN 978-7-01-024058-9　定价:80.00 元

邮购地址 100706　北京市东城区隆福寺街 99 号
人民东方图书销售中心　电话 (010)65250042　65289539

前　　言

实现经济持续增长一直是人类社会追求的重要目标之一。大量研究认为，自然禀赋、要素投入、制度创新、技术进步等是实现上述目标的主要来源与重要因素。随着知识经济、信息经济、生物经济时代来临，科学技术进步呈爆炸式增长，技术创新与进步成为经济发展最重要的推动因素。应该说，一个国家或地区技术创新与进步的能力，很大程度上取决于该国或地区人力资本状态。诺贝尔经济学奖获得者西奥多·W.舒尔茨在《人力资本投资》中提出："经济发展主要取决于人的质量，而不是自然资源的丰瘠和资本存量的多寡。"针对29个国家和地区的研究表明，经济增长中的25%应归功于教育；OECD成员国的GDP有超过50%是以知识为基础形成。人力资本对经济社会发展的促进作用已得到了社会各界广泛认可，认为通过正规教育、培训、自学等途径可实现人力资本存量提高，也是实现技术进步的主要动力，有了技术进步就可实现经济结构优化，实现经济增长。即，经济增长动力来源已经从对物化资本的投资转移到对人力资本的投资。

当今国家间竞争很大程度上是人才竞争，越来越多地表现为科技进步和劳动者综合素质的竞争。教育作为培养人才的根本途径，且与经济发展关系密切，特别是职业教育，它是教育与经济的结合点，是教育与社会发展中各种职业沟通的桥梁，是实现经济产业化、工业现代化、农村城镇化、科学技术现代化的重要支柱。1985年,在《中共中央关于教育体制改革的决定》中指出:“社会主义现代化建设不但需要高级科学技术专家,而且迫切需要千百万受过良好职业教育的中、初级技术人员、管理人员、技工和其他受过良好职业培训的城乡劳动者。没有这样一支劳动技术大军,先进的科学技术和先进的设备就不能成为现实的社会生产力……调整中等教育结构,大力发展职业教育。”①

21世纪以来甚至更早,全社会出现了学校教育学习方式与生产生活方式两大转变,即由工业化社会向智能社会转变,由一次性学历教育向终身学习转变。如果一个国家或地区仅靠全面普及普通教育(即使普及了普通高等教育),而没有适应与满足人力资源市场需求的职业教育和继续教育,也很难保证经济社会可持续发展。在《关于加快中西部教育发展的指导意见》中明确提出“大力发展职业教育”。党的十九大报告提出“建设知识型、技能型、创新型劳动者大军,弘扬劳模精神和工匠精神,营造劳动光荣的社会风尚和精益求精的敬业风气”。至2020年,我国已培育了800多家产教融合型企业、试点建设21个产教融合型城市,构建了以城市为节点、行业为支点、企业为重点的产教融合新模式。已成立1500个职业教育集团,3万多家企业参与职业教育,确定150家示范性职业教育集团(联盟)培育单位,组建了56个行业职业教育教学指导委员会,发布了近60个行业人才需求预测与专业设置指导报告。与70多个国家和国际组织建立了稳定联系,400余所高职院校与国外办学机构开展合作办学②。在《职业教育提质培优行动计划(2020—2023年)》中提出:办好公平有质量、类型特色突出的职业教育,提质培优、增值赋能、以质图强,加快推进职业教育现代化,更好地

① 《中共中央关于教育体制改革的决定》,教育部官网,http://old. moe. gov. cn/publicfiles/business/htmlfiles/moe/moe_177/200407/2482. html。

② 《人民日报》2020年12月9日。

支撑我国经济社会持续健康发展。

云南省职业教育同样坚持职业精神、就业导向、改革创新、服务实体经济，着力构建适合云南经济社会发展的、有特色的职业教育体系，完善各层次贯通衔接的职业教育体系框架；着力强化职业院校内涵建设，提升职业教育办学水平；着力促进产教融合和校企合作，形成多元发展格局；着力深化职业教育综合改革，不断激发办学活力；着力发展边疆和农村职业教育，努力提高人才培养针对性和实效性，为云南闯出一条跨越式发展路子、实现现代化强国，提供源源不断的人才红利。同时为适应“一带一路”建设，积极面向东南亚、南亚等国家吸引与拓展留学生服务，培养更多适合本地区发展的技术技能人才。云南加快发展职业教育，是主动适应新常态、推动产业转型升级的迫切需要，是推进职业教育现代化的关键所在，是把人力资源优势转化为人才红利的战略之举，是尽早实现社会主义现代化的重要途径。本书基于人口经济学视角，教育经济、人口经济等相关理论，从云南资源基础与产业发展、职业教育与产业发展匹配、职业教育对产业发展的影响，通过与广东省职业教育比较，分析职业教育发展的经验借鉴与启示，并提出云南职业教育与产业融合发展的路径选择。

整体看，云南省职业教育不断发展，规模逐渐扩大，基础建设条件明显改善，为全省教育与地方经济社会发展起到了重要推动作用。但应看到，由于受自然条件和历史发展水平的制约，云南经济发展水平比较滞后，职业教育体系依然不够完善、结构不尽合理、专业设置难以符合市场需要、教学质量有待提高，尤其是中等职业教育发展仍面临办学条件相对薄弱、吸引力明显不够、师资队伍和激励机制不完善等问题，职业教育与区域经济社会发展、产业转型升级之间的良性互动关系尚未完全建立，职业教育在边疆民族地区后脱贫时代中的支撑作用不足，是云南职业教育与区域经济发展中亟待解决的理论和实践问题，云南职业教育需进一步推进与产业发展深度融合,需要在借鉴广东等职业教育成功发展省份经验的基础上,走出一条适合云南发展的职业教育促进产业发展的路子,倡导职业教育国际合作,加快构建具有云南特色的职业教育体系,有效服务云南经济社会发展方式转变和产业转型升级。

目录

前　言 …………………………………………………………………… 1

第一章　职业教育与产业发展研究概述 ……………………………… 1

第一节　研究意义与主要内容 ………………………………………… 2

一、职业教育内涵 ……………………………………………… 2

二、研究思路与意义 …………………………………………… 3

三、研究框架与主要内容 ……………………………………… 5

四、研究展望 …………………………………………………… 7

第二节　国内外相关文献综述 ……………………………………… 10

一、国外相关文献研究 ……………………………………… 10

二、国内相关文献研究 ……………………………………… 17

三、国内外相关研究述评 …………………………………… 24

第二章　云南省资源基础与产业发展状况 …… 28

第一节　自然资源禀赋状况 …… 29

一、矿产资源 …… 29

二、生物资源 …… 31

三、水能资源 …… 32

四、其他资源 …… 33

第二节　人力资源整体发展状况 …… 34

一、人口数量不断增加，人力资源十分丰富 …… 34

二、人口整体素质不断提高，质量低于全国水平 …… 36

三、主要特征及趋势预测 …… 38

第三节　劳动力供给与产业发展状况 …… 45

一、三次产业结构与就业人口结构比较 …… 46

二、三次产业就业弹性系数比较 …… 66

三、人口与产业分布匹配度 …… 68

四、高匹配为何没能带来高增长 …… 72

五、产业发展定位与发展前景 …… 77

第三章　云南职业教育与产业结构匹配状况 …… 90

第一节　职业教育发展状况 …… 90

一、发展原则与目标 …… 91

二、职业教育发展状况及特征 …… 95

三、职业教育软硬件工程建设 …… 105

第二节　职业教育与产业匹配状况 …… 110
一、专业设置与招生情况 …… 110
二、八大重点产业发展与职业人才需求状况 …… 117
三、职业教育与产业发展问题 …… 124
四、职业教育问题形成的主要原因 …… 127
第三节　职业教育对云南产业发展的作用与功能 …… 131
一、为“一带一路”建设与“中国制造2025”输送人才 …… 131
二、有利于加快产业结构调整与建设“一带一路”前沿阵地 …… 132
三、有利于推进区域产业转移,实现区域协调发展 …… 134
四、有利于优化产业布局,带动全省经济腾飞 …… 135
五、有利于产业融合,提升区域经济协同发展 …… 136
第四节　职业教育对云南产业发展的贡献 …… 138
一、全国分行业就业人员人均受教育年限 …… 138
二、各类教育劳动力数量换算系数 …… 140
三、各行业各类教育指数及年均增长率 …… 143
四、云南省各行业各类教育对行业GDP增长的贡献率 …… 144

第四章　云南省职业教育与产业发展实证 …… 150

第一节　职业教育与产业发展相关调查 …… 150
一、问卷与访谈基本情况 …… 151
二、云南省产业发展变化及对经济增长的贡献率 …… 154
三、云南省职业院校专业设置及相关问题 …… 158

第二节 职业教育定位与社会认可程度 …… 160
一、社会认可程度 …… 160
二、自我认可程度 …… 165
三、基线调研显示云南职业教育存在的主要问题 …… 181
四、职业教育发展与产业转型升级 …… 191

第五章 云南省人力资源利用效率与产业人才缺口及需求预测 …… 194

第一节 人力资源利用率与人力资本贡献率 …… 194
一、人力资源利用率与人力资本贡献率内涵 …… 194
二、云南、广东及全国就业率比较 …… 196
三、云南、广东及全国人力资源利用效益比较 …… 197
四、云南、广东及全国分产业的人力资源利用效益 …… 198
五、云南省人力资本贡献率 …… 204
第二节 产业人才需求预测 …… 210
一、云南人才发展现状及特点 …… 210
二、云南省人才预测、人才指标体系构建基础及方法 …… 223
三、云南省人才总量需求预测 …… 229

第六章 广东省现代职业教育发展对云南的经验借鉴 …… 246

第一节 广东省职业教育发展现状及思路 …… 247
一、发展背景 …… 247

二、发展特点与思路 …………………………………… 249
第二节　广东省现代职业教育成功发展经验 ……………… 259
一、形成了特色现代职业教育标准体系的实践功能…… 259
二、现代职业教育制度体系的构建 …………………… 262
三、职业教育发展成功经验 …………………………… 265
第三节　对云南职业教育发展的启示 …………………… 266
一、构建与产业发展相适应的培养体系 ……………… 267
二、构建科学合理的职业教育管理体制 ……………… 268
三、构建富有实效的现代职教集团 …………………… 269
四、提升人力资源利用效益 …………………………… 271

第七章　职业教育与产业融合发展路径选择 ………………… 275

第一节　加快产业转型升级与职业教育改革 ……………… 275
一、优化产业结构,实现产业升级 ……………………… 276
二、加大教育投入,促进科技创新 ……………………… 276
三、完善宏观人口政策,促进人口结构调整 …………… 277
四、加大人才引进力度,丰富人才资源储备 …………… 277
五、完善就业政策,健全就业服务体系 ………………… 278
六、加快现代职业教育基础能力建设 ………………… 279
第二节　职业教育与产业协调发展路径选择 ……………… 279
一、以区域产业为基础,加强政府对专业设置的宏观
调控 ……………………………………………… 279
二、以产业和行业为依托,推进企业主导的校企合作 … 281
三、提高社会服务能力,为市场培训所需人才 ………… 282

四、鼓励民间资本以及外国资本兴办职业院校 …… 282
五、加快推进职业教育国际化 …… 288
第三节 构建云南现代特色职业教育体系 …… 292
一、构建特色现代职业教育体系的基本思路 …… 292
二、构建云南现代特色职业教育体系 …… 295

参考文献 …… 307

后 记 …… 314

第一章　职业教育与产业发展研究概述

职业教育作为现代国民教育体系中的重要组成部分，是推进我国现代工业、现代农业、现代科技发展的重要组成部分。当前，职业教育迎来了千载难逢的发展机遇。2018 年 9 月 10 日，习近平总书记在全国教育大会上指出：教育是民族振兴、社会进步的重要基石，是功在当代、利在千秋的德政工程，对提高人民综合素质、促进人的全面发展、增强中华民族创新创造活力、实现中华民族伟大复兴具有决定性意义。教育是国之大计、党之大计。[①] 此次大会对深化职业教育改革、加快推进职业教育现代化提出了明确要求。同时，2021 年《政府工作报告》中提出：要增强职业教育适应性，深化产教融合、校企合作，深入实施职业技能等级证书制度。[②] 可见，大力发展职业教育、提高职业教育水平和质量，是党和国家的重大战略部署。

---

① 《习近平出席全国教育大会并发表重要讲话》，中华人民共和国中央人民政府网，http://www.gov.cn/xinwen/2018-09/10/content_5320835.htm。

② 《政府工作报告》，中华人民共和国中央人民政府网，http://www.gov.cn/guowuyuan/zfgzbg.htm。

第一节　研究意义与主要内容

教育是实现人力资本增长最重要、最有效的方式,在各种不同层次的教育中,职业教育是经济发展和产业调整关联性最强的一环。中国作为一个新兴制造业大国,在城市化和工业化发展中需大量技能人才,众多高技能人才必须通过系统化职业教育培养,原有的“干中学”和企业简单培训模式已不适应当前产业发展形势。建立与完善职业教育发展体系,丰富职业教育人才培养,改善职业教育人才培养环境,培养创新型职业技术人才,实现职业教育对地方经济建设和社会发展重要推动作用,已成为社会各界共识。

一、职业教育内涵

职业,根据《现代汉语词典》的解释,是指个人在社会中所从事的作为主要生活来源的工作。① 职业教育是指让受教育者获得某种职业或生产劳动所需要的职业知识、技能和职业道德的教育,包括初等职业教育、中等职业教育、高等职业教育,其中高等职业教育又包括:专科层次职业教育、本科层次职业教育、研究生层次职业教育。职业教育与普通教育是两种不同教育类型,具有同等重要地位。职业教育是一个教育类型,而不是教育层次②。职业教育是实现无业者有业、有业者乐业,是人力资源开发与技术技

① 《现代汉语词典》,商务印书馆 1985 年版,第 1483 页。

② 《从“层次”到“类型”　职业教育进入高质量发展新阶段——“十三五”期间职业教育发展有关情况介绍》,中华人民共和国教育部官网,http://www.moe.gov.cn/fbh/live/2020/52735/mtbd/202012/t20201209_504263.html。

能人才培养的重要途径，包括职业学校教育和职业培训。我国职业教育在健全办学体制、完善育人机制、提升内涵质量、增强服务能力、建设“双师型”教师队伍、建成世界规模最大的职业教育体系等方面取得了可喜成绩，已进入从“层次”教育到“类型”教育的高质量发展新阶段。

在《国家职业教育改革实施方案》中指出，要坚持以习近平新时代中国特色社会主义思想为指导，把职业教育摆在教育改革创新和经济社会发展中更加突出的位置，明确职业教育与普通教育是两种不同教育类型，具有同等重要地位。随着创新驱动发展战略与构建新发展格局的大力推进，中国经济结构调整和产业转型升级不断加快，市场以及各行各业对技术技能人才的需求更加迫切，职业教育的地位和作用更加重要。与发达国家建设现代化经济体系、建设教育强国的要求相比，我国职业教育还存在体系建设不够完善、职业技能实训基地建设有待加强、制度标准不够健全、企业参与办学动力不足、有利于技术技能人才成长的配套政策尚待完善、办学和人才培养质量水平参差不齐等问题，必须下大力气办好职业教育。为适应新时代、新发展与新要求，中国职业教育需要走一条符合自身特色的“内涵式”发展道路。

二、研究思路与意义

（一）基本思路

本书以职业教育作为劳动者获得从事现代生产所需的职业知识、技能与技巧，培养产业工人队伍，把对接资源开发与产业发展作为云南省与全国同步基本实现现代化的重要途径与基础。以服务全省经济社会和特色产业发展需求为宗旨，以政府为主导，以产业发展为平台，以市场为引导，以校企深度合作为推手的产教联盟，实现企业人才需求和职业教育人才培养的有效对接，促进企业与职业教育多层次、多领域交流与合作，形成“产教结合、产教并举、以教促产、以产养教”的良性循环为发展思路，切实推进云南经济社会发展的同时，探索云南职业教育发展新模式，提升职业教育整体水平。

（二）研究意义

职业教育是社会与人类文明发展的产物，也是人自身发展的产物，更是社会发展到某个特殊时期的产物。促进社会发展与进步是职业教育的应有之义和神圣职责，职业教育受益于社会，社会也可受益于职业教育，作为我国国民教育体系的重要组成部分，在实施科教兴国和人才强国战略中具有重要地位。改革开放以来，我国先后制定并实施了多项推进职业教育发展的重大举措，使之出现了前所未有的良好发展态势，但当前发展方向不够明确，还不能完全适应经济社会发展对数以亿计高素质技能人才的迫切需要。因此，继续大力发展职业教育对促进经济社会发展与人的发展，具有十分重要的意义。

为促进职业教育，教育部在2011年下发了两个重要指导性文件，在《关于推进高等职业教育改革创新，引领职业教育科学发展的若干意见》中提出，高等职业教育必须准确把握定位和发展方向，自觉承担起服务经济发展方式转变和现代产业体系建设的时代责任，主动适应区域经济社会发展需要；在《关于支持高等职业学校提升专业服务产业发展能力的通知》中指出，高等职业教育要提高服务国家经济发展方式转变和现代产业体系建设的能力。这说明，职业教育不仅仅只是提供市场所需要的技能人才，满足当前产业发展的需要；还必须适时调整发展战略与国家、地区产业调整、优化、升级以及战略性新兴产业发展方向吻合，为未来产业发展提供及时且对路的人才储备。

职业教育作为我国国民教育体系的重要组成部分，在实施科教兴国和人才强国战略中具有特殊地位。我国先后多次召开了全国职业教育工作会议，制定并实施了多项推进职业教育发展的重大举措，职业教育出现了前所未有的良好发展态势。2019 年是我国职业教育发展史上具有里程碑意义的一年。党中央、国务院对职业教育工作作出了全面战略部署，职业教育改革发展进入新的黄金期，建设现代职业教育体系的顶层设计基本完成，继续教育改革发展也站到了新的起点上。职业教育与继续教育为转方式、调结构、促升级提供了有力支撑，为社会成员职场成功创造更多机会。

三、研究框架与主要内容

（一）研究目标

职业教育发展因产业发展、就业需求而产生。职业教育发展的根本目标就是要培养适应现代化建设需要的各级各类技能专门人才和高素质劳动者，这里以职业教育与云南产业发展为研究对象，采用实证、对比、访谈等研究方法，力求实现如下目标。

1. 通过政府主导，行业、企业及社会力量多元合作举办职业教育方式，调整和优化职业教育布局结构，发展面向边疆、面向民族、面向行业、面向农村的职业教育，着力解决全省素质性、能力性贫困与技能型人才发展问题，系统解决职业教育吸引力不强、质量不高的问题，重点培养符合产业转型升级的人才。

2. 通过加快职业教育体系建设、深化体制机制改革，坚持以市场和就业为导向，关键要实现与产业发展、市场需求有效对接，所开办专业要有吸引力、生命力。如何围绕云南支柱产业、特色与优势产业，整合全省职业教育资源，探索职业教育内涵发展新模式；把培养职业技能人才当作重要工作来完成，努力与全省大中小型企业合作，采取定向培养，建立把车间建到学校，实现职业培训在车间进行等方式，让职业教育更好地为云南的经济社会发展服务。

3. 加强职业教育内涵建设，倡导校企联合的职业教育发展方向，配合云南资源与产业转型升级战略，政府主导，校企联合，职业技术人才培养规模、目标、层次、质量与市场需求接轨。充分发挥云南各职业院校比较优势，建立与完善教育资源共享、校企合作无障碍等合作双赢的职教园区建设，以完善职业教育与区域经济结构的结合与发展。

4. 依据产业规划制定职业教育发展规划，把云南产业发展重点和方向作为该地区职业教育重点和方向，找到职业教育和产业发展的最佳结合点。同时应根据职业教育反作用于产业发展原理，大力培养全省产业发展中急需的创新技术技能人才。现代经济社会发展中，职业教育具有对产业发展主动的调节和引导功能，应大力发展职业教育，实现云南职业教育作为产业的孵化器。

5. 把发展职业教育纳入区域经济社会和产业发展规划中，建立职业院校经费保障机制，通过建立政府财政为主，行业、企业、学校和社会共同分担职业教育基础能力建设成本机制，鼓励多元主体举办职业教育，把职业园区与所有工业园区有效对接，广泛吸引社会资金支持职业教育，到 2020 年全省建立 15 个以上的专业技能培训基地。

6. 加快实现云南职业教育国际化。一是增强吸引国际学生的能力。提升以国际专业能力、外语能力、跨文化能力为主要内涵的国际能力，以提升职业人才国际能力为目标，倡导加强职业教育国际合作。二是加快推进职业教育国际化。以全面提升职业教育人才国际能力为目标，提升本地区职业教育国际化水平。建立完善的国际合作交流机制平台；构建区域特色的职业教育国际化布局；整合资源，强化协作。三是提高职业教育开放性与通用性。既要加大政府支持，又要通过政府购买服务等方式更多促进社会力量参与，形成多元化职业教育发展格局，让现代职业教育助推经济社会取得更大发展。

（二）主要研究内容

在实地调研与相关统计数据基础上，在分析云南资源与产业发展基础上，研究全省职业教育发展现状、存在的主要问题、与产业发展是否协调等内容，运用基线调查、实证分析等方法，分析全省产业发展与职业教育结合的相关挑战及主要发展路径。主要内容包括：云南省资源基础与产业发展前景分析；云南职业教育现状与产业人才缺口；职业教育推动产业发展的实证研究；广东省现代职业教育发展对云南发展的经验启示；职业教育与云南产业发展路径与相关建议等。

（三）研究方法

本书将基于基本理论、发展模式、评价方法、计量与实证研究技术路径，运用文献法、问卷调查法、实地调查法、定性与定量分析法，重点围绕云南职业教育对促进产业调整升级进行实证分析与系统研究。

云南省属经济相对欠发达省份，工业化程度低，区域经济整体发展水平不高。在新一轮产业转移中，要实现全省产业转移能够“进得来”“留得住”“做得大”“有特色”，并能够发挥产业带动和集群效应，大力发展职业教育培养技能人才，为新时代人才强省、科教兴省实现新目标、形成新格局奠定坚实的产业人才基础。

四、研究展望

党的十九大报告鲜明地提出了“中国特色社会主义进入新时代，我国社会主要矛盾已经转化为人民日益增长的美好生活需要和不平衡不充分的发展之间的矛盾”的重大判断。该判断不仅为新时代经济建设、政治建设、文化建设、社会建设和生态文明建设指明了新的发展方向，而且为新时代教育发展、教育改革提供了决策依据和理论支撑。

（一）理论问题

新时代背景下，职业教育肩负新的社会发展使命，不仅职业教育研究要实现新作为，在服务社会发展需要全方位地发挥科研引领与指导性的基础作用；既要聚焦内涵发展，又要多维度地加强科研体系建设，立足理论视野拓宽，构建纵向贯通、横向融通、开展“顶天立地”的职业教育理论体系建设与研究。

1. 概念存在相关分歧。职业教育称谓，有的国家称职业教育，有的为职业与技术教育，有的是职业培训等。各国对职业教育内涵认识也存在不同表达，同时对职业教育范围、层次与结构等呈现不同划分方式与分类。

2. 经验描述多于理论分析。当前我国职业教育研究以经验描述多，理论分析相对不足。虽有不少成功合作典范，但对成功经验分析没有上升到理论高度，没有形成诸如德国的“双元制”、加拿大的 CEB、澳大利亚的 TAFE 等与本国实际相符的、运用广泛的、得到更多人认可的产学研结合模式以及更多职业教育发展新模式。

3. 针对职业教育与产业发展关系分析与发展的研究较常见，但研究比较片面和零散，还不够深入，缺乏相关理论归纳、总结与系统性研究。

4. 理论分析一方面体现在宏观上强调职业教育与产业发展的协调性，另一方面从微观上分析单个职业院校如何与企业间开展合作，但从中观层面分析职业教育与产业之间的互动关系研究相对较少，以及如何从实践上升到理论并进行归纳总结，并形成具有中国特色的职业教育理论依然任重道远。

（二）实践问题

职业教育不仅需要科学研究与理论指导，还应在理论与实践指导下，在实验、实践、检验之间建立紧密联系，促使职业教育人才培养朝市场需求与社会所期望的方向发展。

1. 产业结构与职业教育有效互动尚未形成

当前我国职业教育还没有发挥出其应有服务与实践功能。产业发展积极参与职业教育改革，主动地与职业院校进行合作等方面的水平还有待提高。

2. 机制问题

在产学研运行机制中，利益机制具有非常重要的地位，目前我国产学研结合还缺乏具有可持续激励的长期利益机制，无法保证产学研长期联合发展与可持续发展，这需要政府出台相关制度或规范办法，及时修订职业教育法，让产学研结合的职业教育模式具有持续性、长期性与有效性。

3. 资金短缺问题

在产学研结合的具体实践中，职业院校比较普遍地存在资金短缺问题，从而影响到教学质量提升，基础设置建设和院校发展规划，同时也制约了产学研合作渠道的畅通与合作层次的深入发展，同时资金短缺问题也是影响职业教育发展的关键要素。

4. 云计算、"互联网+"职业教育教学实践

我国已与70多个国家和国际组织建立了职业教育方面的稳定联系，有400余所高职院校与国外办学机构开展合作办学，成立了海外独立举办的第一所高职院校"中国—赞比亚职业技术学院"。在"一带一路"沿线国家和地区建设"鲁班工坊"，打造出中国职业教育国际品牌。《中国制造2025》进一步推动了制造业迅猛发展，并逐步成为制造业大国、制造业强国，其中智能制造正成为当今制造业发展的重要趋势，为此中国需要大量专业性人才。大数据、云计算、人工智能、虚拟现实等都将使职业教育更加多元化、人性化，"互联网+职业教育"正朝着智慧教育方向发展，加强教育信息化建设势在必行，"互联网+职业教育"是实现教育信息化的重要技术。职业教育引入"互联网+"教学实践活动，合理引入云计算以促进信息技术

和教育教学深度融合，深化职业教育教学改革，提升技术技能人才培养质量，为职业教育走向多元化、信息化与现代化奠定基础。

第二节　国内外相关文献综述

职业教育实质是教书育人、使人成才，提高综合技术技能，与普通教育、成人教育相比，职业教育侧重实践技能和实际工作能力培养。从当前世界各国教育实践和学界研究看，职业教育对经济增长和产业发展的贡献，如何更好地发挥职业教育的经济社会功能等已成为焦点。

一、国外相关文献研究

国外关于教育与经济增长、教育与产业发展的相关研究已取得了诸多富有成效的成果，尤其美国、德国、日本等发达国家在理论研究和国家战略实践等方面起步早，形成了较为完整的理论体系和有特色的职业教育模式。

（一）教育与经济增长的关系

职业教育由最初的思想萌芽到形成教育经济学作为独立学科已走过了几百年。在传统农耕社会，教育被视为一种纯消费性行为，其对经济发展的作用不是很明显，并没有得到研究者足够重视。只有少数思想家在阐述教育功能时对其经济意义作过一些启蒙性描述。比如古希腊思想家、教育学家柏拉图："在生产工艺中有两个部分，其中之一与知识关系更为密切。"第一次产业革命后，教育对产业发展的重要性得到了一定程度重视，西方早期经济学家开始对教育投入问题进行专门研究。最早正视教育投入与贡献相关问题的是英国古典经济学创始人威廉·配第，在其《政治算数》(1676)中提出，劳动创造价值，复杂劳动比简单劳动可以创造更多价值，是人们除了掌握土地、资本、劳动之外“技艺”的又一种重要生产要素，要想获得这种“技艺”就需要接受相关培训或教育，举办培训和教育则需要一定的人力、物力和资金投入。此后，亚当·斯密在《国民财富的原因与性质的研究》(1776)中认为，资本的积累、就业人口的增长和技术进步是促使经济增长的三大要素，其中劳动者知识、经验和能力的增长，则能从很大程度上提高人们的工作效率，在同等情况下生产出更多产品。劳动者要掌握的知识或技术，则“须受教育，须进学校，须做学徒”，在这一过程中“固然要花一笔费用，但这种费用可以得到偿还，同时得到利润”①。亚当·斯密将教育支出看作是一种可以获得利益、得到回报的投入，已初步形成了人力资本概念。进入19世纪后，德国历史学派先驱李斯特和英国剑桥学派创始人马歇尔，分别对教育经济功能有了更深入的认识，马歇尔在《经济学原理》中多次强调教育对经济发展的重要性，主张在重视土地、资本、劳动力等经济要素投入时，更应加大对教育的支持，他认为经济发展和劳动生产率提高离不开普通能力和专门能力这两种能力。普通能力是某一时代的劳动者必须掌握的，专门能力是为适应某一职业所需具备的熟练技术或知识能力，但这两种能力的提高关键都在于教育②。李斯特也认为，“培养和促进教育、科学、艺术的人的精神劳动具有生产性”③，并明确指出教育在社会生产发展中的重要作用。卡尔·马克思在《资本论》中提出了教育可以促进社会财富的创

---

① ［英］亚当·斯密：《国民财富的原因与性质的研究》(上)，商务印书馆1974年版，第79页。

② ［英］阿尔弗雷德·马歇尔著，彭逸林等译：《经济学原理》，人民日报出版社2009年版，第51页。

③ ［德］李斯特著，邱伟立译：《政治经济学的国民体系》，华夏出版社2009年版，第34页。

造，可以推动社会进步，教育还会提高"生产劳动能力"①观点。

基于教育促进经济增长的认识，18—19 世纪的经济学家们试图从数学角度就教育对经济增长贡献进行定量分析，尤以英国、美国和苏联经济学家作了较多探索。尽管他们采用的计量方式和框架各异，但结果都显示：教育确实能促进经济增长。20 世纪 50 年代后期，伴随着计算机技术出现和推广应用，教育与经济增长之间的关系也得到了更多经济学家的关注与思考，研究结果也有了突破性进展。经济学家研究发现，劳动力和资本增加只能解释一个国家经济增长的一部分，另外一部分则无法得到充分说明和解释，这部分即现在所说的"残值"。针对该残值，外生技术决定理论的代表人物索洛提出了新古典增长理论，他在使用生产方程研究投入与产出的关系时，对资本和劳动力这些传统生产要素无法解释的那部分"残余"贡献量，提出了技术进步是产生这一"残余"的最终原因，这实际间接指出教育对经济增长的贡献与作用。

教育对经济增长的一系列理论中，以舒尔茨为代表的研究最为经典，他认为人力资本存在于人身上表现为知识、技能、体力（健康状况）价值的总和，要想形成人力资本则同样需要投资，教育投入是其中一个重要方面，包括教育投入在内的人力资本投资是经济增长的主要源泉。他研究了 1929—1957 年美国教育投资与经济增长之间的关系，结果显示：对各级教育的投资平均收益率是 17%，教育投资增长的收益约占劳动收入增长的 70%，教育投资增长的收益占国民收入增长的 33%，说明人力资本投资是回报率最高的一种投资。随后，以加里·贝克尔和丹尼森为代表的学者沿着舒尔茨人力资本理论思考，修补和深化了其观点，在贝克尔的《人力资本理

① 中共中央马克思恩格斯列宁斯大林著作编译局译：《资本论》，人民出版社 2004 年版，第 57 页。

论:关于教育的理论和实证分析》中指出:“对劳动力进行培训是形成人力资本的重要过程”,进而指出“非专业技能的教育和培训成本应该由劳动力的雇主来承担,而专业技能的教育和培训费用则应由劳动力自己来承担”。① 丹尼森把教育水平提高看成引致人力资本质量提高的重要因素,是引致经济增长的主要因素之一。诺贝尔经济学奖得主彭斯在 1973 年提出了“教育甄别假说”,同样指出了教育促进经济增长的又一条途径,即通过改善社会人力资源的合理配置来推动经济增长。20 世纪 80 年代新增长理论认为,知识积累和其引起的内生技术进步是经济增长的主要源泉。巴罗的研究结果显示,一个国家的经济增长率与起始的初中等入学率呈现高度正相关关系,相关系数达到 0. 73②。

(二)教育与经济的协调发展

职业教育是否在经济发展中起促进作用一直存在较大争议,历史证明:职业教育确实促进了产业发展。美国南北战争以后,产业革命进一步发展,对实用技术人才有着强烈需求,但美国当时的大学不能满足这种需求,因而影响了美国工业化进程。于是社会各界都呼吁改革高等教育传统发展高等职业教育。美国国会 1862 年通过了《莫雷尔赠地法案》(*The Morrill Land-Grant Act*),开创了在高等教育中开展职业教育先例,也从此确立了美国高等职业教育制度,“赠地学院”为美国培养了大批掌握实用技术的急需人才③。另外,针对人力资本理论进行了很多国际间比较研究,结果显示:在多项指标中技术人员的数量与经济发展水平之间的关系最大,实现经济发展就必须先扩大职业教育的结论(Harbison,Myers,1964)。Geoffery Tabbron

① [美]贝克尔著,郭虹等译:《人力资本理论:关于教育的理论和实证分析》,中信出版社 2007 年版,第 126 页。

② Barro,R.(1992).,“Economic Growth,in a Cross Section of Countries,”*Quarterly Journal of Economics*,Vol.105.

③ 中国国际教育交流协会编:《中国教育国际论坛(第三辑)》,2004 年第 1 版,第 102 页。

(1997)认为,一个国家想要在全球竞争中生存,就须重视职教,缩小其与普教的差距,拓宽职教通向更高层教育的途径,并加强职业教育与产业界的合作等①。Middleton(1993)认为,职业教育是提高国家劳动生产率的有效方式②。无论是在发达国家还是发展中国家,职业教育的发展已成为发展教育的一个重大的战略,职业教育对经济的贡献将越来越大(Psacharopoulos,1998)③。T.Gondo,G.Dafuleya(2010)认为技术职业教育项目最近受到更多的关注主要因为其作为发达国家和发展中国家刺激一个区域经济增长的优先事项④。Ayonmike,Chinyere Shirley(2015)等人提出,技术职业教育和培训是社会经济增长的重要推动力量和国家技术发展的动力⑤。Muhammad Ali Asadullah(2016)提到,职业教育和培训一直被学术研究者和政界关注的理由是职业教育培训的潜在贡献。世界银行和联合国教科文组织(UNESCO)支持职业教育减少贫困、促进经济增长、增强竞争力。职业教育培训与社会包容和经济增长有着积极内在联系。职业教育培训的益处以及如何运作使其更广泛地升值,可能会影响一个国家的投资决策,如果政策制定者增加投资职业教育,结果将是积极的经济增长和社会包容,这样的模式

---

① Geoffery,T.(1997)"The Interaction Between Technical and Vocational Education and Training(TVET) and Economic Development in Advanced Countries,"*School of Education*,Bolton Institute,p.31.

② Middleton,J.(1993)"Skills for Productivity: Vocational Education and Trainingin Developing Countries,"A World Bank Book.Oxford University Press,Oxford.

③ Psacharopoulos,G.(1998)"Education and Development:A Review,"World Bank Research Observer 3(1),p.15.

④ Gondo,T.,& Dafuleya,G.(2010)"Technical Vocational Education and Training for Microenterprise Development in Ethiopia:A Solution or Part of the Problem?"*Industry & Higher Education*,24(100),381-392.

⑤ Ayonmike,C. S.,Okwelle,P. C.,& Okeke,B. C.(2015)"Towards Quality Technical Vocational Education and Training(tvet) Programmes in Nigeria:Challenges and Improvement Strategies",*Journal of Education &Learning*,4(1).

同样可以在发展中国家实现①。N.Rijal(2016)认为技术教育是经济发展最重要的自变量②。社会再生产的客观事实要求教育与经济必须协调发展,并且必须保证生产资料的再生产和劳动力再生产之间的数量与质量的关系(白井正敏,1997)③。人口增长与国民经济应相互适应,教育作为劳动力再生产的手段,必须使教育投资与物质生产投资之间保持一定的比例关系,使教育的发展与国民经济的发展相适应④。

(三)职业教育与产业发展

Foster(1965)研究显示,接受职业教育实际上并不是高中生积极主动的选择,即使接受了职业教育,毕业后也往往学非所用,职业学校实际所发挥的作用与人们的期待存在很大的差距⑤。Psacharopoulos George(1986)运用"费用—效益"分析结果表明,与普通教育相比职业教育的费用大于社会效益⑥。美国学者神速斯特在《发展规划中的职业学校谬误》中指出,尽管职业学校成本大于普通学校,但职业学校并没有产生人们通常预期的效果。职业教育发展要受到就业机会的制约,而就业机会的创造又来自经济发展本身,因此他认为,职业教育只能被动地适应经济发展的需要,而不能主动促进经济的发展⑦。Lewin(1993)指出职业教育在发展中存在的一些问题,

---

① M.A.Asadullah(2016)"Role of Vocational Education and Training in Economic Excellence and Social Inclusion."

② N. Rijal (2016) "Technical and Vocational Education as an Independent Variable of Economic Development: A Theoretical Prospective."

③ [日]白井正敏:《教育经济学》第1版,劲草书房1991年版,第27页。

④ [日]金子元久、上西充子:《教育的政治经济学》第1版,放送大学振兴协会2000年版,第112页。

⑤ Philip J.Foster."The Vacational School Fallacy in Development Planning," in C.Arnoold Anderson and Mary Jean Bowman, eds., *Education and EconomicDevelopment*, 1965.

⑥ Psacharopoulos, G., "The Planning Education", *Comparative Education Review*, 1986, 30(4):12-13.

⑦ 转引自黄龙威:《职业教育协调发展研究》,湖南人民出版社2005年版,第83页。

如职业教育成本过高,毕业生可能没有从事他所接受培训的职业,为培训某一特定技能而设定的课程具有不可靠性等①。由于技术迅速变化,导致对未来工作技能要求的不确定性,那么职业培训就应该侧重于培养大众化的技能而不是培养特定的某一职业技能(Raizen,1994)②。Lee(1995)认为,在发达国家,技术变化会引起人们的担忧,一方面,老工人担心新技术会破坏他们的工作,尤其是担心技术改变会大量减少对低技能工人数量的需求;另一方面,技术进步将提高劳动生产率,那么生产同样的产量也将会减少对劳动者数量的需求。但也指出新技术能降低成本,并且创造新的市场,总体而言将会增加工作岗位③。日本职业教育发展就是通过全面系统的职教立法,为该国职业教育发展对促进产业发展实现了保驾护航。B.Trisno,F.P.Sary(2011)发现,职业教育的毕业生贡献太小了④。E.V.Galazhinskiy(2016)认为,中等职业教育在经济社会中存在不对接,主要是由社会和学生的专业能力与课程设置的缺陷造成⑤。

(四)职业教育与产业发展对策研究

Stephen Billett(2000)指出,职业教育需要应对市场、行业、企业、个人和地区等需求方面的因素,特别是需要考虑变化的行业和企业关系,以及如何

---

① Lewin,K.M.(1993)"Education and Development:The Issues and the Evidence",Overseas Development Administration,London.

② Raizen,S.A.(1994)"Learning and Work:The Research Base",In *Vocational Education and Training for Youth:Towards Coherent Policyand Practice*,OECD,Paris.

③ Lee,E.(1995)"Overview,"*International Labor Review*.134. p.7.

④ Trisno,B.,& Sary,F.P.(2011)."Developing a Competency Model of Human Resource Management(hrm)in Vocational Education for Creative Industry,"*Foreign Language Teaching & Research Press*,245-248.

⑤ E.V.Galazhinskiy(2016)Social and Professional Competencies and Deficiencies of the Students of Primaryand Secondary Vocational Education:Problem Setting.

让产业发展的需求在职业教育中开发①。新西兰理工学院院长保罗·萨克里夫(2004)指出,关键地区技术的缺乏及多余技巧过剩;雇佣机会不平等分布;不适当的市场信号(如薪金水平和所需的技能及价值不挂钩);技能形成方面的调整和时间延误;市场开发上的机会错失;技能形成方面的投资不足等问题。并认为社会发展很大程度上依赖于持续的经济增长,同时,也依赖于合理的职业教育培训和技能形成②。R.Pasura(2014)认为,要根据制度观念和实践变化,以市场为基础的关系,可以采用竞争的职业教育和培训,对职业教育产生长期影响,加强与国际职业学校的交流,相互借鉴学习③。

二、国内相关文献研究

国内学术界对职业教育进行了多方面、全方位的探讨。研究内容上,多数研究对象关注通常含义的职业教育,对民族地区或欠发达地区中、高等职业教育关注不够,尤其是职业教育与地区产业发展相关研究较少;研究视角上,联系产业发展或促进产业升级等研究,完整地从理论与实践角度研究职业教育较为薄弱。

(一)有关中等职业教育

中等职业教育是我国职业教育的主体,对其办学条件进行综合评价具

---

① Stephen Billett.(2000)"Defining the Demand Side of Vocational Education and Training:Industry,Enterprises,Individuals and Regions," *Journal of Vocational Education & Training*,52(52),5-31.

② [新西兰]保罗·萨克里夫:《发展职业教育与技能形成的不同职责》,《中国教育国际论坛(第三辑)》,中国国际教育交流协会编,2004年第1版,第178页。

③ Pasura,R.(2014)"Neoliberal Economic Markets in Vocational Education and Training:Shifts in Perceptions and Practices in Private Vocational Education and Training in Melbourne,Australia," *Globalisation Societies & Education*,12(4),564-582.

有较好的现实意义(刘忠颖,2021)。新中国成立以来,我国中等职业教育教材制度体系在改革进程中逐步建立了三级教材管理体制以及相对比较完善的教材管理制度,计划与市场成为教材管理的常态手段。新时代中等职业教材制度体系建设,应以教材体制为突破口,完善中职三级教材管理体系;应优化过程环节,推进中职教材制度的科学化;应以机制创新为动能,为提升中职教材质量提供保障(刘莉莉、乞佳,2020)①。改革开放40多年来,在政策驱动下,中等职业教育发展成果颇丰,中等职业教育在校生规模、学校规模得以扩大,中等职业教育教师数量不断增加、质量得到提高,国家对中等职业教育的经费投入逐步加大(鉏海燕、鄂世举,2019)②。

当前,职业教育依然是我国教育事业中相对薄弱的环节,着重进行职业技能训练,训练范围不要太窄,基础教育也要适应配合,以适应长期广泛就业,进行技术革新和继续进修的需要,同时重视职业道德和职业纪律的教育③。危浪等人(2020)通过对CNKI数据库中1992—2019年收录的相关文献进行计量学和知识图谱研究,结果显示,职业教育精准扶贫、新型职业农民培育和供给侧结构性改革将是农村职业教育领域未来持续关注的热点④。焦后海等人(2020)提出应将"双师型"教师准入制度纳入相关法律规范,由教育主管部门牵头制定《职业院校"双师型"教师管理办法》,完善准入制度体系。以建立权利清单、明确利益相关方法律责任、优化监管方式

① 刘莉莉、乞佳:《我国中等职业教育教材制度体系建设的回顾与展望》,《东北师大学报(哲学社会科学版)》2020年第2期。

② 鉏海燕、鄂世举:《改革开放40年中等职业教育政策的演进探析》,《职业教育研究》2019年第2期。

③ 人民教育出版社编辑:《教育改革重要文献选编》,人民教育出版社1986年版,第20—22页。

④ 危浪等:《我国农村职业教育研究的前沿热点与演进态势——基于CNKI(1992—2019年)文献的知识图谱分析》,《成人教育》2020年第3期。

等策略，健全中等职业教育“双师型”教师准入制度①。朱成晨、闫广芬（2020）认为，农村职业教育是一种开放、复杂、跨界的教育类型，直接面向农村、对接农业、服务农民，与农村社会政治、经济、文化相互依存并跨界融合。因此，农村职业教育发展逻辑理路是通过教育“自系统”能力建设，横跨其他领域“他系统”，融合农村社会“超系统”，在全过程、全领域、全方位融合治理“超系统”中实现农村教育与农村社会一体化统筹发展。农村职业教育融合治理需要在治理逻辑、治理体系、治理能力、治理成本与治理环境上构建“五位一体”的行动体系与分析框架，促进其融合治理的现代化，并彰显与国家乡村振兴与全面建成小康社会战略的同步契合，通过治理现代化与有效契合充分实现与农村经济社会的共生共赢发展②。王辉等人（2020）的研究表明：2000—2016 年中国中等职业教育发展呈倒“U”形变化趋势，地理集中度逐渐提高，省域中等职业教育发展以“缩减型”为主；中等职业教育水平及增长呈正空间自相关，空间集聚特征明显，总体呈“西进南移”空间格局，西部是中等职业教育增长热点区，区域均衡性明显提升③。

（二）职业教育与经济发展的关系

1. 与经济发展的关系

职业教育与经济社会发展关系密切、相互推动。高职教育有明显的经济功能，对 GDP 增长、就业增长贡献率超过其他教育类型（王荣辉等，2018）④。中等教育双重任务中培养劳动后备力量的要求没有很好地体现。

① 焦后海、刘桂霖、柴然：《中等职业教育“双师型”教师准入制度研究》，《成人教育》2020 年第 3 期。

② 朱成晨、闫广芬：《跨界与共生：农村职业教育融合治理的分析框架》，《教育研究与实验》2020 年第 1 期。

③ 王辉等：《中国中等职业教育空间集聚及其影响因素》，《热带地理》2020 年第 3 期。

④ 王荣辉、幸昆仑、蒋丽华：《高职教育的经济现象及其解释》，《高教发展与评估》2018 年第 6 期。

中等教育结构改革，归根结底是使教育如何更好地为经济建设为中心的各项建设事业服务的问题①。司瑞彪（2007）②、袁兆亿（2008）③等人提出，职业教育是与产业发展紧密联系在一起的，职业教育因为产业发展而发展，这也是职业教育发展的原始动因和持续动力。同时要求职业教育的专业结构要适应产业结构的调整，努力提高专业设置对产业结构调整和升级的适应性，体现职业教育的实用性、应用性（韩云洁、张海峰，2007）④。曲广为（2020）认为，当前中国需要进行职业教育理念转型，重视职业教育在经济转型和发展中的主动调节作用，在发展中实现社会经济的转型⑤。高职教育发展要改变长期的政府主导体制形成的路径依赖现象，加强制度创新与改革探索，强化高职教育与产业结构耦合、行业企业对高职教育发展的驱动，加大股份制改革与实体性职教集团探索力度，促进市场与政府在高职教育资源配置中各就其位，加大对现代农业、民族特色产业等的财政支持与转移支付，建立贯通的国家资源框架促进面向更高端产业链的人才培养与人才流动，避免人力资本在廉价劳动力市场形成积累（王荣辉等，2018）⑥。

2. 与区域经济发展

职业教育是经济腾飞的基石，是民族跃升的阶梯（李凤兰，2010）⑦。王贵兰（2009）认为，中国高等职业教育要有效地发展，在推进职业教育与区

---

① 人民教育出版社编辑：《教育改革重要文献选编》，人民教育出版社 1986 年版，第 354—422 页。

② 司瑞彪：《论职业教育发展与产业发展的关系》，《职业》2007 年第 12 期。

③ 袁兆亿：《推进产业人才战略，加快经济转型升级》，《广东科技》2008 年第 13 期。

④ 韩云洁、张海峰：《后现代主义视域下的课程观及其启示》，《阿坝师范高等专科学校学报》2007 年第 4 期。

⑤ 曲广为：《职业教育和美国经济转型分析》，《时代金融》2020 年第 6 期。

⑥ 王荣辉、幸昆仑、蒋丽华：《高职教育的经济现象及其解释》，《高教发展与评估》2018 年第 6 期。

⑦ 李凤兰：《湖北民族地区职业教育现状分析与发展对策研究》，华中农业大学 2010 年硕士学位论文。

域产业的互动中，首先要实现两者深度融合，实现职业教育与区域产业经济发展深度融合，应从政府、学校、企业三方建立利益共享机制并进行管理创新①。郑霞、骆小民（2010）提出产业和教育的链接发展是和谐社会发展的重要内容。终身教育、大众教育和能力本位教育的高职教育与产业发展中的“智力技术产业”和“多维发展”日益形成密切和相互融合的发展态势。产业日益高级化发展对新时期的职业教育提出更高的要求，如何促进两者和谐发展形成“大产业”与“大职业”的共同发展局面是当前经济与教育共同发展的目标，更是社会和谐进步的保证②。作为技术性人才培养基地的职业教育也就获得了更多的重视，发展速度也超过了以往任何时候。职业教育快速发展与其所属区域的社会经济的发展密不可分，两者之间是相互作用的关系，并探究了促进职业教育与区域经济协同发展的策略（罗良翌，2020）③。

3. 与地方经济发展

职业教育服务地方经济可以通过科研服务、开展技能培训、进行技能扶贫等方式努力实现，可以通过政府出台政策、企业提供机会、学校创造条件等措施进行保障，只有牢牢树立起为经济发展服务的理念，职业教育才能不断地做大做强（张声洲等，2020）④。孙毅颖（2019）认为，高职教育兴起、壮大、提质、创新，每一次变革都伴随着社会经济发展的迫切需求；高职院校布局、专业结构与区域经济发展同步同向，呈正相关和高度吻合⑤。在农村职

① 王贵兰：《对职业教育与区域产业发展深度融合的思考》，《重庆电子工程职业学院学报》2009 年第 1 期。

② 郑霞、骆小民：《产业发展与职业教育的和谐性研究》，《湖北社会科学》2010 年第 4 期。

③ 罗良翌：《职业教育与区域经济协同发展策略探析》，《现代商贸工业》2020 年第 1 期。

④ 张声洲、何燕春、陈曦：《职业教育助推地方经济发展研究》，《合作经济与科技》2020 年第 1 期。

⑤ 孙毅颖：《高职教育的社会经济适应性分析》，《深圳信息职业技术学院学报》2019 年第 6 期。

业教育体系建设过程中依然存在诸多问题，导致在相应政策实施时其效果不甚理想，需要相关教育工作者根据农村职业教育的特点，制定出针对性强的教育规划，确保相关教育工作能够顺利地开展，以促进乡村经济的协调发展（王晓航，2018）①。新经济背景下，职业教育面临培养更具创新技能人才的使命，推动新一轮经济发展，必须着力办好职业教育（刘国炳、刘中华，2019）②。

4. 少数民族职业教育

刘薇琳、吕婷（2010）从云南民族职业教育在民族地区社会变迁过程中所肩负的文化教育、经济发展、民族化和现代化的整合三方面使命入手，以发展民间手工艺作为与民族职教的衔接点，探讨了云南特色民族职教的发展③。保承军、岳桂杰（2019）认为，为实现民族地区贫困人口脱贫的艰巨任务，人力资源开发具有很重要的作用，职业教育是实现人力资源开发最直接的手段④。中国职业教育应立足本国国情和发展实践，反思中国少数民族职业教育的发展路径，应注重少数民族职业教育顶层设计，加强少数民族职业教育与区域经济社会发展的衔接，提升少数民族职业教育的文化传承功能，实现少数民族与民族地区的协同发展（迪拉娜·叶尔肯、薛寒，2020）⑤。

（三）高等职业教育与产业发展问题及对策

1990年，朱文富研究了日本近代职业教育创业发展的历史过程、职业

① 王晓航：《农村职业教育均衡发展与乡村经济协调发展互动思考》，《农业经济》2018年第12期。

② 刘国炳、刘中华：《着力办好职业教育 助推新一轮经济发展》，《经济界》2019年第2期。

③ 刘薇琳、吕婷：《浅析职业教育在云南少数民族地区社会变迁中的使命及特色》，《中国成人教育》2010年第8期。

④ 保承军、岳桂杰：《民族贫困地区的职业教育与人力资源开发》，《社科纵横》2019年第1期。

⑤ 迪拉娜·叶尔肯、薛寒：《国外少数族裔职业教育的发展经验与启示》，《当代职业教育》2020年第1期。

教育家的教育思想和教育事功，提出了日本近代职业教育快速发展的原因和存在的问题①。姜慧敏、王慧（2019）认为，促进职业教育与产业的协同发展是建设现代职业教育与促进区域经济发展的重要话题。目前我国存在着职业教育与区域产业结构发展协调性欠缺、人才培养与企业需求不相匹配以及企业参与人才培养的积极性不足等问题②。云南职业教育分别存在培训管理体制未理顺，多头管理、市场混乱、相互排斥；职业教育与市场就业缺乏沟通桥梁，信息不畅；高等职业教育发展不足，中等职业教育针对性不强，质量有待提高；政府对职业教育经费投入不足等八大问题③。职业教育应以规范化管理为切入点，其发展要与产业发展相适应。以技工院校和技工教育为主要研究对象具体阐述了高技能人才的培养、校企合作、一体化教学、"双师型"教师培养、实习教学及实习基地的规范化管理等热点和难点问题，要有切实可行解决当前存在问题的方法和理论依据（都玉洞、于成，2008）。应以正确的人才培养理念与机制，为社会输送合适的职业人才，从而促进民办高等职业教育与产业融合的健康发展（张艳霞，2012）。在经济新常态背景下，要想实现中等职业教育服务于区域经济和社会的根本任务，就需要增强中职教育与区域经济发展的协调性④。面对经济新常态，职业教育必须进一步改革，只有分析经济发展新常态与职业教育改革之间的关系，才能实现职业教育的改革符合经济发展的新常态⑤。杨惠良、邵宝文（2020）认为，职业教育与产业发展的适应性关系表现在职业教育是产业发

① 朱文富：《"日不落帝国"的衰微与高等教育》，《黑龙江高教研究》1990 年第 4 期。

② 姜慧敏、王慧：《职业教育与区域产业协同发展的路径探析》，《教育现代化》2019 年第 A0 期。

③ 董兴：《云南职业教育存在的问题及对策思考》，《中国职业技术教育》2007 年第 18 期。

④ 胡德平：《经济新常态下中等职业教育与区域经济发展协调性研究》，《经济研究导刊》2017 年第 30 期。

⑤ 金灿：《浅析经济发展新常态与职业教育改革的关系》，《新校园（上旬）》2017 年第 7 期。

展的内驱力、职业教育改革对接产业发展、职业教育发展适应产业调整①。

三、国内外相关研究述评

西方职业教育理论萌芽于17世纪，现代职业教育理论兴起于20世纪70年代，历经多年发展，西方职业教育在理论和实践中的突出贡献有目共睹。

（一）教育与劳动相结合，实现人的全面发展

职业教育终极目标是实现人的全面自由发展。英国空想社会主义者莫尔在其《乌托邦》中主张把教育与劳动结合起来，让学生得到全面发展，且每一个人应至少学习一种手工艺，为未来选择职业或就业做准备。卡尔·马克思在《资本论》中曾说争取教育的斗争是争取人民解放、实现民生幸福的重要部分，教育的目的体现人的主体性，促进人的全面发展。《资本论》手稿中指出："真正财富就是个人发达的生产力"②。而个人的生产力是通过教育获得的，马克思十分重视国民教育普及，他把教育理解为智育、体育和技术教育。美国教育学家约翰·杜威提倡"民主主义"，在其《民主主义与教育》中将职业教育与人的发展联系起来，与社会生活相结合，提出要传授学生具有实用价值的知识③，杜威认为，职业教育应培养学生具有从事多种工作的潜能，他的这种注重"人的全面发展"和实用主义的教育理念，对当今高职教育民生理论发展依然具有重要的启迪价值。

被誉为德国"职业学校之父"的德国著名教育家凯兴斯泰纳，倡导体脑并重的劳作教育理论，提出劳作教育塑造了劳动者良好的职业道德、完善的

① 杨惠良、邵宝文：《职业教育与产业发展的适应性探析》，《黑龙江科学》2020年第1期。

② 《马克思恩格斯选集》第3卷，人民出版社2012年版，第222页。

③ ［美］约翰·杜威著，王承绪译：《民主主义与教育》，人民教育出版社1990年版，第19页。

人格，培养了综合素质，为个人谋生做好必要准备。他的劳作教育理论对其他国家的学校教育有较大影响。英国著名哲学家和教育思想家怀特海非常重视专业教育与普通教育的融合，认为“专业教育可以形成人的独特风格”①。职业教育通过教授职业技术技能，极大地提高了人民就业创业能力，增加了收入，解决了贫困问题，实现了人的可持续发展。

（二）有关职业教育回报与贡献论述

Metcalfe（1985）从人力资本投资角度指出：“对于高等职业教育而言，在发展中国家，无论是社会效益，企业回报率还是个人回报率都很高，因此发展中国家支持并大力推广高等职业教育是理所当然的。”Chin-Aleong（1988）认为职业教育按劳动力市场需求培养高技能型人才，毕业生与市场对接性高，岗位适应性强，相比普通高校毕业生更具就业竞争优势，且其在学校习得的知识、技能在就业岗位上能够得以充分体现，职业教育毕业生对职业生涯满意度较高。

著名教育家、思想家陶行知先生曾提倡平民教育、生活教育和职业教育，对“儿童中心”与生活教育的倡导，显示了民众对增强教育服务国民现实生活的认识与期许，奠定了中国早期职业教育的基础。近代著名教育家陆费逵先生是最早倡导职业教育的领路人，他指出了职业教育的重要地位。“且国民教育、人才教育、职业教育三者摒挡并重。盖无国民教育，则国家基础不固；无人才教育，则兴办事业，乏智慧整顿之人；无职业教育，则在下者生计艰困，在上者辅助乏才，此三者缺一，将曷以为国。”②揭示“职业教育则以一技之长可谋生活为主。非职业教育兴盛，实业教育必不能发达，民生必不能富裕”③。职业教育通过教授技术使劳动者谋生活，没有职业教育，

① 朱益明：《从国际发展看我国的职业技术教育前景》，《教育发展研究》1999 年第 8 期。

② 陆费逵：《民国普通学制议》，《中华教育界》第 3 卷第 10 期。

③ 任时光：《中国教育思想史》，上海书店出版社 1984 年版，第 349 页。

国家事业不能兴盛，人民不能富足。著名的近代职业教育的奠基人、先驱黄炎培先生指出职业教育应以人为本，“教育以‘人’为本位，不是把课本或学校做本位，亦不是把地方或国家作本位”，“便是为‘人’而教育”。① “用教育方法使人人获得生活的供给及乐趣同时尽其对群之义务，名曰：职业教育”②。他认为：“自社会生活方式采用分工制，求工作效能的增进与工作者天性、天才的认识与俊发，进而与其工作适合：于是乎有职业教育。”③他将职业教育视为解决人们生计问题的一种根本措施，在发展生产和解决人们生计方面有不可替代的作用④。

从实业教育到高等职业教育产生和发展的90多年历程中，孕育了如黄炎培、蔡元培、张謇、郑观应、陶行知、晏阳初、陆费逵等一批职业教育先驱，他们在职业教育理论研究和实践操作方面作出过卓越贡献，比如黄炎培职业教育思想与实践对我国的职业教育发展具有重要启示作用，为日后对高等职业教育的进一步研究奠定了良好的发展基础，值得我们学习、借鉴和发扬。

（三）现代高等职业教育的功能

自20世纪90年代以来，我国基础教育“学术性”丰盈有余、“职业性”严重不足，导致职业教育“基础性”弱化。纵观当代职业教育“繁荣”表象，明显存在职业文化孱弱、工具本位逻辑、发展导向缺位、职业选择危机等诸多问题，制约了现代职业教育体系的形成及可持续发展（孙芳芳、袁梦琦，2019）⑤。“要帮助每一个人成功”是从事职业教育工作应有的基本理念⑥。

① 黄炎培：《黄炎培教育文集》（第2卷），中国文史出版社1994年版，第324页。

② 黄炎培：《黄炎培教育文集》（第3卷），中国文史出版社1994年版，第133页。

③ 欧阳河：《职业教育基本问题研究》，教育科学出版社2006年版，第180页。

④ 朱宗震、徐汇言编：《黄炎培研究文献》，四川人民出版社2009年版，第91页。

⑤ 孙芳芳、袁梦琦：《当代中国职业基础教育的缺失与弥合》，《职业教育研究》2019年第12期。

⑥ 杨金土：《多样性是职业技术教育的本质属性》，《职业技术教育》2001年第22期。

新时代,职业教育工作应树立“劳工神圣”思想,重视职业教育和职业道德教育,坚持“手脑并用,做学合一”,与时俱进,坚守“大职业教育主义”理念(陈颖,2019)①。职业教育应由“实业教育”发展到“民生教育”的转变②,随之功能也从富国强兵的领域发展到国计民生的层面(高奇,2008)。

全国脱贫攻坚战已取得全面胜利,贫困地区职业教育与扶贫产业依然值得高度关注,两者的协作发展路径是,必须从协作发展战略定位出发,以目标、群体、区域和服务为切入口,全面帮扶,激发内生动力;产教结合,增强扶贫合力;精准对接,提高扶贫效能,实现贫困地区职业教育与扶贫产业协同创新发展(徐敏,2019)③。借鉴国际国内经验,改革创新教学方式方法;同时对接国际标准,打造高端名师队伍。通过一系列的改革实践,为中国职业教育发展探索一条新路。

---

① 陈颖:《新时代黄炎培职业教育思想研究》,《石家庄职业技术学院学报》2019 年第 6 期。

② 高奇:《壬戌学制——职业教育从“富国强兵”的实业教育向关注国计民生的职业教育之转折》,《中国职业技术教育》2008 年第 27 期。

③ 徐敏:《贫困地区职业教育与扶贫产业的脱节问题及解决路径》,《教育理论与实践》2019 年第 33 期。

第二章 云南省资源基础与产业发展状况

云南省行政区划上包括8个地级市(昆明市、曲靖市、玉溪市、昭通市、保山市、丽江市、普洱市、临沧市)和8个少数民族自治州(楚雄州、红河州、迪庆州、文山州、西双版纳州、大理州、德宏州以及怒江州),下辖129个县市区。与越南、老挝、缅甸等国家接壤,国土面积39.4万平方公里,国境线长4060公里,包括汉、彝、傣、白、景颇、傈僳等26个世居民族,15个独有少数民族,8个人口较少民族。

在世界地域分布中,云南是亚洲地区地理中心,是南北方向贯通亚洲南北泛亚铁路等国际大通道,与东西方向联系亚非欧大陆三大洲,贯通三大洋的新亚欧大陆桥的重要交通枢纽。由于特殊地理环境和地貌特点,云南省是世界上生物多样性和民族文化多样性最丰富的地区之一,也是我国水能资源、有色矿产资源和生态景观资源最富集的地区,有着发展特色经济的巨大潜力。同样因特定地理区位,云南是我国西南地区面向南亚开放的重要通道,在"一带一路"建设中拥有不可替代的重要地位。作为重要门户,因其独特区位优势,云南在进出口贸易畅通、道路联通、人员往来、货币流通等方面具有天然优势,在国家对外开放发展战略中具有不可替代性。

第一节 自然资源禀赋状况

资源作为人类社会生存与发展的基本要素,决定着区域发展机会与产业发展类型。云南地处我国西南三江成矿带,有色金属矿产资源富集,资源组合优势明显。省内水系发达,地势海拔落差巨大,年均水量分配相对均匀,可开发水能蕴藏量极为丰富。生物物种多样,而且储量充沛,素有"动物王国""植物王国""生物基因宝库"和"药物宝库"的美称,为特色农业和生物产业发展提供了十分优越的条件。

一、矿产资源

云南省地质构造复杂,金属矿和非金属矿都十分丰富,已探明的主要矿产资源包括铜、铅、锌、锡、锑、钨、金、煤、铁、锰、磷、岩盐、石膏、石灰岩、白云岩、硅石、黏土、大理石等几十种矿种。云南省铂族金属矿产主要有铂、钯、锇、铱、钌、铑等6种,集中分布在滇中、滇西地区稀有、稀土、分散元素矿产:云南有14种矿产探明了储量,产地84处。保有金属储量铟4743吨、铊7776吨、镉17.95万吨,均居全国第1位;锗1112.78吨,居全国第2位;铍(矿物量)3.64万吨、锆(矿物量)19.46万吨、锶(天青石)357.31万吨,均居全国第4位。

金属矿以有色金属矿为主,主要体现在种类多并且储量大。其中普洱市的江城勐野井钾盐矿是全国唯一的可溶固体钾盐矿,储量达2000多万吨;普洱市已开发的墨江金矿年产黄金上万两,是云南省盛产黄金矿之一;普洱市墨江哈尼族自治县已探明尚未开发的镍矿储量居全国第2位,红河州金平县镍的探明储量为 80 万吨，是全国第 4 大富镍矿；普洱市澜沧县的铁矿储量为 22 亿吨，占云南省的一半以上；大理州金宝山铂钯矿探明铂钯储量占全省储量的 55%，是全国第二大铂钯矿床，而楚雄州南华县铂钯矿在全国同类矿藏中储量位居第二，开采价值在 100 亿元以上；云南共 6 个钛矿片区，其中滇西地区的大理市、腾冲县和景洪市就占了一半，其储量居全国前列；怒江州兰坪县享有“云南有色金属之乡”“有色金属王国的王冠”的盛誉，是三江成矿带上的重点矿区，其中金顶凤凰山特大型铅锌矿，以储量大、品位高、成矿集中和易开采等特点，荣居全国之首，世界第二，储量达 1429 万吨，潜在价值可达 2000 多亿元；红河州个旧市年有色金属采选能力 1000 万吨、冶炼能力 22 万吨，产锡约 5 万吨，占全国产量的 45%、世界产量的 1/4，是中国最大的产锡基地，被称作“中国锡都”，同时是世界上最早的产锡基地，锡的保有储量 90 多万吨，占全国锡储量的 1/3。昆明附近的滇池周围盐矿，如安宁大型盐矿，厚度大，品位高，宜于大规模水采，在 60 平方千米范围内已控制氯化钠远景储量 130.89 亿吨、芒硝 62.48 亿吨，是理想的盐化工基地；钾盐：江城勐野井钾盐矿，另有个旧白云山霞石正长岩矿；含氯化钾硫铁：主要分布在滇东和滇东北地区。

云南省非金属矿以煤炭分布最广，煤矿主要分布在滇东、滇南和滇东北地区，资源远景 700 亿吨。全省煤矿保有资源储量为 333.39 亿吨，其中红河州非金属矿保有量 173 亿吨，已探明的煤炭资源储量 43.16 亿吨，保有储量 41.91 亿吨，占全省总储量的 17.5%，居全省第 3 位。富源老厂矿区探明无烟煤储量近 40 亿吨，昭通盆地探明褐煤储量 81.5 亿吨，是目前我国西南地区最大的无烟煤和褐煤基地。如小龙潭煤矿储量 12 亿吨，该矿经过几十年的建设，已形成 680 万吨/年的生产能力，成为全国大型露天开采煤矿之一。临沧市临翔区拥有丰富的储煤量，其储量为 1390.7 万吨，品位居全国之首。除了煤炭以外还拥有丰富的其他非金属矿，例如保山市昌宁境内探明的硅矿和硅藻土总储量均在2000万吨以上，全部可以露天开采并且品位极高，属国内罕见的优势硅矿；临沧市临翔区高岭土储量达1018万吨，品位在全国闻名，有“中国第一土”之称；等等。不仅如此，由于云南地质构造极为复杂，普洱市西盟地区在1986年发现一种磷和铋六方晶系矿物，随后被国际矿物协会和矿物命名委员会定名为“西盟石”，使地球矿物又增添了一个新矿种。

二、生物资源

云南省由于海拔、纬度、地形的作用，使这里气候资源同样多样，从南到北有纬度地带性特点，从低到高有垂直地带性特点。这里也是世界生物多样性热点地区之一，也是全球200多个生物多样性保护优先生态区域之一。由于气候类型的多样化，云南省是中国植物种类最多的省份，素有“植物王国”美誉，几乎集中了从热带、亚热带至温带甚至寒带的所有品种，这里的植物生长等于从长白山到海南岛各种植物类型的缩影，有古老的、衍生的甚至外来的植物种类和种群，全国近3万种高等植物中，云南就有18000多种，占全国总量的3/5，低等植物不计其数，几乎世界上所有的野生植物，在云南都可以找到踪迹，且这里的各种珍稀动植物基本都得到了有效保护，对生物资源的合理开发正在进行，如烟草、药材、热带水果等都具有了相当的规模，花卉、咖啡和香料等产业也在蓬勃发展。由于独特的气候和地理环境，云南供养了种类繁多的野生动物栖息，被列为国家保护动物的有132种，占全国的55%，其中一类保护动物就有37种，占全国的38%。

其中，保山市已知植物有2200多种，高等植物1400多种，市内高黎贡山国家级自然保护区植物尤为丰富，有“天然植物园”和“物种基因库”等美誉；市内有动物兽类51种，属国家保护的21种，鸟类229种，其中龙陵县和昌宁境内野生动植物种类繁多，所占比重均在一半以上。丽江全市有

13000 多种植物,占全省植物类的 70%,云南八大名花和国家保护植物红豆杉等在丽江广为分布。丰富的植物资源为各种动物提供了生息繁衍的良好环境,全市共有兽类 83 种,占全省 29.6%,鸟类 290 多种,占全省 37.6%。普洱市孟连县拥有宝贵药物资源——龙血树,数量居全国之首,此外还拥有许多橡胶、楠木等珍贵植物。临沧是世界著名的“滇红之乡”,全区茶叶面积达 65 万亩,年产量达 2 万多吨,面积和产量均为云南第一。有“亚洲恒温城”之称的临翔区是全国茶叶原产地之一,也是云南省油菜籽的重要产地。永德县地上物种众多,已知高等植物 3000 余种,尤其以野生南药诃子独占鳌头,其产量位居全国第一。红河州多元立体气候形成了生物资源的多样性,境内有 7500 平方公里的热区和 221 万亩的自然保护区,拥有丰富的动植物种群,极具发展生物特色产业的基础和条件。西双版纳州境内共有植物 2 万多种,其中热带植物 5000 多种,目前已知鸟类 429 种,占全国鸟类总数的 2/3,兽类 67 种,占全国兽类总数的 16%,西双版纳鸟兽种类之多,是国内其他地方无法相比的。

此外,西双版纳还是全国第二大橡胶区,单产居全国之首。德宏州盈江地区野生植物资源丰富,已查明的高等植物近千种,国家一、二类保护动物的数量也在全省居前列。怒江州包括滇金丝猴等在内的国家一类到三类保护动物 39 种,药物植物 170 多种。

三、水能资源

云南地势山高谷深,河流众多,水资源总量达 1868 亿立方米,居全国第 3 位;水能资源理论蕴藏量达 1.04 亿千瓦,居全国第 3 位。尤其是在云南滇西地区的金沙江、澜沧江、怒江三大水系更是云南水能资源最集中的区域,可开发装机容量 0.9 亿千瓦,居全国第 2 位。云南省的水电资源主要集中在怒江地区,仅中下游可开发装机容量就达 2100 万千瓦,与国家其他 12

个水电基地相比，其可开发容量居第6位。水能资源在云南的能源资源中占有十分重要的地位。

由澜沧江、怒江以及龙川江穿境而过的保山市水能理论蕴藏量为489万千瓦，其中龙陵县人均水资源1.22万立方米，是全国人均水平的4.5倍，是云南省人均水平的1.5倍，初步探明水能蕴藏量为252.61万千瓦，可开发利用169.12万千瓦。普洱市水能蕴藏量1500万千瓦，是“西电东送”的重要基地。临沧市是亚洲独具特色的水电基地，在180多公里的水面流域建成3座百万千瓦级电站在全国乃至亚洲尚属独有。楚雄州州内的地面河流分属金沙江和元江两大水系，水能蕴藏量达117.7万千瓦。红河州金平县和绿春县两地区水能蕴藏量分别为207.4万千瓦和167.69万千瓦，水电开发潜力很大。德宏州水能蕴藏量362.4万千瓦，其中可开发利用量250万千瓦。怒江州水能资源最为丰富，其境内河流密集，拥有怒江、澜沧江、独龙江三大干流及183条支流，水资源955.91亿立方米，占全省水资源总量的43%。全州水能资源理论蕴藏量达2000多万千瓦，占全省水能蕴藏量的20%，可开发装机容量1800万千瓦，年发电量可达850.9亿千瓦时，占全省近20%。

四、其他资源

除了上述主要资源外，云南省还拥有丰富的地热资源，从地质构造看，全省具有温热泉数量多、单泉流量小、温度高、天然热流量大等特征。自西向东分布有腾冲—高黎贡山高温地热带、保山—孟连中低温地热带、临沧—景洪高温带、兰坪—普洱低温带、剑川—下关—金平高温带。保山、普洱、红河等早在20世纪80年代末，太阳能技术产品的销售和应用就已居全国第一，以及拥有丰富的天然气能源（楚雄）等各类自然资源。

另外，云南省资源优势还在于其拥有特色旅游资源与传统手工技艺资源，其中特色旅游资源不仅包括“三江并流”、高黎贡山等被列为世界自然文化遗产的壮观景色，而且还包括玉龙雪山、梅里雪山等海拔 4000 米以上终年不化的雪山群。云南省还是中国少数民族文化多样性地带之一，形成了大理、巍山和丽江 3 座国家级历史文化名城。由于保留了较完整的社会发展历程，蕴含着深厚的民族文化底蕴，云南民族传统手工艺品呈现出别具一格的特殊性。

总之，位于我国西南边陲的云南省在自然资源方面具有明显优势，但是其丰富的资源优势与其滞后的经济发展水平形成了明显反差，值得深思与关注。

第二节　人力资源整体发展状况

人力资源是经济社会发展的关键推动要素，是促进各种资源优化配置的特殊资源。中国经济快速增长主要是劳动要素得到了有效提升，根据科学技术水平、消费结构、人口基本素质和资源条件等对不合理产业结构进行调整，实现生产要素合理配置，形成最佳就业产业结构，通过劳动力、储蓄、投资和人力资本科学配置，促进经济持续增长。

一、人口数量不断增加，人力资源十分丰富

劳动者是生产力中最活跃的因素，劳动力资源是直接影响人力资源的重要因素，丰富的人力资源能促进生产极大发展、带动技术创新，从而推动经济进步。考察人力资源丰富程度一项重要指标是劳动年龄人口在总人口中比重。2020 年第七次全国人口普查（以下简称“七普”）数据显示，全省

总人口（常住人口）4720.93万人，比2010年增加124.25万人，年均增长率为0.27%。其中，0—14岁人口9237474人，占总人口的19.57%；15—59岁人口30933773人，占总人口的65.52%；60岁及以上人口7038030人，占总人口的14.91%①。较大人口规模、较快的人口增速、丰富的劳动力资源，为云南经济社会发展提供了坚实的发展基础。

表2-1　2008—2020年云南省劳动年龄人口

年份	15—64岁人口（万人）	总人口（万人）	占比（%）
2008	3158	4543	69.5
2009	3210	4571	70.2
2010	3293	4597	71.6
2011	3341	4631	72.2
2012	3387	4659	72.7
2013	3417	4687	72.9
2014	3445	4714	73.3
2015	3490	4742	73.6
2016	3512.5	4770.5	73.63
2017	3502.9	4800.5	72.97
2018	3486.9	4829.5	72.2
2019	3496.5	4858.3	71.97
2020	3289.9	4720.93	69.69

资料来源：历年统计公报，另2010年、2020年数据来源第六次、第七次人口普查数据。

① 云南网：云南省第七次全国人口普查公报，https://yn.yunnan.cn/cms_udf/2020/ynsdqc-qgrkpc/index.shtml。

近10年来，云南省劳动年龄人口占总人口比重基本保持稳定，最高年份是2016年（73.63%）（表2-1）。一方面，全省劳动力资源丰裕，生产潜力大，若能得到有效开发与利用，必是云南经济社会发展优势。另一方面，当前需承担的社会抚养任务相对较轻，社会发展还没有背上养老、养小的抚养负担。

二、人口整体素质不断提高，质量低于全国水平

（一）整体文化素质不断提高，但仍低于全国平均水平

2000—2010年，云南省除了小学与文盲人口外，各类受教育人口数量均高于2000年，文盲人口减少了205.3万人，人均受教育程度显著提高。同期，云南15岁及以上人口平均受教育年限比全国短1.32年。2020年，云南该值为8.82年，比2010年提高了1.06年，与全国差值为1.09年。

2000年，云南省每十万人拥有大专及以上人口2013人，比全国同期3611人少，2010年增加至5778人，虽比2000年增长了一倍多，仍远低于全国（8930人），比全国少了3152人（表2-2）。从低学历人口看，2010—2020年，全国小学、初中学历人口数在下降，高中及以上学历人口大幅提高。整体上，云南文化素质不断提高，但低于全国平均水平。

2020年比2010年，云南每十万人拥有大专及以上文化程度人口由5778人上升至11601人，比全国少了3866人；拥有高中（含中专）文化程度的由8376人上升为10338人；拥有初中文化程度的由27480人上升至29241人；拥有小学文化程度的由43388人下降为35667人，仅小学文化人口在下降，全国同期初中受教育人口就已下降。云南每十万人中拥有大专及以上人数在增加，且增幅较大，不过与全国相比，差距依然很大。

表 2-2　每十万人拥有的各种受教育程度的人口数量　（单位:人）

年份	小学		初中		高中(含中专)		大专及以上	
	全国	云南	全国	云南	全国	云南	全国	云南
2000	35701	44768	33961	21233	11146	6563	3611	2013
2010	26779	43388	38788	27480	14032	8376	8930	5778
2020	24767	35667	34507	29241	15088	10338	15467	11601

资料来源:2000 年、2010 年、2020 年云南与全国人口普查统计资料。

（二）乡村人口低学历比重过高,区域差距显著

2010 年,大专及以上学历人口比重,城市(21. 11%)高于城镇 11. 43 个百分点,也远高于乡村(1. 84%)。高中(含中专)学历人口比重同样城市高于城镇,也高于乡村(4. 53%)。初中学历人口比重城镇最高(33. 54%),与城市(32. 18%)差距不大,乡村比重(27. 82%)最低。小学学历人口比重以乡村最高,56. 02%,城市为 22. 82%。未上过学人口比重乡村接近 10%(表 2-3)。大专及以上、高中文化程度人口主要集中在城市,初中和小学文化人口主要分布在乡村,乡村人口中每 10 个人就有 1 个未上过学,可见乡村人口素质整体偏低,城乡人口文化素质差异很大。

表 2-3　2010 年云南省城、镇、乡人口文化程度比较（单位:万人、%）

类别	未上过学		小学		初中		高中(含中专)		大专及以上	
	人数	比重	人数	比重	人数	比重	人数	比重	人数	比重
城市	17. 83	2. 99	136. 27	22. 82	192. 08	32. 18	124. 75	20. 9	125. 99	21. 11
城镇	52. 06	5. 81	324. 94	36. 26	300. 56	33. 54	131. 89	14. 71	86. 72	9. 68
乡村	269. 37	9. 79	1543. 09	56. 02	766. 46	27. 82	124. 67	4. 53	50. 9	1. 84

资料来源:2010 年云南省人口普查资料。

另外,云南各州市人口素质差距十分显著。“六普”数据显示,16 个地州

市文盲率最低的是楚雄州，仅为4.27%，其次是昆明市（4.67%），省会城市高于楚雄州，排第三的是大理州（4.78%），全省平均值为7.6%。文盲率排后3位的都是偏远民族山区，分别是怒江州（20.6%），是全省平均值的3倍，迪庆州（13.19%），西双版纳州（13.03%），人口素质区域差异较大。

三、主要特征及趋势预测

（一）主要特征

1. 储量丰富，增速逐渐放缓

云南省人力资源丰富，就业人口随总人口增加不断增加，2000—2019年，总人口增加617.5万人，就业人口增加694.98万人（表2-4），就业人口增加量超过总人口增量。但就增速而言，近些年劳动年龄人口比重增速有所放缓。从年均增长率看，2000—2019年，总人口增长率为14.56%，就业人口增长率为30.28%，就业人口增长率快于总人口增长率。不过，云南已进入老龄化社会，劳动年龄人口逐年减少，就业人口增速逐渐放缓。

表2-4　云南省2000—2019年就业人口情况　（单位：万人、%）

年份	总人口	就业人口	占总人口比重	年份	总人口	就业人口	占总人口比重
2000	4240.8	2295.4	54.13	2012	4659	2881.9	61.86
2005	4450.4	2461.3	55.31	2013	4686.6	2912.36	62.14
2006	4483	2517.6	56.16	2014	4713.9	2962.25	62.84
2007	4514	2573.8	57.02	2015	4741.8	2942.5	62.05
2008	4543	2638.37	58.08	2016	4770.5	2998.89	62.86
2009	4571	2684.8	58.74	2017	4800.5	2992.65	62.34
2010	4601.6	2765.9	60.11	2018	4829.5	2992.8	61.97
2011	4631	2857.24	61.70	2019	4858.3	2990.38	61.55

资料来源：《2020年云南统计年鉴》，中国统计出版社2021年版。

2000年以来，云南省就业人口占总人口比重基本稳定在55%左右，并保持小幅增长，2014年最高，达62.84%，2015年起小幅波动，该年比2000年提高了7.92个百分点，2019年为61.55%。2000—2019年，就业人口比重提高了7.42个百分点，与全国相比，云南省除了2005年、2006年低于全国平均值以外，2007年起持续高于全国，2014年比全国高了6.37个百分点。应该说，云南降速快于全国，全省人力资源储量丰富，2000年以来比全国同期高5—8个百分点，这为云南人力资源开发提供了基础条件，为地方经济发展提供了充足劳动力，同时2017年起缓慢下降。

2. *劳动者受教育程度有所提升，但整体素质仍然偏低*

1990年以来，云南人口受教育程度在提升，但低于全国平均水平，劳动力整体素质偏低，影响了人力资源利用率。1990—2000年，全省除了文盲人口不断下降外，其他受教育人口占比均不断提升（表2-5）；2000年起，小学程度人口占比开始下降，虽然较全国水平有所滞后，但仍表明云南人口受教育程度有长足发展，与全国水平相比，情况不容乐观。首先，除了文盲与小学程度高于全国外，其他受教育程度人数均低于全国平均水平。以2020年为例，小学文化程度比全国多了1.09万人，初中、高中及中专、大专及以上比全国分别少了0.53万人、0.48万人、0.39万人。劳动力受教育水平高低决定人力资源使用效率，是经济增长方式转变与经济效益提高的关键因素。高素质劳动力能大大提高生产效益，增加产出并节省生产成本，对于高科技产业来说尤其如此，应不断加大对劳动力教育及培训投入，促进人力资源效益提升，勿让经济发展被劳动力素质这一关键因素扯住脚步。

表 2-5　云南、全国每十万人口中拥有各受教育程度人口数比重

（单位:万人）

受教育程度 \ 年份	云南				全国			
	1990	2000	2010	2020	1990	2000	2010	2020
文盲	2. 54	1. 14	0. 6	0. 46	1. 59	0. 67	0. 41	0. 27
小学	3. 79	4. 48	4. 34	3. 57	3. 71	3. 57	2. 68	2. 48
初中	1. 38	2. 12	2. 75	2. 92	2. 33	3. 4	3. 88	3. 45
高中及中专	0. 41	0. 66	0. 84	1. 03	0. 8	1. 11	1. 4	1. 51
大专及以上	0. 08	0. 2	0. 58	1. 16	0. 14	0. 36	0. 89	1. 55

注:文盲人口是指大陆 31 个省、自治区、直辖市的人口和现役军人中 15 岁及以上不识字人口。

资料来源:第四、五、六、七次人口普查资料。

3. 产业就业人口结构不均衡

2000 年以来,云南省三次产业就业人口结构有了一定改善,第一产业就业人口比重有所下降,2000—2015 年下降了 20. 32 个百分点,第二、三产业分别上升了 3. 79 个、16. 43 个百分点(表 2-6)。就业人口过分集中在第一产业,2019 年,第一产业就业人口比重依然高达 46. 6%,全国为 24. 72%,第二产业云南比全国低 13. 84 个百分点,第三产业低 8. 03 个百分点。可见,云南省大量就业人口集中在第一产业,云南产业就业人口结构优化低于全国水平,产业就业人口结构合理化道路还有很长路程。

表 2-6　2000—2019 年云南、全国分产业就业人口占比情况　（单位:%）

年份	云南			全国		
	第一产业	第二产业	第三产业	第一产业	第二产业	第三产业
2000	73. 9	9. 2	17. 0	50. 0	22. 5	27. 5
2005	69. 4	10. 0	20. 6	44. 8	23. 8	31. 4
2006	67. 4	10. 4	22. 2	42. 6	25. 2	32. 2

续表

年份	云南			全国		
	第一产业	第二产业	第三产业	第一产业	第二产业	第三产业
2007	65.4	10.9	23.7	40.8	26.8	32.4
2008	63.6	11.3	25.1	39.6	27.2	33.2
2009	62.3	12.0	25.7	38.1	27.8	34.1
2010	60.4	12.6	27.0	36.7	28.7	34.6
2011	59.4	13.1	27.5	34.8	29.5	35.7
2012	56.8	13.5	29.7	33.6	30.3	36.1
2013	55.5	13.2	31.3	31.4	30.1	38.5
2014	53.7	13.2	33.1	29.5	29.9	40.6
2015	53.58	12.99	33.43	28.30	29.30	42.40
2016	52.95	13.25	33.80	27.70	28.80	43.50
2017	50.75	13.44	35.81	26.98	28.11	44.91
2018	48.44	13.82	37.80	26.11	27.57	46.32
2019	46.60	14.30	39.10	24.72	28.14	47.13

资料来源：根据历年云南统计年鉴与国家统计局官网资料计算获得。

优化的就业人口产业结构对人力资源开发与利用有着重大影响，太多人口附着在农业产业已极大地制约了第一产业劳动效率，阻碍农业产业化发展，同时第二、三产业劳动密集型产业发展会因为劳动力短缺而受到限制与阻碍。劳动力在某一产业的过分集中将使人力资源得不到有效开发，影响人力资源利用率及经济效益提高，影响经济社会发展。

（二）发展趋势预测

1. 总人口趋势预测

对人口发展趋势预测可以很好地了解某一地区人口结构变动，把握人口变动对经济发展的影响。对云南省人口发展进行预测首先应明确一点，即云南省人口再生产状况。统计数据显示，2005 年云南省人口出生率、死亡率及自然增长率分别处在 14.7‰、6.8‰、7.9‰的低水平[①]，2020 年，三个指标分别为 12.63‰、6.20‰、6.43‰。[②] 在人口再生产理论中，当人口出生率持续大幅下降，低于 15‰，死亡率稳定在 10‰左右，人口缓慢增长，被认为进入现代型再生产模式。比较现代型人口再生产模式指标发现，云南省在 2005 年进入现代型人口再生产模式。

根据 2010 年、2020 年普查数据绘制成的云南省人口金字塔可看出（图 2-1、图 2-2），2020 年比 2010 年金字塔底端在收缩，中上部放宽，即全省少儿人口不断减少，步入壮年及老年人口在增加，2020 年 45—49 岁年龄组增加最明显。由于少儿人口是潜在人力资源开发对象，该年龄段人口关系着该地区未来人力资源开发，少儿人口减少将会影响云南未来劳动力规模，使其趋于缩减。同时，由于少儿人口的缩减，底部老龄化也在悄然呈现，加之老年人口不断增加，二者综合作用直接加深了云南省人口老龄化进程。根据普查数据，云南省 65 岁及以上人口占总人口比重 2000 年为 6.09%，2010 年为 7.63%，2020 年为 10.75%。据推测，云南人口规模将在 2039 年达到峰值，此时的人口总量为 4806.87 万人，老年人口比重为 16.18%[③]。人口老龄化不断发展与持续走低的妇女总和生育率直接相关，如果这种状况持续下去，云南省人口老龄化态势必定持续攀升。伴随着国家“单独二孩”“全面二孩”“全面三孩”政策的实施，妇女生育率将有一定程度提升。从“单独二孩”新政实施相关预测指出：“政策实施的微观家庭效应更加明显，而宏观人口效应较为有限，由于育龄妇女人口规模的持续缩减，未来新增出生人口并不足以改变云南人口老龄化的大趋势。”[④]即便政策实施后妇女生

① 《云南统计年鉴》，中国统计出版社 2013 年版。

② 《2020 年云南统计年鉴》，中国统计出版社 2021 年版。

③ 根据生育率 1.6 为基本指标进行预测。

④ 根据总和生育率中方案 1.6，迁移率以 2010—2020 年年均迁移率进行预测。

育率得到了较大程度提升，那么新增人口加入劳动力市场也非一日之功，人口老龄化的影响也不会立即消失，云南省人力资源规模及结构也因此受到一定程度影响。

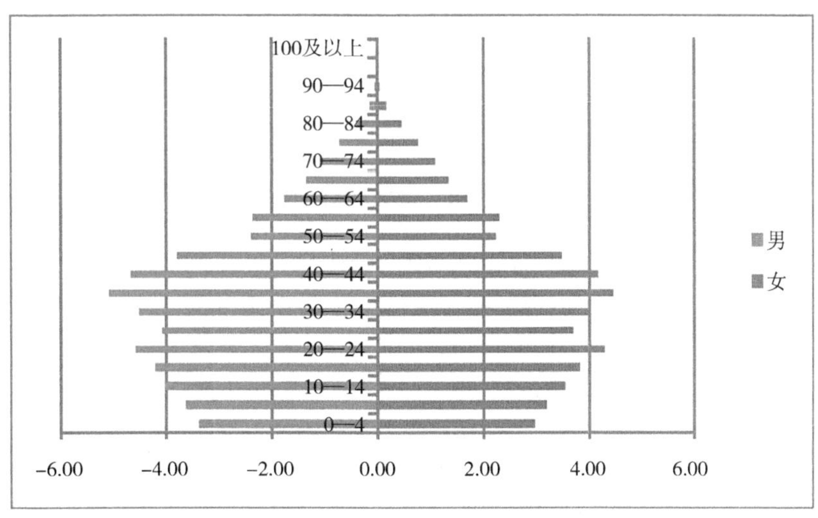

图 2-1　云南省 2010 年人口金字塔（单位：岁）

资料来源：中国国家统计局网站，http://www.stats.gov.cn/tjsj/pcsj/。

综上所述，云南省人口发展在“三低”特征的现代型人口再生产模式基础上进行，伴随较低的妇女生育率，新增少儿人口逐年减少，老龄化程度逐步加重，人口年龄结构趋向老化，导致人力资源存量发生变化，其规模减少，结构老化，进而影响人力资源开发程度与利用质量。

2. *劳动年龄人口预测*

由于 15—64 岁劳动年龄人口是现行人力资源存量，因此，对劳动年龄人口预测关系着一个地区人力资源可开发的程度。以云南省人口总和生育率 1.6 的中方案（综合考虑“三孩”生育政策调整的短期影响为依据），2010—2020 年的年均迁移率为基础，运用“七普”基础数据预测全省

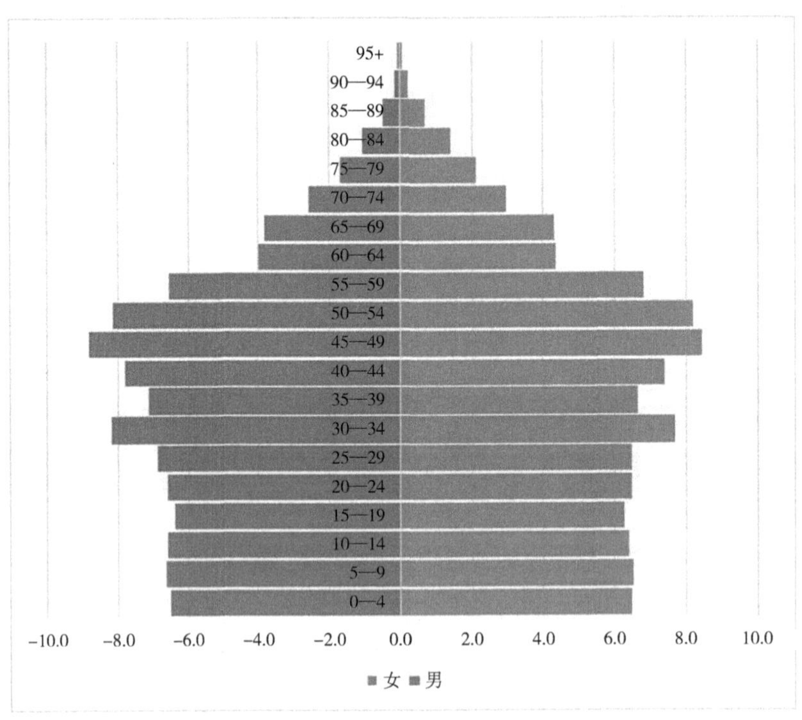

图 2-2 云南省 2020 年人口金字塔(单位:岁)

资料来源:中国国家统计局网站,http://www.stats.gov.cn/tjsj/pcsj/。

2020—2050 年劳动年龄人口规模(表 2-7)。2020—2050 年,云南省劳动年龄人口占总人口比重呈不断下降趋势,未来 30 年比重将下降 18.31 个百分点,2050 年现代化强国建成时,全省劳动年龄人口比重为 55.07%,劳动力人口总数在 3200 万左右,如果不尽快提高人口素质,尽快采取转变产业人员的发展等相关措施,结果将不容乐观,届时劳动年龄人口规模的缩减及其抚养负担的加重将可能阻碍云南省经济社会持续发展。

表 2-7　云南 2020—2050 年劳动力人口预测

年份	劳动年龄人口(人)	年末总人口(人)	比重(%)
2020	35817173	48809200	73.38
2025	36601573	50295666	72.77
2030	36055974	51827402	69.57
2035	34872603	53405786	65.30
2040	33465641	55032240	60.81
2045	32597530	56708226	57.48
2050	32181699	58435254	55.07

资料来源:根据 2020 年第七次普查资料预测获得。

另外,全省总人口 2020—2050 年持续逐年攀升,但劳动年龄人口在 2025 年达到峰值,占同期总人口比重达到 72.77%(表 2-7),与现有劳动年龄人口比重基本持平。此后,全省劳动力人口总量将逐年下降,占总人口比重也将逐年下降,至 2050 年,劳动年龄人口为 3218.17 万人,占总人口比重下降至 55.07%,这说明全省未来人口抚养负担将逐年增加。

第三节　劳动力供给与产业发展状况

这里采用三次产业劳动力容量分析云南省各产业劳动力配置的合理性,采取比较法,将云南省就业结构、产业结构与全国平均水平进行综合分析。

一、三次产业结构与就业人口结构比较

(一)分产业就业人员变动状况

2000—2019年,全省就业人员从2295.4万人上涨到2990.38万人,增长了近700万人(图2-3)。第一产业就业人员呈下降趋势,从1695.9万人减少到1394.83万人,减少300多万人;第二产业从2000年至2003年下降,然后持续上涨,增加了216.4万人;第三产业就业人员持续增长,增幅最大,增加了779.55万人。具体看,第一产业减少第一个100万用了14年,减少第二个100万只花了4年,降速加快。第二产业就业人口18年增加200万人,第三产业就业人口增加100万用时短,增速快。

从各产业就业人数占总就业人口比重看,2000—2004年,第一产业就业人口比重持续超过70%,2005年起低于70%,2007年降至65.4%,2011年跌破60%,此后下降更快,2019年为46.6%,不过远高于全国同期值(23.6%),说明云南省第一产业就业人员比重很高。第二产业就业人员比重2000—2004年均不到10%,2005年起超过10%,此后增长缓慢,2019年为14.3%,是全国同期值(28.7%)的一半。第三产业就业人员比重2000—2004年低于20%,2019年为39.1%,低于全国同期值(47.7%)。整体看,2000—2019年,第一产业就业人口比重下降了27.3个百分点,第二、三产业分别提高了5.1个、22.2个百分点(图2-3)。

2000—2019年,尽管云南省实现了近700万新增就业,但相比经济发达的广东,差距不断扩大。从云南省与广东省三次产业就业人口数比较看,差距最大的是第二产业,其间云南该产业尽管增加了2.03倍,但至2019年年末与广东省的差距为2044.82万人,广东省是云南省的5.79倍;其次,尽管云南与广东第三产业就业人员变化趋势基本一致,但两省差距不断拉大,差值从2000年的891.58万人扩大到2014年的1259.41万人,2019年为2209.27万人;云南第一产业就业人员数一直高于广东,总就业人口2019

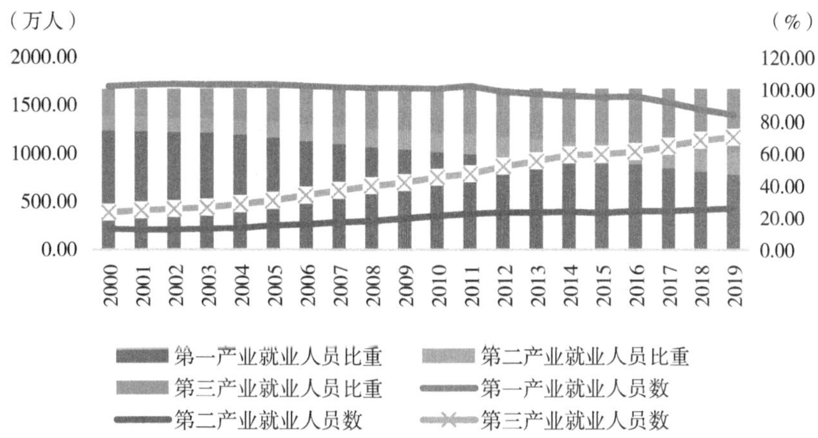

图 2-3 云南省 2000—2019 年分产业就业人员数及比重

资料来源：据 2001—2020 年云南统计年鉴数据计算获得。

年云南比广东少了 4159. 87 万人，而云南第一产业却比广东多 94. 22 万人（表 2-8）。

表 2-8 2000—2019 年云南、广东省分产业就业人口数 （单位：万人）

年份	云南				广东			
	就业人口总数	第一产业就业人口	第二产业就业人口	第三产业就业人口	就业人口总数	第一产业就业人口	第二产业就业人口	第三产业就业人口
2000	2295. 40	1695. 90	210. 40	389. 20	3989. 32	1593. 68	1114. 86	1280. 78
2001	2322. 50	1710. 40	207. 90	404. 20	4058. 63	1587. 48	1131. 96	1339. 19
2002	2341. 30	1715. 80	206. 50	419. 00	4134. 37	1572. 92	1202. 92	1358. 53
2003	2353. 30	1709. 30	209. 90	434. 10	4395. 93	1617. 69	1557. 19	1221. 05
2004	2401. 40	1711. 90	218. 40	471. 10	4681. 89	1622. 50	1727. 86	1331. 53
2005	2461. 30	1709. 20	245. 10	507. 00	5022. 97	1609. 89	1916. 16	1496. 92
2006	2517. 60	1696. 95	262. 45	558. 15	5177. 02	1562. 17	2015. 88	1598. 97
2007	2573. 80	1684. 70	279. 80	609. 30	5341. 50	1562. 19	2102. 28	1677. 04

续表

年份	云南				广东			
	就业人口总数	第一产业就业人口	第二产业就业人口	第三产业就业人口	就业人口总数	第一产业就业人口	第二产业就业人口	第三产业就业人口
2008	2638.37	1678.42	298.57	661.38	5471.72	1526.66	2172.93	1772.13
2009	2684.80	1672.50	321.30	691.00	5688.62	1514.04	2292.05	1882.53
2010	2765.90	1671.30	348.60	746.00	5870.48	1435.17	2487.25	1948.06
2011	2857.24	1697.20	374.30	785.70	5960.74	1427.34	2526.48	2006.92
2012	2881.90	1636.57	388.65	856.68	5965.95	1418.38	2509.69	2037.88
2013	2912.36	1615.29	384.58	912.49	6117.68	1405.06	2563.50	2149.12
2014	2962.25	1591.07	390.43	980.75	6183.23	1382.41	2560.65	2240.16
2015	2942.50	1576.53	382.09	983.88	6219.31	1375.15	2546.57	2297.58
2016	2998.89	1587.91	397.27	1013.71	6279.22	1365.43	2543.07	2370.72
2017	2992.65	1518.72	402.33	1071.60	6340.79	1359.12	2541.82	2439.85
2018	2992.80	1449.86	413.48	1129.46	6508.65	1348.93	2556.58	2603.14
2019	2990.38	1394.83	426.80	1168.75	7150.25	1300.61	2471.62	3378.02

资料来源:历年云南省、广东省统计年鉴。

从云南、广东分产业就业人口占总人口比重看(图 2-4),各产业发展趋势一致,第一产业就业人口比重持续下降,第二、三产业持续上升,但两省差异较大。2000 年,第一产业就业比重云南比广东高了近 34 个百分点,第二、三产业分别低了 18.7 个、15.1 个百分点。2010 年,第一产业差距扩大到 36 个百分点,第二、三产业差距分别为 29.8 个、6.2 个百分点,说明云南省第一产业就业人口转移速度很慢,第三产业就业增加很快。2019 年,两省第一、二、三产业差值分别为 27.7 个、25.5 个、2.2 个百分点,差距缩小,第三产业就业人口比重十分接近,说明云南第一产业就业人口加速向第二、三产业转移。

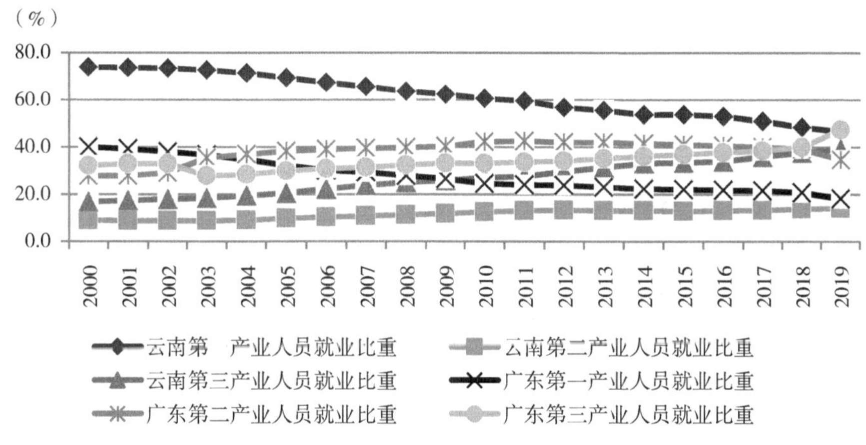

图 2-4　2000—2019 年云南、广东省分产业就业人口比重

资料来源：据 2001—2020 年云南与广东统计年鉴数据计算获得。

由于云南省内各地州整体经济发展水平和产业结构发展不均衡，势必会导致各地州人口就业总量及结构的较大差异。其中，云南省经济总量最大的是昆明市，发展水平最高，城镇就业人口远多于其他地州（为利于比较其他地州发展情况，图 2-5 中未包括昆明市）；曲靖、玉溪、红河和大理的城镇就业人口数也同其经济发展水平一样居第二、第三、第四和第五位，怒江州则相对较少（图 2-5）。保山市在 2001—2014 年经济发展水平一直高于普洱市，但是进一步分析图 2-5 却凸显一个值得深思的问题，即 2001—2014 年期间，为什么普洱市就业人员数大于保山市，但其经济发展水平却落后于保山市？其原因可以解释为就业人员数多并不能理解成经济发展水平一定高，发展速度快。经济的发展水平高应该由越来越多的劳动力所带动，而且是更高质量的劳动就业人口，即较高质量的众多就业人员数是经济发展水平高的必要而非充分条件。

为进一步分析云南省劳动力供给与产业发展是否对接，需比较云南省与全国在产业结构与就业结构变化上的差异，这样可看出云南省就业人员

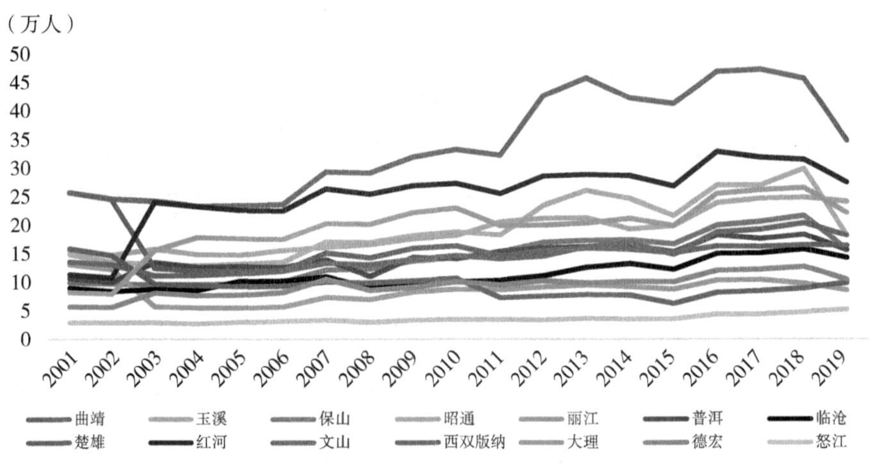

图 2-5　除昆明市以外的云南 15 个地州城镇单位就业人口数

资料来源:2002—2020 年云南省统计年鉴。

与产业构成变化。

从就业人员变化看,2019 年与 2010 年相比,云南第一产业就业人口比重降速快,超过 22 个百分点(表 2-9)。第二产业就业人口比重全国增长了 3.98 个百分点,云南省则减少了 2.61 个百分点,说明云南第二产业对就业人员吸引力不够。第三产业就业人口比重云南提高幅度大于全国水平,这表示云南省实现了第一、二产业就业人员向第三产业转移,尤其是第一产业就业人口转移较为突出。从产业增加值比重变化看,均呈现第一、二产业比重下降,不过全国第一产业下降了 3.0 个百分点,云南下降了 2.22 个百分点。第二产业降幅云南低于全国平均水平,第三产业增加值比重云南高于全国增幅。说明当前云南省产业结构调整结果紧跟全国发展步伐,产业结构转型正朝更合理化方向发展与促进。

表 2-9　2010—2019 年三次产业产值构成与就业构成变动　（单位:%）

		全国	云南
就业人员构成	第一产业	−23. 62	−22. 72
	第二产业	3. 98	−2. 61
	第三产业	19. 63	25. 33
产值构成	第一产业	−3. 0	−2. 22
	第二产业	−8. 2	−10. 32
	第三产业	11. 2	12. 54

资料来源:就业人员构成数据是根据人口普查资料整理计算获得;产值构成数据来自 2020 年统计年鉴。

（二）产业发展状况

1. 按产业总值变动状况

21 世纪以来,伴随国家西部大开发战略实施,云南产业结构呈向好态势。据总产值构成观察,变化最大的是第三产业,从 2000 年的 746. 14 亿元增加到 2019 年的 12224. 55 亿元,增长了 16. 38 倍,年均增长率为 15. 47%。其次是第二产业,从 2000 年的 833. 25 亿元上升到 2019 年的 7961. 58 亿元,增长了 9. 55 倍,年均增长率为 11. 96%,第一产业在 2000—2019 年从 431. 8 亿元上升到 3037. 62 亿元,增长了 7. 03 倍,年均增长率为 6. 39%。从三大产业所占比重看(图 2-6),2001—2019 年,第三产业比重从 38. 62% 快速上升到 52. 6%,增长了近 14 个百分点,且在 2013 年(42. 53%)超过第二产业比重(41. 74%),在三次产业中比重最高;第二产业比重从 2000 年的 41. 43%上升到 2010 年的 44. 62%,2011 年开始下降,2019 年为 34. 3%,比 2001 年还低;第一产业比重从 2000 年的 21. 47%下降到 2019 年的 13. 1%,呈不断下降趋势。云南省自 2000 年起产业结构转变整体趋势为:第二产业产值比重呈下降趋势,第一产业与第三产业比重剪刀差越来越大。

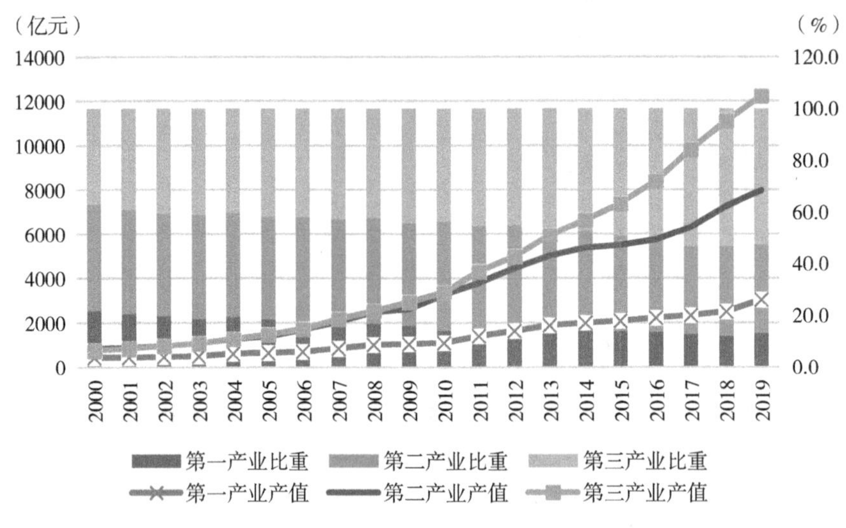

图 2-6　云南省 2000—2019 年三大产业产值及比重变化

资料来源：云南省统计局官网，http://stats.yn.gov.cn/tjsj/tjnj/201912/t20191202_908222.html。

以 2001 年为基期，可看出 2002—2019 年云南省 GDP 与三大产业年均增长率起伏变动（表 2-10），2004—2013 年增长水平基本都超过 10%（2005 年除外），2014 年以来，基本稳定在 8%—9%的中高增速增长状态。

第一产业产值年均增长率持续增长，但始终低于 GDP 增长率 3 个百分点左右。第二产业、第三产业产值不仅实现了高速增长，而且超过 GDP 增长率，云南省 GDP 高速增长主要依靠第二、第三产业拉动。以 2001 年为基期计算云南省三大产业经济增长贡献率①可看出，第一产业贡献率以 2004 年最高，达 21.52%，其次是 2008 年，接近 20%，第一产业贡献率最低为 2010 年，仅为 3.87%，其次是 2017 年，为 7.0%，包括 2009 年、2015 年贡献率均不到 10%。第二产业贡献率与第一产业此消彼长，2010 年贡献率最高，超过 60%，其次是 2006 年，为 53.18%，2015 年、2009 年贡献率较低，分

① 产业贡献率指各产业增加值增量与 GDP 增量之比。

别只有23.35%、27.17%，2018年上升至42.3%。第三产业贡献率相对第一产业变化不大，2015年接近70%，随后下降至2018年，2019年又超过70%，说明全省产业贡献率朝第三产业发展趋势相对较好，贡献率最低年份2004年也超过了30%。

总体看，经济增长贡献率第二、三产业超过第一产业（表2-10），但三次产业发展没有呈现明显的规律性，说明全省经济结构调整以及未来产业发展态势稳定性不强，还需要对云南省产业结构进行科学调整与规划，以更好地促进全省经济社会健康发展。

表2-10　云南省2002—2019年三大产业增长变化及贡献率（单位：%）

年份	GDP增长率	三大产业年均增长率			三大产业贡献率		
		第一产业	第二产业	第三产业	第一产业	第二产业	第三产业
2002	8.1	4.28	7.70	10.74	10.90	38.29	50.81
2003	8.8	5.49	9.86	10.80	12.81	46.37	40.81
2004	11.3	11.00	13.87	13.03	21.52	44.49	33.99
2005	9.0	10.46	13.22	13.59	14.16	38.02	47.82
2006	11.9	10.26	14.47	13.54	11.94	53.18	34.89
2007	12.5	11.14	15.29	14.87	14.40	42.40	43.20
2008	11.0	12.61	16.00	15.16	19.92	45.06	35.02
2009	12.1	11.58	14.60	14.96	9.85	27.17	62.98
2010	12.3	10.69	15.69	14.94	3.87	60.79	35.35
2011	13.7	12.25	15.85	16.19	18.13	33.36	48.50
2012	13.0	12.69	15.95	16.02	17.19	45.11	37.70
2013	12.1	12.67	15.59	16.25	13.54	34.15	52.31
2014	8.1	12.22	14.90	15.77	13.16	34.88	51.96
2015	8.7	11.56	14.09	15.45	7.27	23.35	69.38
2016	8.7	5.6	8.9	9.5	12.09	26.61	61.29
2017	9.5	6.0	10.7	9.5	7.0	35.4	57.6

续表

年份	GDP增长率	三大产业年均增长率			三大产业贡献率		
		第一产业	第二产业	第三产业	第一产业	第二产业	第三产业
2018	8.9	6.3	11.3	7.6	13.9	42.3	43.8
2019	8.1	5.5	8.6	8.3	10.08	18.79	71.12

资料来源：根据云南省统计年鉴（2003—2019）相关数据计算获得，2019 年数据由《云南省 2019 年国民经济和社会发展统计公报》计算获得。

2. 云南与广东分产业发展比较

2000—2019 年，云南分产业产值均实现了不同程度增长（图 2-7），但与全国 GDP 总量及排名第一的广东相比，产业发展布局仍存在较大差距，差距主要是第二、三产业，2000—2019 年，云南省第三产业产值增长了 16.26 倍，年均增长率为 15.81%。

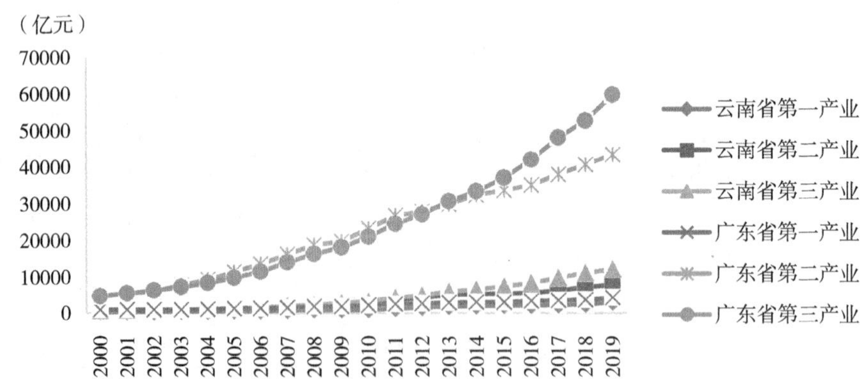

图 2-7　2000—2019 年云南省与广东省分产业比较

资料来源：2001—2020 年云南省、广东省历年国民经济和社会发展统计公报。

其间广东第二、第三产业分别增长了 8.21 倍、14.07 倍，虽然第二产业增长倍数云南高于广东，但因 2001 年基期水平广东第二、第三产业产值均超过云南 6 倍以上，实际云南第二、第三产业产出水平显著落后于广东。

2019 年，广东第二、三产业增加值分别为 43546.435 亿元、59773.38 亿元，分别是云南的 5.47 倍、4.89 倍。可见，云南第二、三产业经济体量与发展速度远落后于广东，需加快促进产业调整与升级。

3. 各地州产业发展状况

从云南各地州 GDP 总量看出，昆明市总量最高，2000—2019 年 GDP 一直居首位，2019 年为 6475.88 亿元，曲靖市（2637.59 亿元）次之，两者差距较大；怒江州和迪庆州经济发展水平相对落后，2019 年，上述两地区总产值分别为 192.51 亿元、251.20 亿元，其中怒江州还不到 200 亿元（图 2-8），是同期昆明的 3.9%。

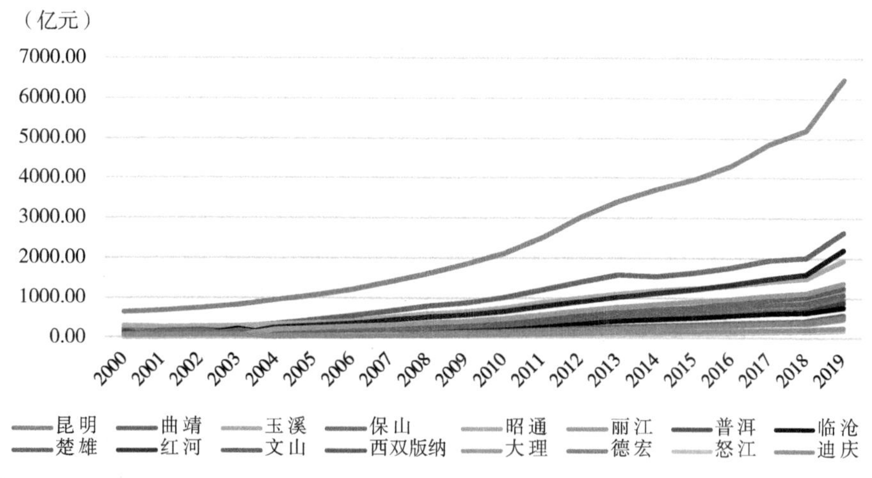

图 2-8　云南省 16 个地州 2000—2019 年 GDP 总量增长状况

资料来源：据 2001—2020 年云南统计年鉴数据计算获得。

通过将每年第一产业产值或比重（结果相同）定义为单位“1”，计算出各地州 2001—2019 年第二、三产业相对第一产业比重（表 2-11）。如果结果小于 1，说明该产值或比重低于第一产业水平，反之则大于第一产业。其次，横向观察表 2-11，可比较每年不同地州内第二、三产业相对第一产业优势或劣势程度，如 2001 年第二产业相对数值中，最高值为玉溪市（6.46），其次是昆明市（5.79），说明玉溪、昆明的第二产业相对于第一产业产值或比重具有明显优势，保山市只有 0.49，说明其第二产业相对于第一产业不具有优势，且持续到 2009 年；2001 年，第二、三产业均低于 1 的是临沧市，说明其第二、三产业相对于第一产业都不具有优势，第二产业低于 1 一直持续到 2010 年（2004 年除外），第三产业大于 1 持续到了 2014 年，说明临沧市长期以来以第一产业为主。表 2-11 还显示了各地州不同时期支柱产业变化，比如大理州 2001 年为“三、一、二”产业结构，第三产业是其支柱产业，但到了 2015 年，产业结构又转变成为二、三、一结构，支柱产业由第三产业转变为第二产业。

怒江值得关注，2001—2019 年，该州第二、第三产业较第一产业更具优势（比值均大于 1），类似结构的还有昆明市、红河州、曲靖市、玉溪市、楚雄州，实际怒江经济发展水平在所有地州中是相对落后的。也就是说，为什么像红河、楚雄、曲靖这些以第二、三产业为主导或支柱产业的地区，其经济发展水平与同样产业结构的怒江差距如此之大？怒江州第一产业水平高比重势必可以作为一种解释，另外还可得到一个基本推断：以第二、三产业为主导或作为支柱产业是经济发展水平良好必要而非充分的条件。

表 2-11　2001—2019 年云南省各地州三次产业结构比重横向、纵向比较

年份	分产业	昆明	曲靖	玉溪	保山	昭通	丽江	普洱	临沧	楚雄	红河	西双版纳	大理	德宏	怒江	文山	迪庆
2001	第二	5.79	1.88	6.46	0.49	1.00	0.86	0.86	0.59	1.38	2.01	0.46	0.87	0.78	1.19	0.72	0.76
	第三	5.68	1.38	2.19	0.99	1.32	1.56	1.09	0.70	1.04	1.25	1.37	1.14	1.44	1.40	1.07	1.31
2002	第二	6.01	2.18	5.95	0.51	0.99	0.95	0.94	0.69	1.49	2.28	0.44	0.94	0.65	1.47	0.82	0.91
	第三	6.03	1.23	2.21	1.07	1.39	1.78	1.29	0.79	1.03	1.27	1.38	1.18	1.49	1.49	1.17	1.52

续表

年份	分产业	昆明	曲靖	玉溪	保山	昭通	丽江	普洱	临沧	楚雄	红河	西双版纳	大理	德宏	怒江	文山	迪庆
2003	第二	6.35	2.28	6.06	0.54	1.02	1.14	0.93	0.80	1.57	2.63	0.46	1.00	0.68	1.53	0.89	0.88
	第三	6.34	1.27	2.16	1.14	1.40	1.68	1.19	0.77	1.01	1.29	1.19	1.21	1.31	1.53	1.14	1.39
2004	第二	6.85	2.45	5.89	0.61	1.31	1.32	1.01	1.01	1.66	2.86	0.70	1.08	0.85	1.61	0.96	1.60
	第三	6.36	1.26	2.12	1.19	1.25	1.98	1.27	0.88	1.03	1.21	1.27	1.26	1.36	1.51	1.18	2.28
2005	第二	6.17	2.54	5.00	0.68	1.34	1.20	0.83	0.82	1.55	2.85	0.64	1.15	0.65	1.77	0.92	1.89
	第三	6.57	1.50	2.56	1.10	1.21	2.00	1.15	0.85	1.26	1.53	1.15	1.30	1.37	2.46	1.20	2.35
2006	第二	6.83	2.96	5.42	0.79	1.63	1.44	0.86	0.92	1.52	3.15	0.75	1.28	0.86	5.25	1.11	2.26
	第三	6.97	1.53	2.73	1.17	1.27	2.11	1.13	0.86	1.31	1.55	1.16	1.32	1.35	2.56	1.29	2.87
2007	第二	6.88	2.99	5.68	0.87	1.81	1.52	0.91	0.91	1.63	2.98	0.93	1.40	0.96	5.50	1.28	2.94
	第三	7.07	1.49	2.62	1.23	1.36	2.08	1.16	0.85	1.37	1.47	1.19	1.36	1.42	2.91	1.38	3.37
2008	第二	7.06	2.80	5.74	0.90	1.75	1.69	1.00	0.90	1.72	2.84	0.99	1.41	0.95	3.53	1.35	3.51
	第三	7.25	1.40	2.50	1.25	1.33	2.16	1.13	0.85	1.40	1.50	1.35	1.42	1.43	3.02	1.46	4.05
2009	第二	7.18	2.82	5.78	0.88	1.79	1.92	1.07	0.93	1.70	2.71	1.01	1.40	1.05	3.44	1.34	3.46
	第三	7.81	1.62	2.90	1.19	1.61	2.33	1.22	0.94	1.51	1.65	1.40	1.49	1.45	3.68	1.69	4.75
2010	第二	7.99	2.87	6.58	1.02	2.35	2.12	1.14	1.07	1.89	3.31	1.09	1.73	1.28	2.98	1.67	4.15
	第三	8.64	1.61	3.00	1.28	1.75	2.40	1.23	0.97	1.57	1.92	1.57	1.62	1.50	4.29	1.84	5.63
2011	第二	8.68	2.87	6.75	1.09	2.43	2.44	1.22	1.18	1.92	3.40	1.04	1.93	1.32	2.92	1.68	4.85
	第三	9.08	1.49	2.97	1.20	1.64	2.41	1.15	0.92	1.53	1.88	1.40	1.67	1.48	3.94	1.70	6.02
2012	第二	8.66	2.83	6.40	1.19	2.39	2.45	1.18	1.40	1.79	3.12	1.01	1.95	1.17	2.29	1.60	5.03
	第三	9.26	1.51	2.86	1.27	1.51	2.35	1.07	0.88	1.47	1.70	1.44	1.65	1.32	3.26	1.56	6.47
2013	第二	9.06	2.67	5.99	1.23	2.52	2.82	1.27	1.37	1.92	2.99	1.04	2.03	1.14	2.24	1.65	5.70
	第三	10.1	1.89	2.94	1.33	1.50	2.41	1.06	0.88	1.69	1.70	1.48	1.81	1.37	3.36	1.55	7.08
2014	第二	8.47	2.09	5.65	1.28	2.21	2.51	1.22	1.12	1.87	2.65	1.10	1.95	1.01	2.01	1.58	4.97
	第三	11.0	1.98	3.11	1.42	1.73	2.78	1.25	1.20	1.92	2.16	1.80	1.77	1.87	3.12	1.78	8.19

续表

年份	分产业	昆明	曲靖	玉溪	保山	昭通	丽江	普洱	临沧	楚雄	红河	西双版纳	大理	德宏	怒江	文山	迪庆
2015	第二	8.44	2.03	5.47	1.35	2.20	2.59	1.25	1.17	1.91	2.74	1.11	1.85	0.98	1.85	1.65	5.21
	第三	11.7	2.12	3.37	1.54	1.85	2.91	1.34	1.29	2.08	2.31	1.82	1.81	2.00	3.19	1.93	8.72
2016	第二	8.28	2.01	5.08	1.41	2.16	2.54	1.28	1.20	1.98	2.81	1.69	1.07	1.81	1.01	1.89	5.63
	第三	12.17	2.26	3.64	1.64	1.97	2.99	1.44	1.36	2.23	2.42	2.04	1.90	1.93	2.13	3.43	8.90
2017	第二	8.88	2.15	5.14	1.54	2.29	2.76	1.39	1.28	2.14	3.06	1.79	1.10	1.91	1.09	2.07	6.33
	第三	13.24	2.37	3.83	1.72	2.03	3.08	1.51	1.44	2.34	2.51	2.17	1.97	2.06	2.27	3.71	9.21
2018	第二	9.17	2.16	5.13	1.67	2.45	2.61	1.49	1.19	2.30	3.25	1.81	1.12	1.89	1.09	2.27	7.18
	第三	13.26	2.43	3.86	1.71	2.02	3.04	1.56	1.47	2.35	2.56	2.24	1.97	2.10	2.39	4.03	9.14
2019	第二	7.69	2.29	4.69	1.79	2.33	2.34	1.16	0.94	2.22	3.08	1.80	1.07	1.51	1.04	2.50	6.17
	第三	15.27	2.73	5.04	1.90	2.73	4.02	2.24	1.69	2.42	3.70	2.45	2.48	2.53	2.92	3.67	9.09

资料来源：根据云南省历年统计年鉴（2002—2020）数据计算而得。

4. 各地州产业结构相似性

产业结构相似性系数（以相似性系数方法衡量）是指一个地区与另一个地区同种产业结构相似程度。相似性系数公式如下：

$$S=\frac{\sum_{k=1}^{n}X_{ik}X_{jk}}{\sqrt{\sum_{k=1}^{n}X_{ik}^{2}\sum_{k=1}^{n}X_{jk}^{2}}}\quad 0\leqslant S\leqslant 1 \tag{1}$$

公式中，X_{ik}、X_{jk} 分别表示区域 i 和区域 j 产业部门 k 在产业结构中所占比重，S 代表两区域产业结构的相似系数。当 $S=1$ 时，说明两区域产业结构完全相同；$S=0$ 时，说明两区域产业结构完全不同。通常情况 S 介于 0 和 1 之间，S 数值越大，两区域产业结构越是相似；S 越小，两区域产业结构越不相似。本书选取 2015 年、2019 年统计数据，以昆明市作为参考，对云南省 16 个地州与昆明产业结构相似度进行计算与比较研究（表 2-12、表

2-13)。

表 2-12　2015 年云南省各地州与昆明市产业结构相似性系数

地区	第一产业比重(%)	第二产业比重(%)	第三产业比重(%)	相似系数	相似度排名	GDP 排名
昆明市	4.74	40.01	55.25	—	—	—
曲靖市	19.45	39.39	41.15	0.957634	4	1
玉溪市	10.16	55.63	34.21	0.921319	13	2
保山市	25.72	34.79	39.48	0.922605	11	8
昭通市	19.83	43.56	36.60	0.936638	9	6
丽江市	15.37	39.86	44.77	0.978654	2	13
普洱市	27.82	34.85	37.33	0.90239	14	9
临沧市	28.95	33.82	37.24	0.89394	15	10
楚雄州	20.03	38.25	41.72	0.957311	5	5
红河州	16.53	45.31	38.17	0.951062	6	3
文山州	21.83	35.99	42.18	0.950679	7	7
西双版纳市	25.47	28.17	46.37	0.929564	10	11
大理州	21.46	39.63	38.90	0.942406	8	4
德宏州	25.12	24.55	50.34	0.925024	12	12
怒江州	16.56	30.56	52.88	0.975882	3	15
迪庆州	6.70	34.91	58.41	0.995736	1	14

资料来源:根据云南省统计年鉴(2016)数据计算而得。

云南省 16 个地州中,迪庆州与昆明产业结构相似度最高,相似系数为 0.995736,其次是丽江市,相似系数为 0.978654;临沧市、普洱市、玉溪市与昆明市产业结构相似度最低,相似系数分别为 0.89394、0.90239、0.921319(表 2-12)。但从各地州与昆明市排名相似度和 GDP 排名相对照看,与昆明相似度排名最靠前的迪庆州 GDP 仅仅高于怒江州排在倒数第二位；各州相似度倒数第三位的玉溪市，其 GDP 排名反而仅次于昆明。这说明产业结构相似度与其经济增长之间并没有明显因果关系。

表 2-13　2019 年云南省各地州产业结构相似性系数

地区	第一产业比重(%)	第二产业比重(%)	第三产业比重(%)	相似系数	相似度排名	GDP 排名
昆明市	4.2	32.1	63.7	—	—	—
曲靖市	16.6	38.1	45.3	0.978632	3	1
玉溪市	9.3	43.7	47.0	0.927826	12	3
保山市	21.3	38.2	40.5	0.934813	10	8
昭通市	16.5	38.5	45.0	0.946842	9	6
丽江市	13.6	31.7	54.7	0.986413	2	13
普洱市	22.7	26.4	50.9	0.913021	14	9
临沧市	27.5	25.9	46.6	0.899016	15	10
楚雄州	17.7	39.4	42.9	0.969304	4	5
红河州	12.9	39.6	47.5	0.965147	7	2
文山州	19.1	34.3	46.6	0.966723	6	7
西双版纳市	22.0	23.6	54.4	0.927306	13	11
大理州	19.9	29.9	50.2	0.947315	8	4
德宏州	20.2	21.0	58.8	0.932173	11	12
怒江州	14.0	34.9	51.1	0.968987	5	15
迪庆州	6.2	37.9	55.9	0.996276	1	14

资料来源：根据云南省统计年鉴(2020)数据计算而得。

表 2-13 中进一步反映出云南省 16 个地州产业发展相似性变化，与 2015 年相比，排名上升的地州有：曲靖市、楚雄州、文山州、保山市、德宏州、

玉溪市，下降的有：怒江州、红河州、西双版纳州，其中怒江州从原来的第3名降至第5名，降幅最大。从相似系数看，临沧市最低，只有0.899016，其次是普洱市，为0.913021。整体看，相似系数较高的地州市人均GDP水平相对较高，比如排名前4名的迪庆州、丽江市、曲靖市、楚雄州，其2019年人均GDP分别为61690元、36369元、42772元、45499元，该值在15个地州排名分别为第2、11、6、3名，排名第1名的玉溪市达81667元[①]，与GDP排名相比，人均GDP更契合产业相似系数排名。对于云南省各地州而言，并不是产业结构与昆明越相似，其经济增长水平越高，类似楚雄州、文山州，随着与昆明产业结构相似度的提高，经济发展水平将随之提升，应加大力度调整产业结构，实现与昆明差距减小，其他地州，由于其产业结构与昆明相似度并未能实现经济增长，所以应充分认识本地区优势产业，发展本地区特色产业，实现本地区经济发展。

（三）全省产业发展特征

1. 产业结构趋向合理，但仍需进一步优化

2000年，云南省第一、二、三产业占国民经济比重分别为22.3%、43.1%、34.6%，2019年分别为13.1%、34.3%、52.6%（表2-14）。虽然第一产业增加值与全国同步下降，但云南由于起点高，2000—2019年降幅虽高于全国，但2019年依然比全国平均值高出6个百分点。

2000—2019年，云南省第一产业增加值在国民经济比重明显高于全国水平，第二、三产业增加值在国民经济中比重均低于全国平均值。2019年，云南省第二产业与全国相差近5个百分点，第三产业与全国接近。云南省与全国产业结构均呈“三、二、一”格局，但云南省产业结构还有待进一步调整、升级优化。

---

① 《2020年云南统计年鉴》，中国统计出版社2021年版。

表 2-14 云南省与全国三次产业增加值构成 （单位:%）

年份＼产业	第一产业		第二产业		第三产业	
	全国	云南省	全国	云南省	全国	云南省
2000	15.1	22.3	45.9	43.1	39	34.6
2005	12.1	19.3	47.4	41.2	40.5	39.5
2010	10.1	15.4	46.7	44.64	43.4	40.0
2015	8.4	15.1	40.8	39.8	50.8	45.1
2019	7.1	13.1	39.0	34.3	53.9	52.6

资料来源:根据历年中国与云南省统计年鉴计算而得。

2. 第一产业农林牧渔业发展较快

以 2000 年作为基期按不变价格计算,2010 年云南第一产业增加值是 2000 年的 1.61 倍,2019 年是 2000 年(1108.38 亿元)的 2.74 倍,其间第一产业占国民生产总值比重仅下降了 1.4 个百分点(表 2-15)。

表 2-15 云南省第一产业增加值与就业人员数及构成

（单位:亿元,万人,%）

<table>
<tr><th rowspan="3">第一产业</th><th colspan="4">2000 年</th><th colspan="4">2010 年</th><th colspan="4">2019 年</th></tr>
<tr><th colspan="2">增加值与构成</th><th colspan="2">就业人数与构成</th><th colspan="2">增加值与构成</th><th colspan="2">就业人数与构成</th><th colspan="2">增加值与构成</th><th colspan="2">就业人数与构成</th></tr>
<tr><th>增加值</th><th>比重</th><th>就业数</th><th>比重</th><th>增加值</th><th>比重</th><th>就业数</th><th>比重</th><th>增加值</th><th>比重</th><td rowspan="6">1394.83</td><td rowspan="6">46.6</td></tr>
<tr><td>农业</td><td>266.74</td><td>61.15</td><td>190.36</td><td>97.26</td><td>607.75</td><td>54.96</td><td>168.69</td><td>91.2</td><td>2224.74</td><td>54.28</td></tr>
<tr><td>林业</td><td>31.89</td><td>7.31</td><td>1.58</td><td>0.81</td><td>128.72</td><td>11.64</td><td>4.64</td><td>2.51</td><td>396.88</td><td>9.68</td></tr>
<tr><td>牧业</td><td>129.07</td><td>29.59</td><td>2.78</td><td>1.42</td><td>316.37</td><td>28.61</td><td>10.84</td><td>5.86</td><td>1237.12</td><td>30.18</td></tr>
<tr><td>渔业</td><td>8.51</td><td>1.95</td><td>0.35</td><td>0.18</td><td>28.75</td><td>2.6</td><td>0.28</td><td>0.15</td><td>98.25</td><td>2.40</td></tr>
<tr><td>农林牧渔服务业</td><td>—</td><td>—</td><td>0.66</td><td>0.34</td><td>24.22</td><td>2.19</td><td>0.51</td><td>0.28</td><td>141.89</td><td>3.46</td></tr>
</table>

资料来源:根据云南省 2001 年、2011 年、2020 年统计年鉴,云南省第五次、六次人口普查资料计算而得。

从第一产业内部构成看，第一产业增加值主要来源于农业与牧业，2000年，农业增加值比重占第一产业比重为61.15%，其次是牧业，占29.59%；2010年，农业增加值仍占第一产业比重超过50%，所占份额有所下降，相对于2000年下降了6.19个百分点，牧业所占比重略有下降；2019年，农业占第一产业增加值依然超过50%，其次是牧业，超过30%。从云南省第一产业构成看，农业与牧业仍然是第一产业主导产业，而且农、林、牧、渔业增加值绝对数逐年呈上升趋势，从第一产业就业人数占总就业比重持续下降，说明第一产业就业人口效率在提高。

从就业人数看，云南第一产业大部分就业人员集中在农业，2000年，第一产业占总就业人员比重达73.9%；林业与牧业就业人员比重有所上升，渔业有所下降。从国内生产总值看，从2000年、2010年的2030.08亿元、7735.33亿元，增长至2019年的23223.75亿元，2019年是2000年的11.44倍。第一产业占全省生产总值分别从2000年、2010年的21.79%、14.10%下降至2019年的13.08%。第一产业就业人口占总就业人口比重从2000年、2010年的73.9%、60.4%下降至2019年的46.6%。说明2000年全省2300万就业人口就有1700万从事第一产业。2019年还有1394.38万人从事第一产业。总体看，全省就业人数持续增加，第一产业就业比例下降，与发达国家美国、英国农业人口仅占1%—2%相比，可以预见的是随着经济社会发展与产业结构调整，农业机械化、信息化与现代化发展，云南省第一产业就业人数还需大幅下降。

3. 第二产业以工业为主导

按不变价格计算，2010年全省第二产业增加值是2000年的3.87倍，其中工业附加值增长了195%，建筑业就业人数增长了230%，2018年加速发展，其增加值是2010年的2.16倍，增长倍数有所放缓（表2-16），第二产业发展速度很快，其中建筑业缓慢增长，2000—2010年下降了5.71个百分点，2010—2019 年增长了 16.46 个百分点，2019 年建筑业占第二产业增加值上升至 35.63%。另外，2010—2019 年，工业增加值在第二产业所占比重下降了 7.96 个百分点。依然可以看出，云南省第二产业以工业发展为主导，建筑业呈上升趋势。

从就业人员结构看，2000—2010 年第二产业就业人数增加了 70%，其中工业就业人数增加了 41%，建筑业增加了 156%，2019 年，全省第二产业就业人数占总就业人数的 14.3%，低于全国平均水平，第二产业还有较大发展空间。

表 2-16　云南省第二产业增加值与就业人员数及构成

（单位：亿元，万人，%）

<table>
<tr><td rowspan="4">第二产业</td><td colspan="4">2000 年</td><td colspan="4">2010 年</td><td colspan="4">2019 年</td></tr>
<tr><td colspan="2">增加值与构成</td><td colspan="2">就业人数与构成</td><td colspan="2">增加值与构成</td><td colspan="2">就业人数与构成</td><td colspan="2">增加值与构成</td><td colspan="2">就业人数与构成</td></tr>
<tr><td>总值</td><td>比重</td><td>人数</td><td>比重</td><td>总值</td><td>比重</td><td>人数</td><td>比重</td><td>总值</td><td>增长率</td><td>人数</td><td>占总就业人数比重</td></tr>
<tr><td>840.21</td><td>—</td><td>18.24</td><td>—</td><td>3223.93</td><td>—</td><td>31.27</td><td>—</td><td>6957.44</td><td>—</td><td rowspan="3">426.8</td><td rowspan="3">14.3</td></tr>
<tr><td>工业</td><td>709.98</td><td>84.5</td><td>13.70</td><td>75.12</td><td>2606.04</td><td>80.83</td><td>20.35</td><td>65.08</td><td>4483.96</td><td>64.37</td></tr>
<tr><td>建筑业</td><td>130.23</td><td>15.5</td><td>4.54</td><td>24.88</td><td>617.89</td><td>19.17</td><td>10.92</td><td>34.92</td><td>2482.34</td><td>35.63</td></tr>
</table>

资料来源：根据云南省 2001 年、2011 年、2020 年统计年鉴，云南省第五次、六次人口普查资料计算而得。

4. 第三产业发展速度较快

2010 年，全省第三产业增加值相对于 2000 年增长了 193%，2019 年比 2010 年发展速度较快。交通运输仓储业与批发零售餐饮业是第三产业中两个主要行业，两项增加值占第三产业增加值比重在 2000 年、2010 年均超过 40%，2019 年下降至 28.76%（表 2-17）。

从第三产业就业人员构成看，交通运输仓储业就业人员占第三产业总就业量超过 10%，而批发零售餐饮业就业人员比重超过 30%，但相对于 2000 年，这两个行业就业人员总量虽有增加，就业比重有不同程度下降，2019 年第三产业就业人口占总就业人数比重不到 40%，应加快该产业人口转移。

表 2-17　云南省第三产业产值与就业人员数及构成

（单位：亿元，万人，%）

<table>
<tr><th rowspan="3">第三产业</th><th colspan="4">2000 年</th><th colspan="4">2010 年</th><th colspan="4">2019 年</th></tr>
<tr><th colspan="2">增加值与构成</th><th colspan="2">就业人数与构成</th><th colspan="2">增加值与构成</th><th colspan="2">就业人数与构成</th><th colspan="2">增加值与构成</th><th colspan="2">就业人数与构成</th></tr>
<tr><th>总值</th><th>比重</th><th>人数</th><th>比重</th><th>总值</th><th>比重</th><th>人数</th><th>比重</th><th>总值</th><th>比重</th><th>人数</th><th>占总就业人数比重</th></tr>
<tr><td></td><td>678.87</td><td>—</td><td>32.77</td><td>—</td><td>2890.4</td><td>—</td><td>50.60</td><td>—</td><td>12125.71</td><td>—</td><td rowspan="3">1168.75</td><td rowspan="3">39.1</td></tr>
<tr><td>交通运输仓储</td><td>120.12</td><td>17.69</td><td>4.33</td><td>13.21</td><td>977.55</td><td>33.82</td><td>5.77</td><td>11.4</td><td>1101.14</td><td>9.08</td></tr>
<tr><td>批发零售餐饮</td><td>190.57</td><td>28.07</td><td>11.52</td><td>35.16</td><td>205.21</td><td>7.10</td><td>15.21</td><td>30.07</td><td>2386.22</td><td>19.68</td></tr>
</table>

资料来源：根据云南省 2001 年、2011 年、2020 年统计年鉴，云南省第五次、六次人口普查资料计算而得。

（四）三次产业产值与就业人口结构变化

从各产业增加值构成看，2010—2019 年全省第一产业增加值所占比重下降了 2.22 个百分点，低于全国 3.0 个百分点的降幅。第二产业云南与全国基本同步变动，第三产业增加值所占比重全国提升了 11.2 个百分点，云南省提高了 12.54 个百分点，2019 年云南省第三产业比重低于全国 1.66 个百分点，云南第三产业发展较快（表 2-18）。

从就业人员构成看，2010 年、2019 年，云南省第一产业就业人员比重超过全国平均值20多个百分点,2019年,云南有近47%的就业人员从事第一产业,超过全国平均值21.88个百分点,过多就业人口囿于第一产业;第二产业就业人员比重则低于全国平均值,说明云南该产业吸引就业人口不大;第三产业就业人员比重差值较小,2000年、2019年与全国差值分别为13.73个、8.03个百分点,说明云南就业人员向第三产业转移速度快于全国平均水平。

表2-18 云南省、全国2010年、2019年就业与产业结构比较 (单位:%)

		2010年		2019年	
		全国	云南	全国	云南
分产业就业人口总就业比重	第一产业	48.34	69.32	24.72	46.6
	第二产业	24.16	16.91	28.14	14.3
	第三产业	27.50	13.77	47.13	39.1
产值构成	第一产业	10.1	15.3	7.1	13.08
	第二产业	46.8	44.6	38.6	34.28
	第三产业	43.1	40.1	54.3	52.64

资料来源:就业人员构成数据是根据第六次人口普查资料整理而得;增加值构成数据来自于2011年、2020年统计年鉴。

2019年,云南省与全国产业虽然都呈“三、二、一”结构(表2-18),但云南产业构成合理性明显低于全国,第一产业增加值比重过高,更多劳动力集中在第一产业,近47%的劳动力仅创造了13.08%的生产总值。这不仅说明云南第二、三产业吸纳第一产业就业人口能力有限,农村富余劳动力无法有效转移至其他部门,也说明第一产业就业人口效率严重偏低。

二、三次产业就业弹性系数比较

就业弹性系数是从业人数增长率与GDP增长率的比值。即GDP增长

1个百分点带动就业增长的百分点，系数越大，吸收劳动力能力就越强，反之则越弱。

2000—2019年，全国和云南第一产业就业弹性均为负数，说明全国、云南第一产业吸纳劳动就业能力不强，是强挤出效应，云南第一产业产出弹性小于全国平均值（表2-19），说明云南第一产业对就业推动作用弱于全国，有更多富余第一产业就业人口需转移，需提高就业人口效率；第二产业产出弹性略高于全国，说明云南该产业对就业推动作用与吸纳能力优于全国，生产效率也相对高于全国；云南第三产业对就业推动作用在三次产业中最大，并且远高出全国同期，该产业就业吸纳能力是全国平均水平的2倍多。如果以全国平均值作为衡量标准，云南第一产业劳动力供给严重超标；第二产业就业吸纳能力还不错，应持续加大第二产业调整与升级，吸纳更多就业人口；第三产业就业弹性系数较高，对就业推动作用最大。综上，云南省劳动力供给与产业发展不太匹配。

表2-19　2000—2019年云南省、全国三次产业就业弹性系数

	全国	云南
第一产业	-0.1273625	-0.0302539
第二产业	0.04214676	0.12069371
第三产业	0.06393287	0.13122224

资料来源：根据2001、2020年中国统计年鉴整理而得。

首先，第一产业劳动力供给与产业发展不对接。第一产业产值所占比重快速下降，但就业人员比重下降远低于产值降速，与全国平均水平相比，云南省第一产业就业比重供给远高于全国，第一产业劳动力供给过多。

其次，第二产业就业人员占总就业比重最小，但该产业对就业推动作用能实现有效发挥，还能容纳一定劳动力，与第二产值所占比重相比，云南省第二产业人员就业人口不足，就业比重偏低，对劳动力就业推动作用实际高于全国平均水平。

最后，第三产业就业人员比重虽低于第一产业，但其增加值远高于第一、二产业，就业弹性系数高，说明全省该产业吸纳劳动能力高于全国平均值，现有劳动力供给远不能满足全省发展需要，需要加大第一产业就业人口向第三产业转移力度。

总的来说，云南省第一产业就业弹性系数小于1，甚至为负数，说明增加一单位GDP很难推动或吸引一个单位就业人员，第二产业就业弹性系数较大，对就业推动作用较强，第三产业就业弹性系数最高，说明该产业对就业推动作用最富有弹性。因此，有必要采取措施将第一产业富余劳动力尽快转移至第二、第三产业，促进产业结构进一步趋向合理，利用全省大量“人口红利”进一步推动经济增长，增加人民收入。

三、人口与产业分布匹配度

进入21世纪，无论全国还是云南省，经济社会都经历了快速发展。但同时云南省内部发展不平衡问题逐渐显现，突出表现在与东部沿海省份差距不断拉大。地区差异从空间上体现为人口和产业之间不匹配，导致空间效率损失，从而造成大量中间损耗。

蔡翼飞、张车伟（2012）研究显示：1978—2010年，中国东部沿海GDP份额提高幅度明显大于人口份额提高幅度，而内陆人口份额下降幅度却低于产业份额下降幅度。比较云南省与广东省就业人口份额与GDP份额①变化可看出（图2-9、图2-10），广东省GDP份额与就业人员份额差距不断减小，云南省从2000年到2011年不断增大，自2011年起呈下降趋势。具

① 就业人口份额用全省就业人口规模与全国就业人口总量比值表示，产业分布用全省GDP占全国GDP总量的比重表示，即GDP份额。

体看,2000 年,云南省 GDP 是全国总量的 2. 19%,广东为 10. 63%,两省差值为 8. 44 个百分点,该年云南省 GDP 总量是广东省的 20. 57%。2010 年,云南省 GDP 总量是广东省的 15. 88%。2019 年,两省 GDP 总量占全国比重的差值为 8. 54 个百分点,云南省是广东省同期的 21. 57%,差距在扩大。

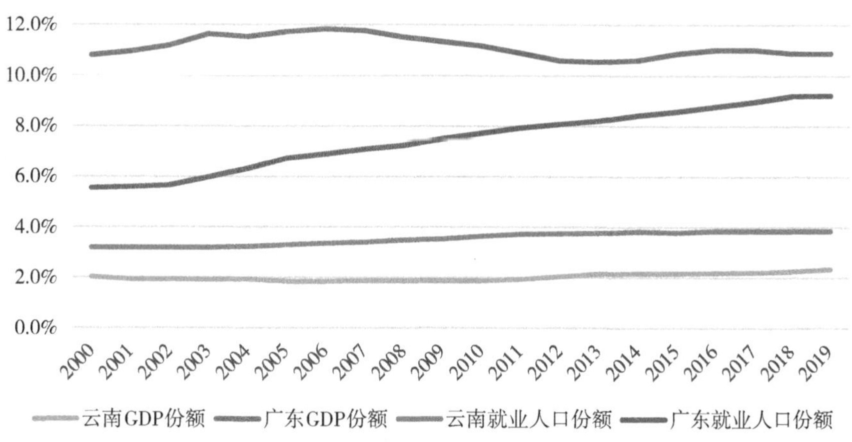

图 2-9　2000—2019 年云南省和广东省就业人口与 GDP 份额变化

资料来源:根据 2001—2020 年云南、广东省统计年鉴相关数据计算获得。

广东省从 2000 年到 2019 年 GDP 份额与人口份额差距不断在减小(图 2-10),仅在 2015 年差距略大于 2014 年,而云南 GDP 份额与人口份额差距在 2000 年到 2010 年不断增大,该结果与蔡翼飞、张车伟(2012)研究结果相同。云南省 GDP 份额与人口份额差距同样出现减小趋势(图 2-10)。整体看,2000—2019 年,云南省 GDP 份额约是广东同期的 1/5,人口份额是广东的 1/2。具体看,2000 年广东 GDP 份额是云南同期的 5. 33 倍,人口份额是 2. 04 倍。2019 年,上述两项指标分别为 5. 43 倍、2. 35 倍,差值在扩大,说明云南省人口劳动效率低于广东。

人口与产业分布匹配性实际上反映的是两者分布的偏离程度,本研究选取人口份额与产业份额的差的绝对值加总得到人口与产业分布不匹配指

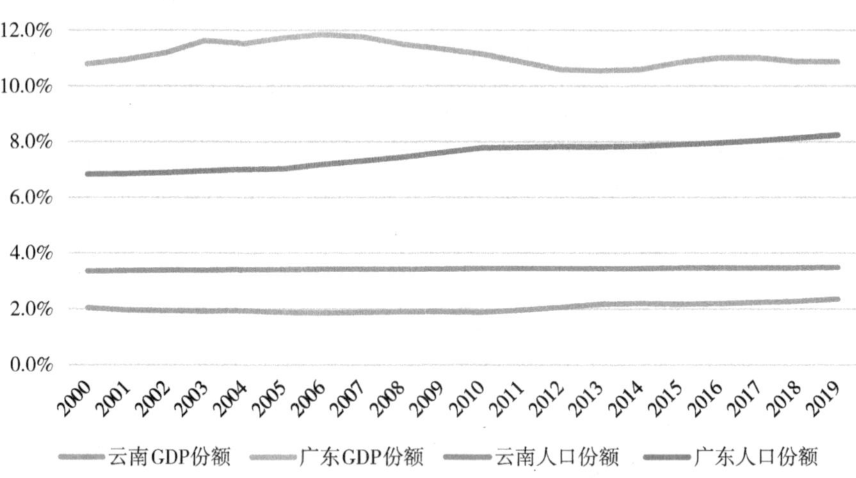

图 2-10　2000—2019 年云南省和广东省人口与 GDP 份额变化

资料来源:根据 2001—2020 年云南、广东省统计年鉴相关数据计算获得。

数 P,其计算公式可表示为:

$$P_i = | S_i^c - S_i^r | \quad (2)$$

其中 i 代表云南省, S_i^c 表示 i 地区产业份额, S_i^r 表示 i 地区人口份额。P 取值在[0,1]区间内,当 P 等于 0 时,说明产业和人口完全匹配,也说明该地区拥有的产业份额和人口份额相等,越接近 0 说明产业和人口匹配度越高,反之则不匹配性越高;当 P 等于 1 时,说明产业和人口完全集中于某个地区。根据公式(2)计算得出云南省 2001—2018 年人口和产业分布匹配指数;同理也可以得到就业人口与产业分布匹配指数(表 2-20)。

表 2-20　云南省人口、就业人口与产业分布匹配指数(2001—2018)

匹配指数	2001	2002	2003	2004	2005	2006	2007	2008	2009
人口与产业分布	0.0143	0.0147	0.0153	0.0149	0.0156	0.0159	0.0165	0.0164	0.0166
就业人口与产业分布	0.0126	0.0129	0.0133	0.0133	0.0145	0.0154	0.0165	0.0171	0.0177

续表

匹配指数	2010	2011	2012	2013	2014	2015	2016	2017	2018
人口与产业分布	0.0168	0.0162	0.0153	0.0146	0.0146	0.0142	0.0141	0.0142	0.0141
就业人口与产业分布	0.0189	0.0192	0.0185	0.0180	0.0184	0.0177	0.0177	0.0179	0.0176

资料来源：根据云南省统计年鉴（2002—2019）数据计算而得。

计算结果发现，云南省2001—2018年期间人口与产业分布匹配指数在2001—2010年呈上升趋势，其间增加了0.0025个单位值（表2-20），从2011年开始下降，即云南人口与产业分布匹配程度呈上升趋势，说明全省人口发展与产业调整从该年起呈正相关关系。2018年，人口与产业分布匹配值为0.0141，尽管与2001年相比变化较小，不过至少说明全省人口对产业发展贡献度在升高，说明人口与产业发展向更匹配方向前行；而就业人口与产业分布匹配指数在2001—2011年也不断上升，2012年起虽有起伏，但整体呈现下降趋势，该段时间就业人口与产业分布匹配度，比人口与产业分布匹配指数的下降晚一年。通过人口与产业分布匹配度与就业人口与产业分布匹配度比较可发现，2007年以前就业人口相对于总人口与产业分布匹配度更高，而2007年后，云南人口与产业分布匹配度更高。

同时，通过威廉姆森指数可描述云南省就业人口与产业分布匹配度和经济发展水平的关系，威廉姆森指数用相对人均收入与1之差的加权平方和再开方得到，权重为某地区就业人员数所占份额，具体公式可以表示为：

$$W = \sqrt{\sum \left[\left(\frac{y_i - \bar{y}}{\bar{y}}\right)^2 \cdot \frac{p_i}{p} \right]} = \sqrt{\sum \left[\left(\frac{y_i}{\bar{y} - 1}\right)^2 \cdot \frac{p_i}{p} \right]} \tag{3}$$

式中 y_i 为云南省人均GDP，$\bar{y}$ 表示全国人均GDP，p_i 表示云南省就业人口数量，p 表示全国就业人口总数。按照公式（3），可以得出云南省2001—2018年的威廉姆森指数值（简称W值）。

云南省 W 指标整体较小，经济发展水平与 W 指数呈现双低状况（表 2-21），说明云南省匹配程度较高，但是其经济发展水平依然较低，与上述情况相反的是，同期中国整体的情况呈现双高发展态势。同样可以发现，2001—2011 年，云南 W 指标呈现增长趋势，而在 2012 年 W 指标开始下降，也就是说云南省整体匹配程度较高，但是在 2011 年之前匹配程度有下降趋势，自 2012 年起匹配程度又开始上升。

表 2-21　云南省 2001—2018 年威廉姆森指数

	2001	2002	2003	2004	2005	2006	2007	2008	2009
W 指标	0.0759	0.0778	0.0803	0.0788	0.0826	0.0851	0.0892	0.0895	0.0910
	2010	**2011**	**2012**	**2013**	**2014**	**2015**	**2016**	**2017**	**2018**
W 指标	0.0934	0.0910	0.0863	0.0822	0.0827	0.0801	0.0798	0.0802	0.0799

资料来源：根据云南省统计年鉴（2002—2019）数据计算而得。

至此，通过上述两种指标基本可以得出以下研究结果，即云南省尽管经济发展水平相对较为落后，但是其人口与产业分布的匹配度却相对较高，为什么高匹配不能带来经济高速增长呢？其原因或许可以解释为：云南省人口与产业高匹配状态，是由于其主导或支柱产业大部分还处在初级产业，丰富的资源没能促进经济快速增长，其新兴产业与创造性科技产业尚没有从有效利用其丰富的自然资源角度促进本省特色产业的发展，从而实现全省经济持续稳定增长，这是未来云南省经济发展中面临的一个带有挑战性的问题。

四、高匹配为何没能带来高增长

通过对云南省人口或就业人口与产业分布匹配度的分析，从经济学研究资源有效配置角度看，云南省人口或就业人口与产业分布匹配度较高，应该能够带来较高水平的经济增长，原因就是云南省就业人口与其产业结构特点相互匹配度较高，劳动力资源得到了有效配置。但是事实却与上述观点明显矛盾，通过分析发现，2001—2018 年，云南省 16 个地州经济发展水平差异巨大，昆明、曲靖和玉溪 3 个地区所占 GDP 比重一直保持 50%以上，其他 13 个地州总产出还没有上述 3 地州之和高。人口与产业高匹配并没有为云南省带来高经济增长，其原因可以解释为：一是如果产业结构中大部分处于第一产业及第二产业中的初级产业，对经济增长的贡献并不是十分明显，这对绝大多数国家或地区都是成立的；二是对于云南省而言，除了上述原因外，其自身内部匹配差异化同样是影响其经济增长的关键性因素，即整个云南省人口与产业匹配度高，但在全省内部 16 个地州差异非常大。

“就业人口与产业分布”匹配系数衡量的是一个地区就业人口分布与其地区产业分布偏离程度的指标，它可以反映出一个地区就业与产业是否能够相互匹配，也就是说“就业人口与产业分布”匹配系数数值越接近于 1，说明劳动力资源越能得到有效配置，就业人口分布与产业分布越匹配，反之如果数值越偏离 1，则说明两者匹配效果越差；并且通过“就业人口与产业分布”匹配系数与 1 的比较可以得出：如果数值小于 1，则说明就业人口增长会促进经济更加快速的增长，反之如果大于 1，则说明就业人口不断增长将会对经济增长产生不利影响。苏迅在 2007 年一篇名为《资源贫困：现象、原因及补偿》的文章中提出“资源贫困指数”，表示为一个地区矿产总值占全国矿产总值比重与该地区生产总值占全国生产总值比重的比值；郑猛、罗淳（2013）选取一个地区一次能源生产量占全国一次能源生产量比重与一个地区第二产业产值占全国第二产业产值比重的比值作为“资源诅咒”系数对云南能源与经济增长关系进行了分析，这里借鉴上述方法，选取云南省各地州就业人口所占比重与产业所占比重的比值作为“就业人口与产业分布”匹配系数，具体表达公式如下所示：

$$LG_{it} = \frac{Lar_{it}}{Lar_t} / \frac{GDP_{it}}{GDP_t} \quad (i=1,2,3,\cdots,16) \tag{3}$$

(3)式中 LG_{it} 表示 i 地州在 t 时期的“就业人口与产业分布”匹配系数，Lar_{it} 和 GDP_{it} 分别表示 i 地州在 t 时期的就业人员数和地区 GDP，Lar_t 和 GDP_t 分别表示云南省 t 时期就业人员数和 GDP，$i=1,2,3,\cdots,16$ 表示云南省 16 个地州，按照(3)式计算得出 2002—2018 年期间各地州“就业人口与产业分布”匹配系数结果如表 2-22 所示。

表 2-22　云南省各地州 2002—2018 年就业人口与产业分布匹配系数

年份	昆明	曲靖	玉溪	保山	昭通	丽江	普洱	临沧	楚雄	红河	文山	西双版纳	大理	德宏	怒江	迪庆
2002	0.39	1.21	0.46	1.66	2.26	1.71	1.94	1.69	1.20	1.26	2.15	0.86	1.18	1.52	2.06	1.58
2003	0.38	1.21	0.48	1.70	2.33	1.67	1.85	1.70	1.18	1.21	2.07	0.85	1.18	1.57	2.10	1.60
2004	0.41	1.20	0.52	1.81	2.33	1.60	1.89	1.75	1.21	1.20	2.00	0.87	1.24	1.59	2.11	1.14
2005	0.43	1.04	0.52	1.67	2.27	1.28	1.81	1.76	1.12	1.09	1.86	0.86	1.17	1.48	1.64	1.04
2007	0.47	0.98	0.53	1.64	2.26	1.51	1.76	1.74	1.16	1.07	1.79	0.88	1.16	1.46	1.08	0.87
2008	0.51	0.95	0.51	1.62	2.23	1.48	1.73	1.77	1.12	1.05	1.80	0.92	1.20	1.44	1.47	0.83
2009	0.49	0.93	0.53	1.56	2.05	1.37	1.60	1.65	1.09	1.05	1.66	0.90	1.20	1.35	1.42	0.82
2010	0.49	0.94	0.54	1.52	2.02	1.34	1.59	1.60	1.07	1.06	1.68	0.91	1.19	1.35	1.44	0.82
2011	0.56	0.94	0.56	1.50	1.99	1.32	1.60	1.58	1.08	1.06	1.66	0.85	1.25	1.37	1.52	0.82
2012	0.53	0.97	0.57	1.46	1.96	1.29	1.53	1.45	1.05	1.06	1.61	0.85	1.13	1.39	1.52	0.83
2013	0.55	0.99	0.60	1.45	1.96	1.27	1.51	1.43	1.06	1.07	1.59	0.84	1.13	1.37	1.57	0.83
2014	0.48	1.03	0.58	1.36	1.98	1.29	1.44	1.38	0.99	1.00	1.52	0.78	1.02	1.21	1.40	0.75
2015	0.52	1.01	0.56	1.44	2.04	1.33	1.48	1.42	1.01	1.04	1.58	0.81	1.07	1.25	1.36	0.81
2016	0.54	0.98	0.53	1.51	2.02	1.34	1.52	1.46	1.13	1.08	1.62	0.85	1.16	1.32	1.35	0.82
2017	0.54	0.98	0.57	1.59	2.21	1.37	1.58	1.62	1.08	1.05	1.67	0.90	1.12	1.37	1.37	0.87
2018	0.51	1.03	0.59	1.52	2.18	1.42	1.61	1.58	1.02	1.05	1.68	0.93	1.16	1.32	1.34	0.83

资料来源：根据云南省统计年鉴(2003—2019)数据计算而得。

从表 2-22 不难发现,2002—2018 年,云南省 16 个地州就业人口与产业分布匹配关系与其经济发展水平的关系并没有明确的规律性变化,具体表现为:①经济发展水平相对较高的地州并非就业人口与产业分布匹配度高,如昆明、玉溪、西双版纳、迪庆等 4 个地州市;②就业人口与产业分布匹配度较高的地州并非经济发展水平高,如德宏、昭通、怒江 3 个地州市;③经济发展水平相对落后的地州其就业人口与产业分布匹配度相对较低,如西双版纳、丽江等;④值得一提的是保山市、楚雄州和红河州,自 2002 年至 2018 年,其就业人口与产业分布匹配度系数一直保持增长并不断接近于 1,并且其经济发展水平也在此期间保持相对快速增长。

分析发现,云南省 16 个地州中,经济发展居第一位、第三位的是昆明市和玉溪市,其“就业人口与产业分布”匹配系数相对较小,2000—2018 年,上述地区匹配系数都小于 0. 6,说明这两个地州经济快速增长依赖于就业人口和产业分布的良好匹配,能够以较少的就业人口创造出较高经济产出,与此同时,就业人口增加能够促进这些地区经济社会更快发展;经济发展同样较快的曲靖市、红河州、大理州和楚雄州的就业人口与产业分布几乎完全匹配,就业人口的有效分配可以对经济增长产生较好的促进作用,即就业人口比重的上升势必会导致第二、三产业发展从而转化为经济更加快速的增长。处于经济增长最后一位的怒江“就业人口与产业分布”匹配系数比较高,说明这个州不仅就业人口与产业分布匹配度较低,而且就业人口比重增大并不能有效带动经济的快速增长,其原因可以解释为该地州就业人口大多集中在第一产业或其他初级产业,而对经济推动贡献较大的第二、三产业就业人口相对不足。在 16 个地州当中,普洱、昭通和文山的就业人口与产业分布匹配程度是较低的,但是其经济发展的速度处于云南省的中游位置,另外,迪庆州自 2007 年以来跌破 1,至 2018 年均小于 1,其原因就是这 4 个地州就业人口与产业分布匹配程度低,产出的创造主要依赖于较多就业人口,这意味着就业人口的继续增加并不会成为经济持续增长的动力。其余6个地州市所表现出来的特点是尽管"就业人口与产业分布"匹配系数处于中间位置,其数值在1附近,但是其经济发展水平为何不及昆明、曲靖等地州,可解释为就业人口尽管在一定水平上实现了与产业结构的匹配,但就业人口可能更多从事第一产业,因而并没有对经济增长作出更大贡献,导致经济增长动力不足。按照上述分析,可将云南省各地州就业人口与产业结构匹配分为以下六类(表2-23)。

表2-23　云南省16地州分类及特点

	昆明、玉溪	曲靖、楚雄、红河、大理	昭通、普洱、文山	保山、临沧	丽江、西双版纳、德宏	怒江、迪庆
特点	低匹配、高增长	高匹配、高增长	低匹配、中增长	中匹配、中增长	中匹配、低增长	低匹配、低增长

注:所阐述的高匹配和低匹配以及高增长与低增长都是相对于云南省内部而言,并不表示在全国水平。

尽管云南省整体而言其就业人口与产业分布匹配度较高,但是由于其内部各个地州之间的差异化较大,导致其整体经济发展水平的落后,并且从表2-23也能看出,一个地区就业人口与产业分布匹配能够在一定程度上促进经济发展,但是这并不能意味着经济的快速发展一定依赖于就业人口与产业分布高匹配,这也就是说就业人口与产业分布高匹配并不是经济快速发展的必要条件,除了就业人员与产业分布相互匹配之外,还取决于本地区产业结构中的特色产业地位。如西双版纳几乎所有就业人员均从事旅游产业,玉溪市更多就业人员从事第一产业,尽管西双版纳第三产业较发达,并且就业人口与产业分布匹配程度高,但是显然以传统农业为支柱产业的玉溪市经济发展水平更高。综上所述,一个地区如果要实现经济快速发展,应从以下方面着手:在提高人口与产业间匹配程度基础上积极发展本地区特色与优势产业。

五、产业发展定位与发展前景

目前，云南省已与越南、老挝、缅甸、泰国、印度分别建立了地方合作机制，打造了“中国—南亚博览会”综合性区域合作平台，努力推进与周边国家“通路、通电、通信、通商、通关、通油、通气、通币”等“八通”工作，初步形成了一个以云南为门户、周边为基础、大湄公河次区域合作和孟中印缅经济走廊建设为重点、涵盖东南亚、南亚的多层次宽领域区域性国际合作新格局。云南省应发挥区位优势，推进与周边国家的国际运输通道建设，打造大湄公河次区域经济合作新高地。把云南建设成为连接印度洋战略通道，沟通“丝绸之路经济带”和“21 世纪海上丝绸之路”的枢纽，和谐周边成为“丝绸之路经济带”西南方向的重要支点和经济增长极。

（一）产业发展战略定位

云南具有面向两亚、肩挑两洋、通江达海的独特区位优势和战略地位，自古就是中国连接南亚、东南亚的国际大通道和重要门户。作为面向南亚、东南亚辐射中心，通过国际泛亚铁路和国内“一江两翼三洋”的建设，北上连接“丝绸之路经济带”，南下连接“21 世纪海上丝绸之路”，成为“一带一路”发展新高地。

1. 从经济视角看，中国经济转型离不开云南全面发展

云南省整体经济发展水平较低，需要新的发展机遇提升整体经济实力。改革开放至今，全省整体经济发展水平不高，基础设施欠完善，人们收入水平不高，与民族八省区及全国平均水平相比还存在差距。以 2019 年为例，全省 GDP 总值为 23223. 75 亿元，人均 GDP 为 47802 元，全国人均 GDP 为 70892 元，云南省人均 GDP 是同期全国平均值的 67. 43%，不到全国平均水平的 70%。云南经济发展水平相对落后。中国经济全面发展，需要各省份

经济全面协调发展、共同促进。

2. 从边境视角看,构建和谐边疆,巩固边防需要云南创新经济社会发展模式

我国边境线漫长,陆地边境线合计 2.28 万公里,云南省边境线共计 4060 公里,约占我国陆地边境线总长的 20%。民族地区除了发展经济提高民众生活水平,还肩负着守卫边疆重任。进入 21 世纪,由于各种不确定性因素给我国和平发展带来威胁。“一带一路”倡议提出后,积极开展边境贸易,加强边民边贸往来,对构建和谐边疆,促进我国少数民族与边境各民族的交流交往,互通有无,共享发展成果有着重要的作用。

3. 从区位视角看,云南发挥着“兵家必争之地”的独特作用

云南是中国对西南开放的前沿和窗口,内接西藏、四川、贵州,外接缅甸、老挝、越南,是我国通往东南亚、南亚最便捷的陆上交通要道,地缘政治上具有不可替代性。有“东连黔桂通沿海,北经川渝进中原,南下越老达泰柬,西接缅甸连印巴”的独特区位优势①。

4. 从生态视角看,云南是我国西南生态的屏障

“一带一路”建设深入推进,关系到我国和周边国家的可持续发展,需要把生态安全战略放在重要位置。云南地处大江大河源头或上游,森林资源禀赋条件极为优越。云南省水资源丰富,省内有六大河流经过,并且云南省是经过河流的上流和发源地,在整个区域的生态功能中发挥着重要作用,至 2016 年,云南省森林覆盖率达 55.7%,林地面积达 3.75 亿亩,居全国第二位②。

5. 支持云南构建高效、绿色、畅通的综合物流供应链运输体系

积极支持云南建设中国西南与直达印度洋的最便捷与高效的物流陆海

---

① 范建华、齐骥:《论云南在国家向西开放战略中的地位与作用——开放大西南重振南丝路的战略构思》,《学术探索》2014 年第 4 期。

② 《云南森林覆盖率超 50% 居全国第二》,《云南经济日报》2016 年 11 月 19 日。

新通道，这条新通道从新加坡海运出发，经海路公路运输至云南临沧入境，再由铁路直达成都，缩短运输距离与单程运输时间，该通道将有力地畅通云南省与南亚、环印度洋地区相关国家的经贸往来，为省内物资高效运输和社会物流成本有效降低提供重要途径，同时为云南省构建“一带一路”西南支点发挥重要助力。

（二）产业发展制约瓶颈

1. 特色经济与小规模生产的矛盾

集聚效应理论指出，规模较大的企业常常可以通过采取大规模生产、流水线作业等生产组织形式降低平均成本，或者投入新的技术工艺使边际成本降低，获得规模效益，在关联性和带动性作用下促进区域经济发展。同时，企业集聚可减少基础设施的复杂性，节约基础设施建设费用并增加就业机会，吸纳剩余劳动力，从而实现就业人口与产业分布优化协调。然而云南大多数企业多以规模小、设备陈旧、初级产品加工和传统民族工业为主，并没有形成规模生产。云南省很多地州有极具民族特色的传统手工技艺，以其深厚的文化底蕴、观赏价值和实用价值具有市场潜力，但目前却尚未形成具有市场竞争力的企业。首先体现为市场分布散乱，使其不能形成有组织的生产体系；其次表现为资金雄厚、规模较大的作坊形成一方垄断局面，一方面抑制个人的创新能力，另一方面缺乏竞争机制而发展乏力，使这一特色优势只能进行家庭生产组织结构下的分散小生产，无法形成连续的均衡生产。这种分散市场往往使商品只能局限于狭小的地方市场而无法扩展，这就是为什么云南省拥有丰富资源，却难以转化为经济发展优势的原因之一。

2. 沿边国家发展落后与产业合作需求之间的矛盾

与云南相交界接壤的越南、老挝、缅甸三国，水源充足，林业资源丰富，渔业资源发达。缅甸是世界上最大的柚木供应国；越南在世界大米出口国中居第二位，是我国进口果蔬与热带水果的主要国家；老挝多山，但地势平坦适宜农作物生长，是水稻生产的主要基地。缅甸、老挝、孟加拉国都是国际上的贫困国家，中南半岛国家和南亚国家基础设施也很落后，经济发展水平也很低。总体上，上述三个国家均面临耕作方式落后、农业用地的利用率低、技术落后、机械化程度低、工业不发达的状况。作为定位为面向南亚、东南亚发展的云南，面对经济发展阶段相似的大市场，云南省面临合作国与产业合作需求发展的矛盾，如何破解这一矛盾，在调整与机遇中更好地发展，需要云南省充分利用丰富的人力资源优势化解市场难题。

3. 跨国界流域水电合作开发与生态环境保护之间的矛盾

比如云南怒江流域上游地区耕地面积少，降水十分丰沛，山高坡陡的地理环境，阻碍了该地区农业的专业化和规模化生产，容易造成水土流失严重，生态脆弱。农业产业结构与资源特征极不相称，林业用地多但产值较小。2019 年，怒江州第一产业比重为 14.0%，在全省 16 地州市中仅次于迪庆，第一产业产值仅为 26.86 亿元。该州非农业人口比重小，城镇化水平低。怒江水电的开发可以促使该区域经济跨越式发展，但也会导致一系列生态环境和能源安全的问题。水电开发问题关系下游流域国家的相关利益，如何评估给下游流域国家生态环境带来的影响，或如何进行跨国界流域水电合作？在发展与生态环境保护问题上，不应以发展才是硬道理作为中心要点，应借助现代技术，实现有效开发与环境保护并行的发展道路。

另外，云南虽有丰富的矿产资源，但多为采掘业和原材料工业，原材料工业又以初级产品加工为主，地区内加工链条短，精深加工能力较弱，相关资源没有得到有效的加工增值，部分地区因开发的外部条件较差，工业化水平较低。

4. 交通建设周期较长与产业链亟待发展的矛盾

生态环境的保护治理和恢复重建一定程度上限制了土地资源的利用，导致产业发展水平低、产业结构不协调，对资源和环境压力不断加大，制约了经济快速发展。三级、四级公路路面较多，占比超过75%，高等级公路只占1.4%，公路交通的耗时较长；云南西北部地区除大理以外的地区都没有与内陆相连的铁路，且地处边远，航班并不是每天起飞；云南铁路营业总里程0.29万公里，只占全国的2.5%，铁路运能与运量的矛盾仍然存在，在客流高峰时期，铁路供求矛盾更为突出；规划中的国家高速公路（国外亚洲公路网）、泛亚铁路西线（昆明—瑞丽—曼德勒—仰光—曼谷）施工期较长。由于地形地貌原因，各种运输方式发展速度不均衡，对外交通不便，资源分布的时空组合欠佳。交通建设的长周期、高成本等制约了云南产业链发展。

（三）产业发展前景

云南省地处亚洲中心，从南北方向看，云南贯通了中国和南亚、东南亚泛亚铁路等国际通道，可以沟通太平洋与印度洋。从东西方向看，云南联系了亚非欧三大洲。云南还是中国西南众多省份中唯一一个可以从陆上同时沟通东南亚和南亚的省份，也是我国与东盟各国接壤最多的省份，云南省与东南亚、南亚各国的经贸往来也在逐年增长。随着孟中印缅经济走廊、中巴经济走廊的建设与发展，在“一带一路”倡议框架下，将进一步推进“兴边富民”工程，为加快社会主义现代化建设作出应有贡献。

1. 调整与完善产业结构，提升对外贸易与经济合作水平

（1）完善产业结构可提高全省供给能力与水平

云南产业，总量虽然不大，但结构性问题突出，供给总量不足与产能过剩问题并存，因此，从产业入手促进云南对外经济发展，大力推进供给侧结构性改革，提高全省供给能力与供给水平，在提高供给总量的同时，以市场为导向做大有效供给总量，挖掘潜在市场需求，创造和发现新的需求。一方面，有效化解过剩产能，由政府引导出台相关政策，鼓励重组兼并，有序解决部分合法合规企业退出市场，进一步提高行业集中度，提高企业供给效能；另一方面，做大做强如烟草、有色、电力等传统行业的同时，实施创新驱动，出台

优惠政策，大力支持新能源、新材料、生物工程等行业，促进企业发展，在新兴、高原、优势、品牌上做增量文章，形成有云南特色与优势的产业集群；除此之外，更重要的是大力发展外向型产业，建设以东南亚、南亚为主要对象的外向型产业基地，真正发挥外向型产业对外向型经济发展的支撑作用。

（2）释放消费新需求，可有效解决市场供需矛盾

在对外经济发展中，生产性需求和生活性需求构成进口总需求；进出口基本平衡是对外经济健康发展的重要表现。在目前全球经济增速放缓，传统需求不旺情况下，中国市场应尽早释放消费新需求，扩大消费总量，改变消费结构，大力推动服务性消费与发展，通过不断改善市场供需结构，实现投资、出口、消费三者有机协调，共同促进云南对外贸易与经济合作健康与持续发展，通过对扩大"一带一路"沿线国家市场释放新的消费需求，有效解决市场供需矛盾，促进云南经济进一步发展。

（3）尽早消除限制对外经济发展的技术性、制度性障碍，推进通关便捷化

首先，在"一带一路"倡议下，全省应尽快简化无纸化通关随附单证，简化统一进、出境备案清单，企业通过自律管理与信用信息公开，通过上述制度的实施，不仅在云南省内海关特殊监管区域、昆明进出口加工区等地实行，还要推广到全省，尽早消除制度性障碍；其次，深化长江经济带通关一体化建设，让云南在该经济带建设中发挥应有作用；再次，通过加强与周边国家的沟通与协调，实施对等通关政策，可以实现与周边国家通关便捷与高效；最后，通过加快口岸基础设施建设力度，加大口岸信息化现代化建设，通过制度创新与技术提高，可以提升云南海关、口岸建设与办事速度，并成为深化同周边国家经济合作的重要桥梁。

（4）改善投资环境，提高利用外资质量和水平

在"一带一路"建设持续推进下，与沿线国家贸易往来更加频繁，通过

与引进、利用外资与转变发展方式相结合，通过引进、利用外资与建设绿色云南、生态云南、和谐云南相结合，重点引进科技含量高、资源消耗低、市场前景好、综合效益突出的大项目；对改善云南投资环境、转变政府职能、提高办事效率创造良好的投资氛围与投资条件，引导外资向高新技术产业、高原生态农业、环境综合治理等领域的重点投入，对云南经济外向型发展有着重要支持作用；同时通过改善利用外资投入与产出比，在大力引进外资的同时，将重心放在外资实际利用效率上，提高外资利用质量与水平。

2. 加强境外合作，推进生态文明建设再上新台阶

一是与云南邻国的缅甸，北部地区土地宽广，水热条件优越，有很大开发潜力，缅甸对建立“中缅自由贸易区”显示出越来越大的合作愿望。云南加强与缅甸经济合作可有效缓解资源环境压力。全省农作物总播种面积719.44万公顷，占全国的4.35%，如果到缅甸开垦和利用其闲置土地，提供技术进行规模化生产，建立农产品进出口基地，带动农业机械化、专门化、科学化生产发展，探索与相邻国家共同建立跨境农业经济合作区和保税区，使双方互利互惠。

二是积极鼓励全省侨乡侨民带回海外资金和技术造福家乡。目前，农业合作仅限于政府、科研团体之间，可鼓励有实力的华侨私营、个体及跨国公司投资并参与产业合作，提供有力的人力、物力和先进的设备协助。

三是积极引导企业走出去，大力促进境外农业、水电、矿产等资源开发合作及机电、科技等方面的合作。推进对外贸易转型升级，促进一般贸易、边民互市贸易和加工贸易协调发展，创新利用外资方式，鼓励外资重点投向农业和农产品加工业、制造业、高新技术和劳动密集型产业。

四是推进怒江两岸流域农业退耕还林，开展流域经济开发与生态环境保护规划。对已遭到自然环境破坏的地方尽快开展生态环境保护，摸清资源量、破坏因素，建成清洁可再生能源为主的能源基地和输变电枢纽。同时

充分利用云南丰富水能资源，进行科学合理开发，有利于减少环境污染。

五是在国家限制开发区对资源开发利用、生态环境保护、乡村循环经济等进行科学实证分析，在工业化和制造业不断发展壮大的前提下，走电矿结合、水电结合道路。

3. 实施产业升级，促进新兴产业与优势产业发展

在东盟自由贸易区关税下调，通关手续简便条件下，加快形成云南建立集生产、加工、出口于一体的新兴优势产业集群。实现优先发展生物医药产业链，组建生物资源开发的龙头企业，形成在国内外市场具有较强竞争力的骨干企业。

(1)发展高原特色农业

云南省可进一步围绕调整农业产业结构、转变农业发展方式这一主线，在“一带一路”倡议下进一步突出云南农业特点、彰显云南农业特色、提高云南农业在全国地位。首先，通过因地制宜地立体化、规模化地发展种植作物和特色经济作物，如小麦、油菜花、天麻和茶叶等，加快云南特色农业发展优势。加快发展大棚种植，培育细致优良经济作物，发展奶牛等特色养殖，支持特色种植基地建设，积极促进农产品就地加工转化，做大区域品牌。鼓励云南农垦企业整合以天然橡胶为主的优势产业，建设立足国内、辐射东南亚和南亚橡胶主产区。积极发展兼具生态经济功能的林木产业，大力发展核桃、油茶等木本油料，鼓励发展林间中药及野生菌采集等林下经济。稳定发展粮食生产，提高茶叶、橡胶、甘蔗、烟草、咖啡等传统作物的生产水平；大力发展黄连、杜仲、砂仁、滇红花等地道中药材以及香蕉、菠萝等热带水果。其次，通过提高农民整体素质与种植技术，更好地适应现代化高原特色农业发展需求。政府制定相关政策给予农民大力支持，如进行创新农业种植培训，提供更多的土地流转方式，开办种植经验交流大会等，激励农民的生产积极性，更好地调动农民种植热情，实现农民主动提高种植技能和接受新技

术的能力。最后，发展开放农业，实现与旅游业相结合，如茶园或农庄可以让游客在参观的同时亲自采摘，提高游客满意度，增加茶园或农庄经济效益等。

（2）发展特色加工工业

通过加大矿产勘查力度，有序推进矿产资源开发，做大做强全省有色金属产业，加快发展稀贵金属深加工，不断提高技术水平，延长产业链条，提升综合效益，积极培育和发展新材料产业。在水电和矿产资源富集区合理布局清洁再生能源产业，推进多种形式的矿电联营，发展水电铝、水电铁合金产业，探索原料、能源、市场在外的外向型产业发展型模式。通过进一步完善生物医药产业体系，大力发展中药、民族药、天然药，积极开发化学药、植物提取物等，加大名医名方产业化开发及推广力度。巩固提升制糖产业和橡胶产业，整合提升制茶产业，推动跨区域整合，促进主产品精深加工及副产品综合利用，全面实施品牌发展战略。

同时，通过加大工业人才培养力度，深入贯彻落实工业强省和人才强省战略，大力开发工业人才资源，为打造“工业强省”战略制定《云南省工业人才队伍开发行动计划（2010—2020 年）》，立足全省工业人才队伍现状和发展需要，以改革创新为动力，全面提升各类工业人才整体素质和能力水平为核心，培养造就一大批适应云南新型工业化发展需要的党政干部人才、企业经营管理人才、技术人才、技能人才、农村实用人才和国际贸易人才。

（3）发展特色服务业

通过依托中心城市和产业基地，建设专业物流中心；依托重点开发开放实验区和重要口岸，更好发展面向东南亚、南亚开放的国际物流；通过完善城乡商业网点建设，并构建服务配套的商贸服务格局，加快物流业高效发展；围绕矿产资源加工、生物医药和现代农业等重点领域关键技术需求改进，改善科研条件，加大研发力度，完善推广体系，加快发展科技服务业，作为云南新兴产业发展重要保障，推进特色服务业建设。

4. 通过国际合作，实现旅游资源高效开发

加快推动旅游业发展方式转变，全力加速发展以现代服务业为主导的第三产业。旅游业破坏小、开发价值高，成为云南产业替代与发展的最佳选择。依托多彩民族民俗文化资源和丰富的自然资源，以国家级自然保护区、国家级风景名胜区等为主体，打造重点景区和线路。加强旅游区域合作和资源共享，增强旅游产业整体活力和综合实力，发展民族文化体验等特色旅游，推动特色旅游商品设计及制造产业。保护少数民族文化传承，重修茶马古道，发展以南诏大理国文化为主的文化影视产业，加强红色爱国教育示范基地建设。通过深化口岸一日游、边境游，选示范带动作用强的景点优先开发，以保护性开发为主，避免过度商业化。

（1）进一步提高外向度和国际化水平

紧紧抓住“一带一路”建设重大机遇，推进国际化进程，加快把云南建成中国一流、世界知名的重要旅游胜地。为此，通过进一步加大对旅游基础设施投资力度，提升旅游接待能力，升级高速公路，完善省道或国道保养，为旅客提供便捷通畅的旅游通道，硬件上为云南旅游业外向发展提供良好基础。

（2）开发新型动态旅游

通过发展新型动态旅游，推出“沙发客”新型旅游模式，用最直接的方式降低游客出游费用，特别是旺季住宿成本，让更多游客更直接地感受到真实的本土生活文化气息和淳朴的民风，吸引更多有旅游需求人士来云南游玩。

（3）多举措吸引回头客

加大旅游管理监管力度，遏制或杜绝景区或旅游城市出现的“宰客”问题，维护游客实际权益，提升游客满意程度与性价比水平。同时注重对旅游

景区开发与保护，实现旅游资源可持续发展，吸引更多回头客，发展旅游经济。

开发资源与发展经济，交通先行，构建交通蛛网。这是确保云南在“一带一路”发展蓝图中实现发展的前提。中部板块带包括昆明、楚雄、玉溪、红河州西部、普洱市东部地带。既要发挥以昆明为中心的亚洲“5小时航空圈”作用，同时构建以中部板块为核心的东西交通大通道和南北交通大通道。东西大通道主要集聚东西部资源优势，便于资源输出、输入。南北大通道主要承接“丝绸之路经济带”和“21世纪海上丝绸之路”，发挥云南整体优势，发展对外经济。尽快完善“七入省、四出境”通道，早日实现“骨干路网高速化、国省干线高等化、农村公路通畅化、水运发展现代化、交通服务均等化、系统管理一体化”，全面推动交通格局战略升级①。

发挥大理作为云南公路、铁路、航空的交通枢纽中心作用，推进泛亚铁路西线、中缅陆水联运通道、境外水能开发、中缅油气管道的配套建设。航空方面，尽早实现南亚、东南亚国家首都和重点旅游城市全覆盖。在“一带一路”倡议下，还应争取境内外资金支持，采取多样化融资模式，实现交通运输超常规发展态势，推广电子口岸示范作用，为境外贸易、运输条件、通关便利发挥积极作用。建成以电子口岸为点，以国道、铁路为主线，航空为辅，输油管道为支撑的交通网络体系，支持全省全网经济建设发展。

5. 优先打造以昆明为核心的中部综合经济带

云南中部经济带囊括昆明市、楚雄州、玉溪市、红河州西部、普洱市东部地带。该区域不仅是全省经济腹地，更是“一带一路”西南核心经济圈。按照空间经济学理论，客观条件云南完全可以实现内部经济集聚，发挥核心区域作用。通过优先打造中部经济带，投入较大规模人力物力财力，形成区域

---

① 张炯雪：《云南高原特色农业的梦想正在腾飞》，《云南农业》2014年第1期。

经济增长极，带动东西两翼、南北边缘地带经济发展，采取配套措施确保中部经济走廊发挥“一带一路”建设的核心作用，把中部打造成具有强大竞争力的经济走廊。

一是资金保障。在“一带一路”建设机遇下，积极争取中央政府资金支持，完善配套设施；同时引进外资，共同开发，弥补资金不足。二是人才保障。全省加快引进国内外高层次人才，确保经济发展所需要人才。三是引擎保障。做好重点企业、龙头企业规划与扶持，重点引进与云南生态资源、文化资源、自然资源联系紧密且环境污染少、就业岗位多、科技含量高的企业，吸收东西部两翼提供的原材料、半成品、成品，为东西两翼经济发展提供广阔的市场空间。四是通道保障。中部经济带不仅是经济发展中心，更是物流中转、交通运输中心。将东西两翼各种资源优势集聚，向南北开放，发展外向型经济，确保通道的畅通无阻。

6. 高效打造西南有色金属工业带

云南省矿产资源是“一带一路”建设的重要能源基地，但目前资源开发利用存在经营粗放、产品单一、无序分散开发、环境破坏与污染严重等问题①，形成了有色金属资源利用的恶性循环。需要高效打造有色金属工业带作为云南发展重要举措。一是按照可持续发展原则做好有色金属资源开发中长期规划。做好各项开发规划，有序开发，有规模开发，实现有色金属资源为云南经济发展服务的价值最大化。二是对原有国有企业诸如云南冶金集团总公司、云南铜业集团公司等冶炼企业技术改造，提高有色金属资源利用率，出口有色金属资源冶炼技术。三是处理好资源开发与环境保护关系。有色金属资源开发不仅造成生态破坏，还会造成环境污染及次生环境污染，有规模有计划开发后，可集中处理环境污染物，最大程度减少环境破

① 于磊、马敏象：《云南有色金属矿产资源开发利用与可持续发展》，《中国工程科学》2005 年第 7 期。

坏和污染。四是实施有色金属矿产资源走出去战略。一方面考虑与需求有色金属资源较大的国家进行合作,一方面是引进他国先进冶炼技术,进行技术和有色资源产品的交换合作,运用他国先进技术在国内进行冶炼加工成产品,通过中部经济带向南北出口,即"他国先进技术+国内资源+国内冶炼"模式。

7. 全面打造东南高原生态产业链

云南工业污染少、空气优良、水质清洁、光热充足的原生态优势是发展高原生态农业的天然条件;且东部及东南部整体地势相对较低、地貌较为平坦,客观上有利于高原生态产业链形成。一是鼓励农民从事产量高、经济效益好、市场需求大的农作物种植,按照规模化要求连片发展,便于进一步深加工,以构建高原农业生产绿带,并对农户进行适当的生产性补贴。二是实行政府搭台,企业合作,农户参与,提高农产品深加工附加值。各地政府可以选择引进农业龙头企业进行就地加工农产品,通过中部大通道向南北输出,可选择初级农产品集聚到中部经济带,利用中部雄厚的资金和先进农业加工技术,深加工后再通过中部交通走廊向南北输送,再输送到"一带一路"沿线。三是继续实施高原生态产业品牌战略,树立良好品牌形象。发挥原有"云烟、云糖、云茶、云胶、云菜、云花、云药"等滇系品牌作用,继续树立新的以生态、文化为内核的品牌,让健康红利托起绿色梦想,做好农业品牌宣传推广,构建特色高原农业营销体系①,通过扩大高原生态农业产业在国内外影响,让人们树立"选择云南就是选择健康"的理念,可以为云南高原生态农业产业拓展市场空间。

① 张炯雪:《云南高原特色农业的梦想正在腾飞》,《云南农业》2014 年第 1 期。

第三章　云南职业教育与产业结构匹配状况

云南省有着独特的地理位置、人口优势和产业结构，面向南亚、东南亚辐射发展具有不一样的职业人才需求。云南“走出去”战略面向孟中印缅经济走廊，在“一带一路”框架与西部陆海新通道建设背景下，人才培养是其基础性支撑条件。云南省政府进一步强调发展职业教育对经济促进和产业结构调整的重要作用，职业教育招生规模逐年扩大，并初步建立了与特色产业相结合的职业发展模式。经过多年发展，云南职业教育已发展成为高中阶段、中等职业教育与普通高等职业教育的一支骨干力量，为社会培养了大量技术技能人才。

第一节　职业教育发展状况

2019年，国务院印发了《国家职业教育改革实施方案》，这是新时代中国职业教育改革指导性文件，明确了“职业教育与普通教育是两种不同教育类型，具有同等重要地位”，具有划时代意义。持续深入推进职业教育综合改革，稳步扩大职业规模、强化职业院校基础能力建设、深化人才培养模式改革、构建可持续发展机制，有利于职业教育长远发展。

一、发展原则与目标

云南省委、省政府向来高度重视职业教育发展，围绕云南建成民族团结进步示范区、生态文明建设排头兵、面向南亚东南亚辐射中心，坚持以立德树人为根本，以服务云南发展为宗旨，以促进就业为导向，统筹发挥好政府和市场的作用，深化产教融合、校企合作，不断创新体制机制改革；坚持以提高质量为核心，推动全省职业院校依法制定章程，完善治理结构，提升治理能力，释放办学活力，充分发挥人才培养、应用科研、社会服务、文化传承和创新四大功能①。

（一）基本原则

1. 服务社会、全面发展

根据经济社会发展对高素质劳动者和技术技能人才需求，推动云南职业教育全面发展融入经济社会建设和改革开放全过程，推动职业教育体系与现代产业体系建设、基本公共服务体系建设和终身教育体系建设等实现有机融合，全面提高全省职业教育服务经济发展方式转变、产业结构调整与优化升级、保障民生、解决就业结构性矛盾和构建合理教育结构的能力。

2. 政府推动、市场引导

发挥政府保基本、促公平的作用，着力构建职业教育发展长效机制，加强发展规划制定，改善基本办学条件，强化规范管理和监督指导等工作，实现政府直接管理向宏观引导的转变。充分发挥市场机制作用，鼓励和引导社会力量参与办学，扩大优质教育资源，激发职业院校发展活力，促进职业教育与社会需求紧密对接。

---

① 《云南省高等职业教育创新发展行动计划（2016—2018 年）实施方案》，中华人民共和国教育部官网，http://www.moe.gov.cn/s78/A07/zcs_ztzl/ztzl_zcs1518/zcs1518_gsfb/201610/t20161008_283202.html。

3. 对接产业、产教融合

同步规划职业教育与经济社会发展，协调推进人力资源开发与技术进步，搭建行业指导、企业参与、学校推进的校企合作平台，推动职业教育教学改革与产业转型升级衔接配套。建立健全专业动态调整、专业标准与职业标准联动开发机制，推动专业设置与产业需求对接、课程内容与职业标准对接、教学过程与生产过程对接、毕业证书与职业资格证书对接、职业教育与终身学习对接。

4. 突出需求、强化就业

形成与市场需求相适应的自主办学机制，完成人才计划培养向市场驱动转变，专业学科本位向职业岗位、就业本位转变，提高面向市场需求自主办学能力。坚持把促进就业作为办学导向，把提高职业能力作为办学目标，创新办学模式和人才培养模式，构建以就业为导向并适应市场需求的教学体系，提高人才培养针对性和有效性。

5. 优化结构、统筹发展

围绕多层次、多样化需求培养人才，巩固提高中等职业教育发展水平，创新发展高等职业教育，引导普通本科高等学校转型发展，开展多种形式继续教育。统筹经济社会与职业教育、普通教育与职业教育、学历教育与非学历教育、公办职业教育与民办职业教育的协调发展，促进经济结构、社会结构和教育结构全面衔接。

6. 制度引领、创新发展

树立现代职业教育理念，完善职业教育管理、法律法规和职业教育质量评价制度，开展职业学校制度建设工作。推进考试招生制度改革，创新职业教育办学机制和人才培养模式，健全企业、行业参与制度和职业教育课程衔接体系。全面落实职业教育金融支持政策和税收优惠政策，健全职业教育资助政策体系，激发职业教育办学活力。

7. 分类指导、特色发展

以职业院校发展规划为抓手，推进职业院校分类指导、分类管理改革，实现职业院校在不同层次、不同区域内实现均衡发展。突出职业院校在办学过程中办学理念、管理机制等积累，形成职业院校特有的、优于其他学校的优质特性，激发职业院校走特色化发展道路。

8. 系统培养、多样成才

建立职业教育系统化和终身一体化培养理念，将职业技能、职业道德和人文素养教育贯彻职业培养全过程。打通职业教育从中职、专科、本科到研究生的上升通道，把创新各层次各类型职业教育模式落实到多样化人才培养的教育教学过程、课程教材创新过程、实习实训过程、职业精神和职业技能培养过程，搭建人人皆可成才的“立交桥”。

（二）发展目标

1. 总体目标

建立具有云南特色、结构规模合理、产教深度融合、中等职业教育与高等职业教育衔接、职业教育与普通教育相互沟通、学历教育与非学历教育并重、内外发展环境优良、体现终身教育理念、适应经济社会发展的职业教育体系。全省职业教育整体实力显著增强，人才培养结构更加合理、质量持续提高，提高“中国制造 2025”能力和服务云南生物医药和大健康、旅游文化、信息、现代物流、高原特色农业、新材料、先进装备制造、食品与消费品制造等八大重点产业发展能力，以及“路网”“航空网”“水网”“能源网”和“互联网”等“五网建设”的能力显著增强，促使全省高等教育结构更加优化，推动全省职业教育体系日臻完善①。

① 《云南省高等职业教育创新发展行动计划（2016—2018 年）实施方案》，中华人民共和国教育部官网，http://www.moe.gov.cn/s78/A07/zcs_ztzl/ztzl_zcs1518/zcs1518_gsfb/201610/t20161008_283202.html。

2. 院校布局更科学

基本形成滇中、滇东北、滇东南、滇西、滇西北、滇南6个区域性职业教育区，基本建成安宁、嵩明、曲靖、玉溪、保山、昭通、普洱、临沧、楚雄、文山、西双版纳、德宏、红河13个区域性职业教育园区。原则上在每个县（市、区）办好1所中等职业学校，提升云南机电职业技术学院、昆明工业职业技术学院办学层次，举办本科层次职业教育。引导8—10所普通本科高等学校向应用技术类型高等学校转型发展，建成2—3所服务地方，辐射南亚、东南亚的国际性高等职业技术学院。

3. 结构规模更合理

基本实现中等职业学校和普通高中招生规模大体相当，高等职业教育规模占高等教育的50%，民办职业院校在校生占职业院校在校生总数的30%以上，接受本科及其以上层次职业教育学生达到一定规模。从业人员继续教育年均达500万人次。

4. 办学水平普遍提高

职业院校办学基础设施条件、教师学历专业结构、生师比、“双师型”教师占专任教师比例等达到国家职业院校建设标准。

5. 层次结构更完善

在需要的地方继续办好初等职业教育学校。各类职业院校、培训机构和用人单位内部开展实用技术技能培训，使学习者获得基本工作和生活技能。发挥中等职业教育在职业教育体系中基础性作用，开展基础性知识、技术和技能教育。继续办好现有高等职业（专科）学校，发展应用技术类型高校，培养本科层次职业人才。建立以提升职业能力为导向的专业学位研究生培养模式，培养硕士、博士层次高技术技能人才。

6. 质量持续提升

以专业为载体的优质教育资源总量和覆盖区域不断扩大；支持省内优

质专科高等职业院校争创国际先进水平机制基本形成;多方参与、多元评价的质量保证机制更加完善,符合云南实际高职院校质量评估特色进一步彰显;融人文素养、职业精神、职业技能为一体的高职院校育人文化和校园文化基本形成,全省高等职业教育影响力持续扩大①。

二、职业教育发展状况及特征

(一)办学规模相对稳定、理工类院校比重较低

在国家相关政策支持下,各级地方教育主管部门,不断加大职业教育宣传力度,社会对职业教育看法发生了较大转变,愿意选择职业院校的考生在递增,即使在初中办学规模相对萎缩状态下,中高职办学规模还在不断扩大,特别是高职教育发展,既满足了群众渴望接受高等教育的愿望,也为社会培养了大批优秀人才。同时通过进一步调整职业院校布局和专业设置,优化各类职业教育资源,整体提升职业院校办学水平,全省职业教育事业持续稳定发展,职业教育规模稳步扩大。

2018 年,全省高职院校 39 所,其中昆明市辖区内 24 所、占 58. 54%,其他州市 17 所、占 41. 46%;理工类院校 12 所、占 29. 27%,医药类院校 8 所、占 19. 51%,综合类院校 6 所、占 14. 63%,财经旅游外事类院校 5 所、占 12. 20%,农林类院校 4 所、占 9. 76%,艺术体育类院校 3 所、占 7. 32%,师范类院校 2 所、占 4. 88%,政法类院校 1 所、占 2. 44%。全省高职院校的区域分布、性质结构、类型结构较为合理,但理工类院校整体偏少。另外,云南省绝大部分职业院校毕业生和培训学员在省内工作,2018 年全省中等职业学校毕业生数达 5 万人,2019 年,全省高职院校初次就业率为 85. 62%,较

① 《云南省高等职业教育创新发展行动计划(2016—2018 年)实施方案》,中华人民共和国教育部官网,http://www. moe. gov. cn/s78/A07/zcs _ ztzl/ztzl _ zcs1518/zcs1518 _ gsfb/201610/t20161008_283202.html。

2018 年下降 3.91 个百分点①。全省中等职业教育办学规模、招生数量不断扩大，但高等职业院校数量减少，职业教育办学规模、招生数量与持续健康发展存在一定差距。

（二）体制机制不断创新、资助力度加大

1. 以政府购买服务方式实施职教扶贫工程

创新投融资模式，通过政府购买服务方式，并按照“省级统筹、平台运作、分级负责、业主为主、整合资源、讲求效率、精心组织、确保安全”原则，重点支持全省职业教育基础设施建设。云南省采用以省级重大项目投资基金为引导，多渠道筹集整合资金方式，实现“高职引领、园区先行、择优扶强、突出重点、分期实施”职业教育体系，为全省职业教育跨越式发展提供了强有力保障。

2. 出台中职学校生均经费制度，资助政策不断加大

云南省教育厅配合省财政厅出台了全省中职学校生均经费制度指导意见，其中省属中职学校综合生均经费拨款标准为 6000 元/生・年，各州市也相应出台了中职学校生均拨款制度，全省高职院校生均财政经费拨款也达到 1.2 万元，这为全省职业院校长远发展提供了重要保障。此外，还专门设立了职业学校省政府奖学金、助学金，对部分特困地区和藏区设立了相应生活补助。这一系列资助政策基本上解决了职业学校学生的经济困难问题，一定程度上增强了职业教育认可度与吸引力。

3. 推进现代学徒制试点工作

通过现代学徒制试点学校评审，鼓励和支持试点职业院校和企业按照职责共担、合作共赢、服务企业发展和学生就业的要求，联合开展招工招生、

① 《2019 云南省高等职业教育质量年度报告》，云南省教育厅官网，https://jyt.yn.gov.cn/web/ac1f1eb64e6d4e36999869a47598935d/3ce80e021e564ebcbb93105e079fb932.html。

培养管理,实现资源共享、学校与企业一体化协同育人。通过试点学校与企业等用人单位共同研究制订人才培养方案,共同策划课程和教材开发,共同协调课堂教学和实践教学,共同组织考核评价,实现人才培养和人才使用无缝对接,效果良好。

（三）办学条件持续改善

1. 加大财政投入力度,改善办学硬件条件

省政府持续加大对职业教育资金投入,加强基础设施建设,办学条件不断改善,办学实力逐步增强。近几年因招生规模持续快速增长,相关各项生均基本条件与指标增幅较小或有所下降。2019 年,全省高职院校生均教学及辅助行政用房面积为 32.41 平方米,与 2018 年相比略有提高。生均教学科研仪器设备值 11976.61 元、生均图书 89.32 册、生均校内实践教学工位数 0.58 个,分别比 2018 年下降了 5.19%、3.13%、23.68%(表 3-1)。

表 3-1　云南省高职院校办学规模与基本办学条件情况

项目	2018 年	2019 年	增幅(%)
全日制在校生(人)	230131	251684	9.37
生均教学及辅助行政用房面积(平方米/生)	31.93	32.41	1.50
生均教学科研仪器设备值(元/生)	12632.15	11976.61	-5.19
生均图书(册/生)	92.21	89.32	-3.13
生均校内实践教学工位数(个/生)	0.76	0.58	-23.68

资料来源:《2019 云南省高等职业教育质量年度报告》,云南省教育厅官网,https://jyt.yn.gov.cn/web/ac1f1eb64e6d4e36999869a47598935d/3ce80e021e564ebcbb93105e079fb932.html。

目前,云南省高职院校已基本实现信息化教学和管理,2018 年,全省中等职业学校生均教育公共财政预算教育事业费 11616.88 元,比 2017 年增长 6.97%;职业高中生均教育公共财政预算教育事业费 13244 元,比 2017 年增长 3.96%。建立健全政府、企业、学校多方投入经费机制,省级财政统

筹经费促进职业教育发展，加快改善全省职业院校基本办学条件，以保证地方教育附加费用于职业教育比例不低于30%。同时落实全省高等职业院校生均不低于12000元/年拨款标准，推动中等职业学校生均不低于6000元/年拨款标准，建立动态调整机制。加大统筹力度推进职业教育改革发展，加大对所辖学校及实训基地建设投入，确保2022年实现中等职业学校办学条件基本达国家标准。

2. 专任师资队伍建设不断壮大

通过持续开展国家级骨干教师培训、教育部网络培训、省级教师培训等，高职院校教师培养力度不断加大，尤其是"双师型"教师队伍建设，教师队伍结构不断改善，教育教学能力和水平不断提高。2018年，全省中等职业学校教师1.05万人，生师比为11.03∶1，比2015年减少了6.62人；高职院校生师比为15.70∶1，专任教师中"双师素质"教师比例为39%。2019年，职业技术学院（专科）生师比为24.80∶1①。

（四）专业与课程设置基本适应社会需求

1. 持续优化专业设置

首先，为满足云南省产业发展需要，2019年高职院校新增了预防医学、城市轨道交通运营管理、云计算技术与应用等八大产业、"五网建设"需要的专业共计135个，撤销部分就业率低、市场需求不足专业25个（表3-2）。通过专业设计与调整，全省高职院校更加专业化、职业化，专业设置更加优化，可以更有效地满足全省经济发展和产业升级对技术技能人才的需求。

---

① 《云南省教育厅2019年云南教育实业统计摘要》（内部资料），2020年1月。

表 3-2　2018 年、2019 年云南省专业开设情况

项目	招生专业数(个)		新增专业数(个)		撤销专业数(个)	
年份	2018	2019	2018	2019	2018	2019
合计	1080	1170	160	135	12	25
平均	23.48	24.89	3.48	2.87	0.26	0.53
中位数	21	21	3	3	0	0

资料来源:《2019 云南省高等职业教育质量年度报告》,云南省教育厅官网,https://jyt.yn.gov.cn/web/ac1f1eb64e6d4e36999869a47598935d/3ce80e021e564ebcbb93105e079fb932.html。

全省专业设置与布点同产业发展基本匹配,较好地适应和支撑了云南支柱和重点产业发展,也基本对接了未来云南支柱和重点产业发展人才需求。

2. 不断扩大重点专业与特色专业

云南省不断加大专业群、重点专业与特色专业建设力度,形成了一批同区域经济的支柱产业对接紧密结合的专业群、重点专业与特色专业。各高职院校更加注重专业内涵建设,重点特色专业总数较 2019 年有提高,国家级特色专业较 2018 年减少了 5 个,2020 年省级以上重点专业为 98 个,省级以上特色专业为 89 个(表 3-3)。可以说,云南省高职人才培养工作基本符合区域行业产业市场人才需求。

表 3-3　云南省高职院校重点专业与特色专业情况　(单位:个)

项目	重点专业						特色专业					
	国家级			省级			国家级			省级		
年份	2018	2019	2020	2018	2019	2020	2018	2019	2020	2018	2019	2020
数量	24	34	37	71	71	61	9	3	4	73	76	85

资料来源:《2019、2020 云南省高等职业教育质量年度报告》,云南省教育厅官网,https://jyt.yn.gov.cn/web/ac1f1eb64e6d4e36999869a47598935d/3ce80e021e564ebcbb93105e079fb932.html,https://jyt.yn.gov.cn/web/dcf6484e74544887ac6fc337b3621c58/5f36d4046611490095f1a3c592d8a864.html。

3. 课程设置基本合理

2019年，云南省高职院校教学计划内课程总数为27918门，其中A类课程7145门，占课程总数的25.59%；B类课程15282门，占课程总数的54.74%；C类课程5726门，占课程总数的20.51%。另外，公共课程5159门，占课程总数的18.48%；专业基础课5884门，占课程总数的21.08%；专业课17188门，占课程总数的61.57%（表3-4）。整体课程结构设置基本合理，同时进一步加强了线上教学，2019年共开设线上课程3543门，占课程总数的12.69%，课均学生数为694.08人①。线上教学规模逐步扩大，既缓解了教师工作压力，丰富了课堂模式，也进一步提升了教学质量。

近年来，云南省部分高职院校按照课程建设对接产业技术升级原则进行了改革，逐步建立了产业结构调整和技术进步驱动课程改革机制，专业课程体系为实现专业人才培养目标提供了有力支撑。

表3-4 2018年、2019年云南省高职院校开设课程情况（单位：门、人）

年份	开设课程总数		其中			其中			其中	
			A类课	B类课	C类课	公共课	专业基础课	专业课	线上开设课程数	线上课程课均学生数
2018	合计	26367	6644	14584	5229	4844	5076	16603	2727	—
	比重	—	25.2	55.31	19.83	18.37	19.25	62.97	10.34	—
2019	合计	27918	7145	15282	5726	5159	5884	17188	3543	694.08
	比重	—	25.59	54.74	20.51	18.48	21.08	61.57	12.69	—

资料来源：《2019云南省高等职业教育质量年度报告》，云南省教育厅官网，https://jyt.yn.gov.cn/web/ac1f1eb64e6d4e36999869a47598935d/3ce80e021e564ebcbb93105e079fb932.html。

① 《2019云南省高等职业教育质量年度报告》，云南省教育厅官网，https://jyt.yn.gov.cn/web/ac1f1eb64e6d4e36999869a47598935d/3ce80e021e564ebcbb93105e079fb932.html

（五）产教逐渐走向融合

云南省所开设的课程类型和课时结构较好地体现了高等职业教育人才培养规律，较好地支撑了突出技术技能人才培养目标的要求；充分发挥区域企业办学优势，实现学校教育与企业培养人才的“双岗”交替育人模式，建立健全校企合作、产教融合的人才培养制度与相关机制，全省产教融合专业面在扩大。

2019 年，全省高职院校有合作企业专业数占专业设置总数比例为 62.32%（表 3-5），合作企业订单培养人数占全日制高职在校生人数比例为 3.67%，分别比 2018 年提高了 12.35 个、0.94 个百分点。主动发布高等职业教育质量年报企业 31 家，校企合作持续深入。校企合作共同开发课程门数占开设课程总门数比例为 3.6%，比 2018 年提高了 0.48 个百分点；专业拥有校企合作共同开发教材平均数为 0.45 本，比 2018 年提高了 0.1 本，企业提供校内实践教学设备值比 2018 年提高了 1861.29 万元。不过，2019 年，学校为企业技术服务年收入比 2018 年减少了 1175.15 万元；为合作企业培训员工比 2018 年减少了 18383.08 人次；企业录用顶岗实习毕业生比例平均数为 40.75%，比 2018 年有所下降，降低了 4.63 个百分点。

表 3-5 2018 年、2019 年云南省产教融合资源状况

项目	2018 年	2019 年
有合作企业的专业数占专业设置总数的比例（%）	49.97	62.32
合作企业订单培养人数占全日制高职在校生人数比例（%）	2.73	3.67
校企合作共同开发课程门数占开设课程总门数比例（%）	3.12	3.6
专业拥有校企合作共同开发教材平均数（本）	0.35	0.45
企业录用顶岗实习毕业生比例（%）	45.38	40.75
学校为企业技术服务年收入（万元）	2155.40	980.25

续表

项目	2018 年	2019 年
学校为合作企业培训员工(人次)	190031.88	171648.8
企业提供的校内实践教学设备值(万元)	3588.4	5449.69

资料来源:《2019 云南省高等职业教育质量年度报告》,云南省教育厅官网,https://jyt.yn.gov.cn/web/ac1f1eb64e6d4e36999869a47598935d/3ce80e021e564ebcbb93105e079fb932.html。

(六)影响力继续提升,就业渠道不断拓宽

通过广泛宣传,全省职业教育服务经济社会能力有了显著提高,提高了全社会对职业教育认可度,扩大了影响力;引导人民群众树立正确的人才观、教育观;增进社会对职业教育了解,加强职业学校与社会沟通、交流,营造有利于职业教育发展和技能型人才培养与使用的良好环境。越来越多的学生选择职业教育,依靠在职业院校习得的一技之长贡献社会。在国家宏观政策影响下,职业教育社会影响力、吸引力显著提升。

2016 年来,云南省中职学校学生就业率一直保持在 95%以上,比大中专院校毕业生平均就业率还高,就业质量不断提高。毕业生就业优势主要体现在:一是就业推荐机制不断完善,就业信息发布更广泛,信息不对称程度持续降低;二是校企合作、集团化办学模式有针对性的人才培养,对市场人才需求反应更为灵敏,对产业发展适应性更强;三是职业学校中学生更注重职业技能、职业能力培养;四是持续实施“双证书”政策,学生培养质量持续提高;五是学生继续培养与学习深造机会较往年增多。

(七)治理体系日趋完善

云南省各职业院校以学校章程制定为核心,完善职业院校内部管理体制与监督制约机制,深入推进标准化管理,建立“以学生为根本、强化教育教学、服务企业社会”的现代职业院校管理模式。建立职业院校办学绩效发展性评价制度,激发职业院校办学积极性,努力提高职业院校办学质量与水平,提升了职业院校治理体系和治理能力。

(八)人才培养质量逐步提高,社会服务能力提高

2019 年,云南省参加全国毕业院校技能大赛中,中职院校团体与个人共获得一等奖 2 项、二等奖 7 项、三等奖 16 项。2019 年,云南省高职组参加全国毕业院校技能大赛中,中职院校参赛队伍中,团体与个人共获得一等奖 2 项、二等奖 2 项、三等奖 23 项。2018 年、2019 年云南省高等职业院校毕业生就业率分别为 89. 53%、85. 62%,雇主满意度分别达 95. 64%、95. 36%,毕业 3 年的职位晋升比例为 39. 08%、38. 20%①。通过参加全国职业院校技能大赛活动,云南参赛学校达到了展示教学成果,增进交流合作,学习借鉴经验,提高实战能力的目的,进一步促进了云南职业学校加强教学改革,更新教育观念,创新教学模式,增强实践技能,为经济建设培养更多高素质技术技能型人才。

另外,政府购买服务到款额呈现逐年稳步增长趋势,年增长率保持在 3%左右;技术服务到款额呈现出总体增长趋势。

(九)多形式开展成人教育和职业培训

首先,师资数量持续增长。2019 年全省职业院校专任教师总数 12138 人,教师队伍进一步年轻化。生师比为 15. 39∶1,略好于 2018 年 15. 70∶1(表 3-6)。

其次,教师整体素质稳步提升。2019 年,全省高级职称教师占专任教师比例 28. 89%,提高了 0. 14 个百分点;专任教师中,硕士及以上学历比重 39. 59%;省级以上教学名师 87 人;专任教师比 2018 年增加了 914 人;教职工人数比 2018 年增加了 1206 人。不过,2019 年"双师型"素质教师占比为 48. 67%,较 2018 年下降了 1. 34 个百分点;生均校内实践教学工位数较

① 《2019 云南省高等职业教育质量年度报告》,云南省教育厅官网,https://jyt.yn.gov.cn/web/ac1f1eb64e6d4e36999869a47598935d/3ce80e021e564ebcbb93105e079fb932.html。

2018 年减少了 0.18 个。

表 3-6　云南省高职院校师资资源状况

项目	2018 年	2019 年
生师比	15.70 : 1	15.39 : 1
专任教师数(人)	11224	12138
教职工人数(人)	16066	17272
专任教师所占比重(%)	69.86	70.28
高级职称教师占专任教师比例(%)	28.75	28.89
研究生学历或硕士及以上学位教师占专任教师比例(%)	37.10	39.59
“双师型”素质专任教师所占比例(%)	50.01	48.67
省级以上教学名师数(人)	85	87
生均校内实践教学工位数(个)	0.76	0.58

资料来源:《2019 云南省高等职业教育质量年度报告》,云南省教育厅官网,https://jyt.yn.gov.cn/web/ac1f1eb64e6d4e36999869a47598935d/3ce80e021e564ebcbb93105e079fb932.html。

最后,校企共建兼职师资队伍机制正形成。各院校按需求自主聘请兼职教师,2019 年企业兼职教师年课时总量 367042.73 课时(表 3-7),较 2018 年增长了 11.45%;年支付企业兼职教师课酬 89499073.44 元,较 2018 年增长了 17.02%;财政专项补贴兼职教师课酬 30 万元。

表 3-7　校企兼职教师任课情况

项目	2018 年	2019 年
企业兼职教师年课时总量(课时)	329321	367042.73
年支付企业兼职教师课酬(元)	76482358.27	89499073.44
其中财政专项补贴(元)	300000	300000

资料来源:《2019 云南省高等职业教育质量年度报告》,云南省教育厅官网,https://jyt.yn.gov.cn/web/ac1f1eb64e6d4e36999869a47598935d/3ce80e021e564ebcbb93105e079fb932.html。

全省坚持学校教育和职业培训并举,推进各类职业人员的继续教育与相关培训工作，加强继续教育基地建设。依托职业院校、农村成人文化学校、社区学校，广泛开展农村劳动力和进城务工人员技能培训，组织未升学初高中毕业生、残疾人、失业人员等群体积极参加职业技能培训和就业创业培训。

三、职业教育软硬件工程建设

（一）基础能力建设

1. 基础设施建设

云南省严格按照国家职业院校设置标准、建设标准、教师资格标准、教师编制标准、专业课程标准和质量评价等标准，组织实施"职业教育质量提升计划"等项目，推进职业学校标准化建设。对行业背景突出、区域特色鲜明、专业优势明显、培养模式先进、引领产业发展的150所中等职业学校和10所高等职业院校采用重点投入、重点建设的方式，提升学校职业教育发展综合能力。

2. 公共实习实训基地建设

集中优质职业教育资源，形成有效专业化发展、市场化导向机制，重点建设20个具有公共性、服务性和开放性的省、州（市）职业教育园区（中心）实习实训基地和10个高职院校公共实习实训基地，做到专业门类齐全、装备水平较高、优质资源共享，实现教育效益、社会效益、经济效益、生态效益的高效协调与统一。

（二）师资队伍建设工程

1. 核定并落实公办职业院校教职工编制

依据职业教育特点，对照普通高中和高等学校，核定和落实公办职业院校教职工编制。职业院校在编制部门核定的编制内，按照"编制到校、自主聘用、动态管理"要求，合理制订教师配备的具体方案。按照国家安排和部署,组织开展中等职业学校设置正高级教师职务(职称)工作。

2. 建立和完善职业教育教师培养制度

加快省级职业院校师资培训基地建设,在行业、企业和高等学校等单位建设职业教育师资培养基地,建立和完善"双师型"教师培养、认定和交流制度。完善教师资格标准,探索职业教育师范生定向培养制度和专业硕士、专业博士等高层次教师培养制度,形成了年龄、学历、专业等结构较为合理的职业教育师资队伍。依据中等职业学校校长专业标准,完善职业院校校长(院长)培训制度,建设高素质中等职业学校校长队伍。建立职业教育教师实践企业基地,实行新任教师先实践、后上岗和教师定期实践制度,专业教师每两年专业实践时间累计不少于两个月。建立职业院校教师轮训制度,采取跟班学习、国内访学、国外研修等培养模式和"学历教育+企业实训"的培养办法,实行5年一周期教师全员培训工作,促进职业院校教师专业化发展,教师加入行业协会组织。

3. 严格执行国家职业教育教师资格制度

不断完善符合职业院校特点的教师职称评价标准,完善职业教育专、兼职教师聘用及管理办法,严把职业院校教师入口关。深化职业院校人事及分配制度改革,实行全员聘用和绩效工资制度。实施职业院校教师素质提高计划、"特聘教师"计划和"云岭教学名师"遴选、培养和认定工作。落实专、兼职教师相关优惠政策,每年吸纳3000名左右高技术技能优秀人才和能工巧匠到职业院校开展教育教学活动。

(三)教学质量提升工程

1. 建立专业动态调整机制

强化产业结构调整驱动专业改革机制和专业面向市场、优胜劣汰设置机制,建立专业设置信息发布平台和专业动态调整预警机制。在加强战略性支柱产业、战略性新兴产业和优势特色产业相关专业建设基础上,支持职业院校设置反映产业变革和技术进步趋势的新专业。坚持“一校一品”模式，着力打造特色专业，形成“对接产业、错位发展、优势互补”的专业结构布局。

2. 加强专业链和专业群建设

对接云南优势产业、特色产业和战略新兴产业等发展需要，努力形成与技术技能人才需求相协调的中职、高职、应用本科、专业学位相衔接的专业链和专业群。每年重点遴选2所高等职业院校、2所中等职业学校围绕2—3个特色骨干专业进行综合改革，重点培育一批产教深度融合、培养模式先进、符合产业发展需求、社会认可度较高、就业前景良好的专业，发挥专业链和专业群建设的集聚化和规模化效应，提高职业院校服务经济发展方式转变、产业结构调整和产业优化升级的能力，有效缓解就业结构性矛盾。

3. 加强专业课程衔接体系建设

建立产业技术进步驱动课程改革机制，将职业标准、行业标准和企业核心技术标准引入职业院校，不断完善专业标准和专业核心课程标准。建立专业标准和职业标准联动开发机制，按照社会需求真实的技术和装备水平设计理论、技术和实训课程，推进专业设置、专业课程内容和职业标准相衔接，形成对接紧密、特色鲜明、动态调整的职业教育课程体系，提高人才培养的适应性和针对性。

4. 完善职业教育质量评价制度

建立和完善职业院校教学水平与教育质量评估体系，将社会需求、办学定位、办学条件、就业质量、社会服务等作为职业教育质量评估的主要内容。推进职业教育教学评价模式改革，转变学生评价机制，坚持能力导向，突出对学生学习过程和实践能力提升考核。健全学校、企业、行业组织、研究机构和其他社会组织共同参与的第三方评价制度，分层次、分类型开展教学工作水平评估。

(四)校企合作推进工程

1. 发挥企业重要办学主体作用

制订促进校企合作办学有关法规和激励政策,通过法制建设、政策引导、考核评价等多种途径,进一步落实企业参与校企合作、开展职工教育培训等。企业开展职业教育纳入企业社会责任报告,国有大中型企业支持职业教育列入履行社会责任考核内容。

2. 科学规划职业教育集团发展

把职业教育集团化发展作为政府主导、行业指导、企业参与的职业教育办学体制的重要实现形式。对接云南经济社会发展和产业结构调整升级需要,在现有行业职业教育集团基础上,鼓励开展多元投资主体依法共建职业教育集团改革试点工作,形成中职、高职相衔接,集学生培养、职工培训、技能鉴定为一体,统筹使用校舍、师资、经费、设备等优质资源的职业教育集团,形成教学链、产业链、利益链等“三链”合一融合体。支持发展一批品牌化、连锁化和中高职衔接的民办职业教育集团。

3. 创新职业教育集团运行机制

按照“市场导向、利益共享、合作互赢”原则,制订《云南省职业教育集团管理办法》,建立职业教育集团组建、运行和退出机制,健全联席会议、董事会、理事会等治理结构和决策机制,将职业教育集团化办学作为推进职业教育管理体制改革、办学体制改革和人才培养模式改革的重要举措,真正办出特色、办出水平、办出成效。

4. 激活职业教育集团发展活力

制订促进职业教育集团发展支持政策,建立“绩效为先、动态调整、以奖代补”机制,着重在招生计划、基础设施建设、师资队伍建设等方面给予倾斜。鼓励共建技术创新平台、生产性实训基地、专业设置和课程开发等方式,吸引各类主体参与职业教育集团建设,逐步扩大参与率,使产学研用实现一体化发展,形成一批有职业院校、行业组织和企业参与的产教联盟共同体。

(五)扶贫开发推进工程

1. 推进农村职业教育与成人教育示范县建设

充分发挥职业教育在扶贫开发中的重要作用,围绕贫困地区产业发展和基本公共服务需求,按照《云南省农村职业教育与成人教育示范县创建活动方案》,推动县(市、区)创建农村职业教育与成人教育示范县工作,建设一批省级农村职业教育与成人教育示范县,遴选部分县(市、区)争创国家级农村职业教育与成人教育示范县。

2. 推进"三教"统筹和"农科教"结合

整合教育、农业、科技等资源,建设好一批县级职业高级中学(职教中心)和乡镇成人文化技术学校。采取政策引导、重点扶持等方式加强农业类相关专业建设,鼓励支持职业院校面向农村、农民、农业开展技术咨询服务和技术推广活动,大力培养新型职业农民,为农业产业化和农业现代化输送技术和服务人员,推动农业产业转型升级,加速全省农业现代化进程。

3. 加大民族地区职业教育发展

加大对边疆民族地区职业院校投入,改善办学条件。加快推进滇西 10 个州市与省外东部地区 10 个职教集团在人才培养、基础设施、师资队伍建设等战略合作和中东部职教集团与省内外高校支援藏区、边疆地区职业教育工作。组织实施对迪庆州、怒江州初、高中毕业未能继续升学的农村户籍学生开展"职业教育全覆盖"试点工作,率先在边疆民族地区实现免费中等职业教育。加强对边疆少数民族地区职业院校专业建设,形成一批传承和创新云南民族文化艺术和民间工艺的特色专业。

第二节　职业教育与产业匹配状况

职业教育对社会经济的作用主要表现为它与社会经济结构的适应性变动，其适应性基本模式：产业—职业—教育，即学科专业结构与产业结构吻合是职业教育与经济紧密结合的起点。职业教育学科专业结构调整必须以社会与市场需求为出发点，以经济供给能力为支撑点，应与经济社会发展相协调。产业结构制约职业教育发展，职业教育学科专业结构一定程度上影响云南省产业结构变动方向、产业结构调整升级优化水平，特别是产业结构升级。职业教育学科一般根据科学发展逻辑体系和学校性质进行设计，专业则主要根据学科框架和经济社会发展需要设置。职业教育学科专业结构是职业教育培养专门人才的横向结构，规定着职业教育所培养人才的品种和规格，是职业教育全局性基础工作，对社会发展有着非常直接的影响。合理的职业教育学科专业结构为适应上述转变提供技术支持和智力保障。深入研究产业结构与职业教育学科专业结构相互关系，无论对构建科学、合理产业结构，促进经济社会发展，还是经济社会发展对高素质人才需求，优化职业教育结构，提高职业教育质量都具有重大意义。

一、专业设置与招生情况

（一）专业设置、招生与产业发展不太相适应

2019 年，云南省中等职业学校 19 个专业大类在校生招生比重最高的是医药健康类，为 22.33%，即超过 1/5 的中等职业学生就读于该大类专业，这也符合经济社会发展及人们健康生活水平需要，其次是交通运输类，为

15.01%，再次是信息技术类，为11.26%（表3-8），上述三个大类专业在校生比重占全省中等职业在校生的48.6%。比重最低的是石油化工类，仅0.08%，另外，能源与新能源类、轻纺食品类专业均低于0.5%，这与云南省经济社会发展有着必然联系，有市场才有专业设置与拓展。值得注意的是，休闲保健类、公共管理与服务类专业不到1%，无论社会发展程度还是市场发展需求，市场需求较大且专业比重不到1%，值得思考，这与2019年云南省政府工作报告提出的“大力发展现代服务业，加快形成一批布局合理、重点突出、各具特色的全链产业、核心优势产业、产业集群，培育一批具有核心竞争力的大产业、大企业，加快建设实体经济、科技创新、现代金融、人力资源协同发展的现代产业体系”“大力发展现代服务业”等发展方向与路径还有些不相符。另外，云南省农林牧渔类专业中等职业在校生比例仅6.19%，可见第一产业人才培养显然与该产业发展不相适应。同时，云南省水资源丰富，水产养殖发展潜力大，说明水产养殖类专业仍需进一步发展，招生规模亦需扩大。

表3-8　2019年云南（中等）职业学校各专业大类在校生比重（单位：%）

专业类别	在校生比重	专业类别	在校生比重	专业类别	在校生比重
财经商贸类	7.74	教育类	8.53	体育与健身	1.16
信息技术类	11.26	农林牧渔类	6.19	石油化工类	0.08
加工制造类	4.0	土木水利类	5.44	资源环境类	1.86
文化艺术类	2.87	公共管理与服务类	0.56	司法服务类	1.29
交通运输类	15.01	休闲保健类	0.51	能源与新能源类	0.31
旅游服务类	9.05	轻纺食品类	0.39	其他	1.42
医药健康类	22.33	共计	100.0		

资料来源：根据云南省教育厅内部统计资料统计获得。

全省中等职业学校专业点共计 3661 个，其中信息技术类分布数量最高，达 500 个，占全省专业数量的 13.66%，其次农林牧渔类专业点达 446 个，专业设置点比重也高达 12.18%，但在校生比重仅为 6.19%（表 3-9），专业点多，但培养学生数较少。数量排第三的是财经商贸类，达 442 个，作为旅游文化大省，旅游服务类专业点数量为 395 个，但旅游服务类在校生比重还不到 10%，说明云南旅游发展还需要再上几个台阶，首先需要人才资源支持，才有可能实现“全力打造世界一流”“健康生活目的地”，真正使云南成为高层次人才创新创业和国内外游客休闲度假的聚集地。专业点数量分设置最少的是石油化工类，仅 25 个，不到 50 个的还有能源与新能源类（44 个），这与云南经济社会发展有着必然联系，不过随着中缅油气管道的主要配套工程中国石油化工（安宁）工业园区的发展，对石油化工、化工新材料以及生物医药等专业的人才需求将越来越旺。

表 3-9　2019 年云南（中等）职业学校专业分布数量　（单位：个）

专业类别	专业点数	专业类别	专业点数	专业类别	专业点数
财经商贸类	442	教育类	54	体育与健身	53
信息技术类	500	农林牧渔类	446	石油化工类	25
加工制造类	315	土木水利类	219	资源环境类	55
文化艺术类	292	公共管理与服务类	109	司法服务类	52
交通运输类	371	休闲保健类	56	能源与新能源类	44
旅游服务类	395	轻纺食品类	72	其他	0
医药健康类	161	共计	3661		

资料来源：根据云南省教育厅内部统计资料统计获得。

（二）专业设置、招生与市场需求变化适时性不够

专业设置与中等职业学生一样，医药卫生大类比重最高，达 23.70%

（表 3-10），高于中等在校生比重，其次是财经商贸大类、教育与体育大类，分别为 14.64%、14.25%，三个大类专业均属于第三产业就业人口，在校生比重高达 52.59%。云南基础设施，包括交通基础设施、水利基础设施与能源基础设施滞后，是制约全省发展的重要因素。针对有关基础设施建设与专业设置以及人才培养显然不够，即使是交通运输大类，在校生仅为 5.86%、土木建筑大类为 8.86%。另外，近年来市场需求量相对较大的生物与化工大类也仅有 0.66%，此外，不到 1% 的在校生有轻工纺织大类（0.3%）、新闻传播大类（0.76%）、公安与司法大类（0.98%）三个大类，不过这类专业在综合性大学大多有设置，而且市场认可度相对较高，故职业学校培养数相对较少也是优胜劣汰的体现。云南省内公路铁路运输不发达，相对而言公路运输与民航运输发展速度较快，与此产业发展相适应，公路运输类与民航运输类所招生人数也较其他交通运输类专业多，一定程度上反映了专业设置与产业发展相适应，但是水上运输类专业招生人数缺失也反映了交通运输专业大类内部各专业设置的不合理。此外，能源动力与材料大类专业包括四个具体专业，即热能动力设备与应用、城市热能应用技术、农村能源与环境技术、制冷与冷藏技术，热能动力设备与应用专业适用于火电厂等企业，农村可再生能源及新能源开发利用、管理、规划和环境保护方面的高级技术应用性专门人才需要农村能源与环境技术，这几个专业是云南省经济发展不可缺少的专业，能源类专业缺失显示了材料与能源大类专业设置不均衡。

表 3-10　2019 年云南（高等）职业学校各专业大类在校生比重（单位：%）

专业类别	在校生比重	专业类别	在校生比重	专业类别	在校生比重
农林牧渔大类	3.32	轻工纺织大类	0.30	旅游大类	2.32
资源环境与安全大类	3.73	食品药品与粮食大类	1.61	文化艺术大类	2.64

续表

专业类别	在校生比重	专业类别	在校生比重	专业类别	在校生比重
能源动力与材料大类	1.79	交通运输大类	5.86	新闻传播大类	0.76
土木建筑大类	8.86	电子信息大类	5.62	教育与体育大类	14.25
水利大类	1.16	医药卫生大类	23.70	公安与司法大类	0.98
装备制造大类	6.74	财经商贸大类	14.64	公共管理与服务大类	1.06
生物与化工大类	0.66	共计	100.0		

资料来源:根据云南省教育厅内部统计资料统计获得。

专业设置数量大类以教育与体育大类最多(323个),占总数的13.71%(表3-11),人力资本具有规模报酬递增属性,人口素质提高对经济发展推动作用远大于人口数量扩张,发展教育事业有助于全省人口文化素质提高。文化教育大类作为云南省高等职业教育专业数量设置最多大类,也正体现了该要求。同时在语言文化类中,开设了应用缅语、应用泰语、应用越南语、应用老挝语等专业,作为我国西南开放门户,云南与东南亚各国进行了广泛经济合作,上述专业设置适应了云南省区域经济发展要求。其次是财经商贸大类(276个),占总数的11.71%,也基本印证了只要是职业院校就会开设该类专业的结论。数量排在第三的是医药卫生大类,占总数的10.14%,上述三个专业数量均超过10%,占总数的35.56%,相比之下,医药卫生大类专业设置数量不及教育与体育大类,但在校生数比重更高,说明各学校该大类招生数均多。同时旅游大类专业点数为98个,云南旅游资源丰富,这也反映了专业设置与产业发展的匹配。

专业设置数量最少的是轻工纺织大类(10个),仅占云南省2019年高职教育设置数量的0.42%,仅开设了少数几个专业,如纺织服装类只设置了服装设计专业,包装印刷类开设了包装技术与设计专业以及印刷专业,食品类专业中开设食品加工技术专业、食品生物技术专业、食品营养与检测技术专业，而其他各类专业暂无设置。其次还有水利大类，不到 30 个，这与云南大力发展水利基础设施建设的需求不相匹配。

另外，云南省虽然缺乏天然气与石油资源，但全省经济发展需要大量石油与天然气，这些资源需要从其他省份或境外获取，这就需要大量油气储运技术与油气藏分析技术人员，未来应增加该类专业人才培养。在土木建筑专业大类中，也存在一些没有开设的但确实是国民经济发展所需专业，如城镇规划与管理类中的城市管理与监察专业，建筑设备类中的供热通风与空调工程技术专业，市政工程类中的城市燃气工程技术专业、水工业技术专业、消防工程技术专业。

表 3-11　2019 年云南（高等）职业学校专业分布数量　（单位：个）

专业类别	专业点数	专业类别	专业点数	专业类别	专业点数
农林牧渔大类	126	轻工纺织大类	10	旅游大类	98
资源环境与安全大类	106	食品药品与粮食大类	76	文化艺术大类	165
能源动力与材料大类	49	交通运输大类	148	新闻传播大类	32
土木建筑大类	182	电子信息大类	197	教育与体育大类	323
水利大类	27	医药卫生大类	239	公安与司法大类	31
装备制造大类	177	财经商贸大类	276	公共管理与服务大类	59
生物与化工大类	35	共计	2356		

资料来源：根据云南省教育厅内部统计资料统计获得。

云南省委、省政府 2016 年发布的《关于着力推进重点产业发展的若干意见》中提出，全省将通过 5 年时间，大力发展生物医药和大健康产业、旅游文化产业、信息产业、现代物流产业、高原特色现代农业产业、新材料产业、先进装备制造业、食品与消费品制造业等八大产业。从表 3-8 至表 3-11 可看出，无论是中等职业学校还是高等职业学校专业设置、人才培养，包括物流产业、高原特色现代农业产业、新材料产业以及食品与消费品制造业等，职业院校人力资源培养体系均与产业布局、发展等不太相匹配。

同时，在2019年教育部公布的新增的225个专业中，新增专业前10名中，有6个专业为“新工科”专业（表3-12）。可见“新工科”专业建设与发展尤为受欢迎。但云南省职业院校工科专业设置也相对滞后，人才培养较为缓慢。

2020年，云南省共115个校点获得了新增加专业设置，其中云南交通职业技术学院新增专业最多，增加了9个①，同时，云南水利水电职业学院、云南理工职业学院、云南经贸外事职业学院、云南锡业职业技术学院均增加了6个专业，玉溪农业职业技术学院、云南旅游职业学院、云南工程职业学院、滇西应用技术大学均增加了5个专业，是新增专业数量排在前3位的学校。

表3-12　2019年高职院校新设专业前10名

序号	专业名称	新设数量	总开设数	序号	专业名称	新设数量	总开设数
1	大数据技术与应用	191	389	6	学前教育	72	527
2	新能源汽车技术	126	415	7	无人机应用技术	68	208
3	电子商务	100	1139	8	物联网应用技术	63	513
4	工业机器人技术	89	594	9	空中乘务	51	482
5	幼儿发展与健康管理	73	202	10	云计算技术与应用	51	203

资料来源：高职发展智库，http://www.zggzzk.com。

总体看，云南省职业教育开设的专业门类比较齐全，除了公安大类未涉及外，其他专业大类均有招生计划数。具体分析发现，在各专业大类下，存

① 9个专业分别为：网络营销、汽车智能技术、土木工程检测技术、电子经济运动与管理、直升机驾驶技术、无人机应用技术、轮机工程技术、休闲服务与管理、通用航空器维修。

在专业设置缺失现象，具体专业设置不全现象也大量存在，这些缺失专业有的还是云南省经济社会发展不可或缺的，此外还存在一些专业布点广，招生人数过多现象，一定程度上使得供给人才数超过需求。因此，全省职业教育专业结构设置尚需进一步合理化，专业培养人数尚需进一步均衡，与经济社会发展和产业发展的适应和匹配程度需进一步提高。

二、八大重点产业发展与职业人才需求状况

改革开放特别是西部大开发战略实施以来，云南省不断迈出新步伐，滇中城市群带动能力明显增强，区域自主发展能力明显提高，全省经济社会发展取得显著成就，具备了进一步加快发展步伐、建设面向西南开放重要桥头堡的基础条件①。为了基本实现社会主义现代化目标，云南需要寻找新的发展动能。《中共云南省委　云南省人民政府关于着力推进重点产业发展的若干意见》（以下简称《意见》）中提出了发展八大产业集群，加快八大重点产业发展步伐，作为推动制造业高质量发展的重要内容与构建现代产业体系的重要抓手。坚持创新驱动引领，加快实施制造业强省战略，推动以制造业为重点的八大重点产业集群发展、高质量发展②。

（一）生物医药和大健康产业人才需求

《意见》中提出，云南生物医药和大健康产业以新药研发为重点，整合全省生物医药领域创新资源，以原创性突破和二次资源开发为核心，提升新药研发水平；建设优质中药材和健康产品原料基地；重视种源研究，建设良种基地；重点发展中药（民族药）、生物技术药，有选择地发展化学药，积极

① 《国务院关于支持云南省加快建设面向西南开放重要桥头堡的意见》（国发〔2011〕11号），中华人民共和国中央人民政府网，http://www.gov.cn/zwgk/2011-11/03/content_1985444.htm。

② 《2019 工作重点：落实制造业高质量发展要求，推动八大重点产业发展迈上新台阶》，云南省人民政府官网，http://www.yn.gov.cn/ztgg/2019gzbg/dzd/2019gzzd/201902/t20190225_180036.html。

发展功能性保健品;统筹利用生物医药、医疗、生态旅游等优势资源,鼓励发展多样化健康产品和服务,构建集健康、养老、养生、医疗、康体等为一体的大健康产业体系①。

根据云南省发改委印发的《云南省生物医药产业施工图》,提出重点发展现代中药(民族药)、生物制药、化学制药、医疗器械、特色保健品5条产业链,但全省此类人才供给严重短缺。为发展该产业链,云南省需要重点加强该类人才建设、培养和引进。生物医药产业链主要包括药物研究、开发、制造和销售,其核心是生物医药产品研发和生产。在该产业提出之前全省就缺医疗、护理人员和卫生管理等专业人才,针对该产业发展,应专门制定生物制药专业(非师范类)人才培养方案,以满足全省对生物医药战略性新兴产业的人才需求,具有药学、生物工程基础,能在生物制药、医药等领域从事生产、研发、管理、工程设计和产品服务等方面的应用技能人才,重点加大对医学、生物学、生物化学、微生物学等专业人才的培养与引进。

(二)旅游文化产业人才需求

《意见》中提出,实施全省旅游产业转型升级3年行动计划;拓展旅游发展空间;优化旅游发展环境,整顿旅游市场秩序,提升旅游服务质量,强化"七彩云南、旅游天堂"整体形象塑造和宣传推广;推进文化创意和设计服务与相关产业融合发展;推进旅游与文化深度融合,提升旅游发展文化内涵……以"南博会""旅交会"为重点加快会展业发展,拓展旅游文化新业态。旅游产业,很多地方正出现门槛低、竞争无序、市场混乱、经营粗放等现状,云南旅游业的发展也不例外,为了旅游文化产业的发展,需要高质量、多元化以及个性化的专业服务,才能获得游客的喜爱与青睐,才能赢得市场。可以说,游客的需求正倒逼行业的转型升级与质量优化。

① 《中共云南省委 云南省人民政府关于着力推进重点产业发展的若干意见》,云南省文化和旅游厅官网,http://www.whyn.gov.cn/list/view/3/4178。

现有与旅游产业发展相关的专业主要包含旅游管理、导游、酒店管理等，在专业大类下还应随着时代与游客需求的发展继续细分，既体现了旅游业精细化发展的趋势，也有助于提高从业者素质和专业能力，既可以给游客带来更好的旅游体验，还能提升全域旅游业的整体质量。教育部发布的《普通高等学校高等职业教育（专科）专业设置管理办法》中确定2019年度增补的9个专业中，有两个属于旅游类，即研学旅行管理与服务专业、葡萄酒营销与服务专业。针对未来旅游业发展，增添的两个专业对旅游文化产业发展有着重要作用。云南高层次旅游管理人才、旅游发展与文化保护人才欠缺，需要加强旅游文化人才队伍建设。

云南对于葡萄酒消费还是一个新兴市场，市场潜力巨大，同时作为葡萄酒发展新热土，具备独特的葡萄酒文化，但目前云南省消费者对葡萄酒的认识还只是停留在葡萄酒的简单保健认识和礼品概念上。基于云南市场需求、人才缺口现实，需要加大传统旅游类人才与新专业人才的培养与发展。

（三）信息产业人才需求

《意见》中提出，现代信息产业重点任务包括，全面推进实施“云上云”行动计划；建成“全光网省”，普及4G网络，超前部署支撑5G产业发展的基础设施，全面推进“三网”融合；着力发展新一代信息技术产业、电子信息产品制造业和信息服务业；提升信息化应用水平，加快推进信息化与工业化深度融合发展，提高农业信息化、政务信息化水平；加强信息安全建设，构建网络治理和信息安全保障体系，营造安全可信的发展环境①，打造承接电子信息产品制造业向西南地区转移的主阵地、面向南亚、东南亚的小语种软件研发基地以及产业化发展中心，力争形成我国面向南亚东南亚的机器翻译产业集聚地。

---

① 《中共云南省委 云南省人民政府关于着力推进重点产业发展的若干意见》，云南省文化和旅游厅官网，http://www.whyn.gov.cn/list/view/3/4178。

无论传统IT人才还是新一代信息技术产业人才云南都缺，该类人才缺口至少50万人。信息产业是以人的智力劳动为主的高技术产业，人才是发展该产业的重要资本。为此，云南各职业院校需要加大诸如电子信息工程、集成电路、通信、计算机科学与技术、自动控制、工业设计、信息服务、光电子技术、电气工程等专业招生，培养一批电子信息人才，以满足电子信息产业实现跨越式发展的客观要求。

（四）现代物流产业人才需求

《意见》中提出，社会物流产业发展的主要任务：结合城市功能定位和产业布局，依托干线铁路、公路以及机场、港口、口岸，完善和优化现代物流网络布局，统筹规划建设物流基地、物流中心、物流示范园区。推进物流基础设施有效衔接，提高物流信息化、物流装备现代化和标准化水平，优化物流企业供应链管理服务。加快发展多式联运，大力发展第三方物流，加快推进国际物流、保税物流发展，构建便捷高效的跨境物流体系。完善城乡物流配送体系，优化城市物流配送，健全乡村物流网络。大力发展农产品物流，构建冷链物流服务体系①。目前，中国物流总成本远高于日本及欧美国家，物流总成本占GDP比重大约在18%左右，西方国家只有8%—10%，云南省更是高达22%，标准化、信息化发展差距十分明显。另外，昆明14个泛亚商贸物流中心正逐步建成，云南开设物流管理专业的18所院校开设了物流管理专业、物流工程技术专业，每年毕业生在1500—2000名左右，并不能完全满足该产业发展需求，难以满足全省物流基地用人需求，人才缺失或成今后云南物流业发展瓶颈。应该说，云南乃至全国流通效率低下、浪费资源的物流配送是普遍现象，这需要专业物流人才进行调配。由于云南高校对高层次物流人才培养数量有限，外省高校培养人才又很少到云南就业，当前全省

① 《中共云南省委 云南省人民政府关于着力推进重点产业发展的若干意见》，云南省文化和旅游厅官网，http://www.whyn.gov.cn/list/view/3/4178。

物流人才缺口高达 20 万人,云南物流企业对高层次物流人才需求是持续的,物流人才培养十分必要。

另外,物流学科是一门综合性学科,是技术与经济相结合的边缘学科,而且物流产业又是一个跨行业、跨部门的复合性产业,也是劳动密集型、技术密集型相结合的产业。因此,云南发展物流产业,不仅需要相关理论知识人才培养,比如高级物流管理人才,更需要大量丰富实际操作经验物流执行型与操作型人才,以满足物流人才的职业化进程与市场需求的发展。

(五)高原特色现代农业产业人才需求

《意见》中提出,云南省高原特色现代农业重点任务:突出“高原粮仓、特色经作、山地牧业、淡水渔业、高效林业、开放农业”,打响高产、优质、高效、生态、安全的高原特色现代农业品牌;建设标准化、规模化、稳定高效的原料基地,打造一批特色农业产业强县,推动国家现代农业示范区、农业科技园区、绿色经济示范区示范带建设;促进一二三产业融合发展,推动产加销一体化经营,大力发展农产品电子商务、休闲农业、乡村旅游,培育发展农业经济新业态①。

云南省可利用国家在“一带一路”和长江经济带建设等战略中的独特区位优势,充分利用高原特色、昼夜温差大等自然环境与条件这一发展优势,拓展农业多功能,实现全省三次产业之间以及农业内部间的协同,并根据全省省情与农情,以推进农林牧渔业中的部分优势产业及可重点培育后备产业的发展作为首要发展任务,坚持在新型工业化、信息化、城镇化深入发展中,同步推进云南高原特色农业现代化稳步发展。在面临国际国内市场的双重竞争、基础设施薄弱和产业发展粗放的双重制约、“保饭碗”和“保生态”的双重要求、农业科技创新能力要求达到全国平均水平、农业产业化

① 《中共云南省委 云南省人民政府关于着力推进重点产业发展的若干意见》,云南省文化和旅游厅官网,http://www.whyn.gov.cn/list/view/3/4178。

程度低与科技人才缺乏等多重挑战,为加快全省农业转型升级,做大做强高原特色农业产业经济,人才培养迫在眉睫。重点需要在培强龙头企业、做大产业基础上,培育与引进农业科技人才、农业科研管理人才。

(六)新材料产业人才需求

《意见》中提出,新材料产业将成为推动云南省新旧动能转换的重要战略性新兴支柱产业。该产业重点任务:大力发展铂族、锗、铟、镓等稀贵金属材料及元器件加工等产业集群;加快发展有色金属合金材料和高端装备新材料;积极发展电极材料、膜材料、半导体材料、集成电路封装材料、蓝宝石衬底、碳化硅材料、有机发光二极管(OLED)材料、增材制造(3D打印)用粉体材料等产品;发挥真空冶金国家工程实验室、稀贵金属综合利用新技术国家重点实验室、国家贵金属材料工程技术研究中心等创新平台作用,着力突破产业关键技术,全面提升产业技术创新能力。针对该产业重点发展,云南省优势新材料产业虽已融入国家发展战略,但该产业处于发展初期,支撑服务各行业产业创新发展的研发应用公共平台较少,产业配套政策缺失以及人才资源缺乏。全省应在推进新材料产业发展和产品应用同国家战略和目标市场的精准对接,引导传统基础材料向实用性材料及应用产业延伸发展基础上,重点推进新材料创新平台建设、加强新材料人才的培养与引进;着力推进新材料产业化、集群化建设和布局,培育打造新的经济增长点。

(七)先进装备制造业人才需求

《意见》中提出,全省先进装备制造业发展重点任务:以信息化、智能化、自动化为重点,抢抓分享经济崛起的机遇,加快新能源汽车和乘用车发展,配套发展汽车零部件,打造销售收入过千亿元的汽车产业链。加快发展数控机床、自动化物流成套设备、轨道交通设备、铁路养护设备、电力和新能源装备、重化矿冶设备、工程机械、农业机械装备、节能环保装备、通用航空装备等先进装备,培育发展机器人、3D打印等智能装备。大力发展面向南亚、东南亚市场的特色机电产品制造。着力发展装备配套产业，发展壮大一批配套企业集群①。在国家提出"一带一路"倡议、继续全面深化改革、持续实施西部大开发等政策背景下，云南省产业发展迎来了重大战略性和政策性机遇。

当前，云南正处于工业化和新型城镇化加速发展阶段，对能源资源、基础设施、装备制造等需求将持续扩大，以"机器换人"、人工智能发展为特征的产业转型升级持续推进，对新能源汽车、智能装备、轨道交通装备等需求呈现快速增长，为云南装备制造业的发展带来新的增长空间。不过，该产业发展缺乏高质量产业平台和人才队伍支撑，很难助推先进装备制造业实现智能化、高端化、绿色化、产业化方向迈进。为此，如何在培养与发展高等院校、科研院所与相关企业的团队队伍建设与人才培养是云南省当前面临的挑战。需要在全省培育具有一定科研和产业基础的企业基础上，完善智能装备人才、先进制造业人才的聚集政策与培养相关专业的高素质技术型人才。

（八）食品与消费品制造业人才需求

《意见》中提出，食品与消费品制造业的重点任务：加快"云品"特色食品加工业发展；以沿边、廊带节点城镇和开放载体为支撑，布局建设承接产业转移集聚区，打造面向南亚、东南亚的轻工纺织产业平台和加工贸易平台；推动特色消费品制造业转型升级。

不过，全省在食品与消费品制造业发展中，方便快捷的物流体系让消费者可以便捷地购买到全球各地产品，不仅遇到了诸如产品同质化、产业低端化、产业集中度低、消费品发展不充分等相关发展障碍，同时也遭遇外部市场大量挤压。为了增强食品与消费品产业上下游的配套服务能力，推进产

---

① 《中共云南省委 云南省人民政府关于着力推进重点产业发展的若干意见》，云南省文化和旅游厅官网，http://www.whyn.gov.cn/list/view/3/4178。

业提质增效，云南省在推进食品产业走向新型工业化道路上需加快校企联合人才培养。

至2020年，云南基本建成了连接国内外的公路、铁路、管道、电网和电信设施，形成了交通、能源、物流、信息等通道，面向西南开放的平台和窗口作用进一步增强，辐射与带动能力明显提升。此时，外向型产业和特色优势产业体系基本形成，区域布局和产业结构进一步优化，综合经济实力明显增强，实现社会主义现代化目标所需要的大量各种产业专业职业技术人才，这对全省职业教育提出了更高要求，需要在专业设置、教材编制、制度设计上，在人才培养数量上与各产业与市场需求发展相适应。

三、职业教育与产业发展问题

全省职业教育专业设置与产业结构一定程度上具有一致性，职业教育专业设置对云南省产业结构发展需求表现出一定适应性，但整体匹配度不高。

（一）第一产业专业设置与产业发展匹配度需进一步优化

云南是一个农业大省，大部分县（市）经济以农业和农村经济为主。2019年，云南省一、二、三次产业国民经济比重分别为：13.1%、34.3%、52.6%，同年全省中等职业学校一、二、三次产业在校生比例分别为：6.19%、20.84%、72.97%，高等职业学校该值分别为3.32%、25.16%、71.52%。可见，第一产业占国民经济比重和第一产业相关职业在校生比例差距明显。说明全省第一产业相关专业所培养的人才尚不能满足第一产业需要，特别是水产类专业培养人数极少，远不能适应该产业发展对专业人才的需求，很难支撑第一产业发展。云南省现代农业已显现，且有上升趋势。省政府提出要全力打造世界一流“绿色食品品牌”，确保农产品加工业产值与农业总产值之比达到1.6∶1以上，在坚持“有基础、上规模、高标准”基础上，根据“区域特色鲜明、生产方式绿色、产业链条完整、建设水平领先、融合发展突出、利益联结紧密、地方意愿强烈”等遴选原则，打造建设红河开远花卉产业现代农业创新示范园、丽江古城花卉产业现代农业创新示范园和临沧临翔、沧源、双江茶叶产业现代农业创新示范园，共5个省级高原特色现代农业创新示范园①，针对当前该类产业人才的培养，对现代农业发展需求严重不足。

另外，云南省现代农业、高原特色农业的相关企业和行业逐步发展，比如农产品加工方面的龙头企业红塔集团与红河集团、大理州的乳业企业、昆明雪兰牛奶有限责任公司、云南泰华食品有限公司等；优势农林产品包括小杂粮、烟草、普洱茶、茶叶、橡胶、咖啡、鲜花等。但全省第一产业相关专业的传统专业设置比例远大于现代农业、现代农产品加工及精深加工专业。农林牧渔类专业中专业布点数最多的是作物生产技术、园林园艺技术，而没有农产品保鲜与加工贮藏、农产品加工与质量检测、农产品加工技术研发等专业。第一产业相关专业所培养的人才滞后于该产业发展需要与所需要技术技能人才，无法支撑该产业发展需要。因此，有必要大力发展农产品加工及精深加工等相关专业，不仅可以提高农产品附加值，同时对加快云南农业现代化发展有着重要支持作用。

（二）培养规模无法满足第二产业发展需要

2019年，云南第二产业占国民经济比重为34.3%，职业教育第二产业相关专业在校生比重为25%左右，差距较大。从招生专业结构看，一部分专业缺失使得产业发展对该技能人才的需求得不到满足，从而影响全省第二产业健康发展。比如，云南水能资源丰富，《国务院关于支持云南省加快建设面向西南开放重要桥头堡的意见》要求云南在实施桥头堡战略过程中

① 《云南将重点打造五个高原特色现代农业示范园》，人民网，http://yn.people.com.cn/n2/2018/1218/c378439-32424352.html。

建设以水电为主的绿色能源基地，在材料与能源大类中，热能动力设备与应用、城市热能应用技术、农村能源与环境技术、制冷与冷藏技术四个能源类专业类人才培养数量太少，这几个专业是云南省经济发展不可缺少的专业，一定程度上反映了高职教育专业设置和人才培养与产业发展不对接。经济社会健康发展需要保障有力的水利工程体系，云南省水能资源丰富，但存在结构性缺水问题。水文与水资源类专业以及水土保持与水环境类专业缺失，水利工程与水管理类仅有两个专业招生。因此，应加大水利人才培养力度。另外，木材加工、家具制造业、橡胶制品业、工艺品制造业等是云南未来发展的重要支柱产业，很多农产品需要深精加工提升附加值，同时作为多民族省份与旅游大省，民族文化的多样性吸引着众多中外游客，若能培养适量的轻纺服装、服饰业、农副产品加工、木材制造业等方面的专业人才，发展民族服饰业、木材业、民族工艺品等产业，对云南省经济发展有百利而无一弊。

（三）专业设置与第三产业存在结构性矛盾

第三产业国民经济比重与第三产业相关专业招生数比例相比，部分专业设置发展程度超过了该产业发展速度，而部分专业不能满足其发展需要。因此，职业教育专业设置和人才培养与第三产业存在某些结构性矛盾。

1. 文化教育大类专业占第三产业相关专业的1/4，远超出市场需求与发展需要；2. 除了医药院校外，几乎所有院校都开设了会计专业；3. 交通运输大类中除了公路运输专业有一定的招生数量，铁路运输、民航运输、管路运输、港口运输只有个别专业有计划招生数，水上运输类专业基本没有设置；4. 大量经济社会发展需要的与第三产业相关专业没有设置。以上说明，云南省职业教育专业设置与培养数，一方面存在少数专业供过于求，一方面还有大量专业培养人才不足或根本无人才供给，职业教育专业设置和人才培养与第三产业发展不相匹配。

四、职业教育问题形成的主要原因

（一）专任教师结构不合理、数量短缺

1. 专任教师数量缺乏、整体素质不高

教育部统计数据显示，2018—2019 年，云南省职业学校专任教师与在校学生比分别为：1 ∶ 15.70、1 ∶ 15.39，全国同期生师比分别为：1 ∶ 11.34、1 ∶ 19.65，云南低于全国平均水平；同时，云南省中职学校专任教师不仅数量缺少，学历还相对偏低。据高职发展智库对 2019 年《高等职业教育质量年度报告》①（以下简称《质量年报》）统计信息可看出，生师比排名前三的呼伦贝尔职业技术学院、江阴职业技术学院、北京电子科技职业学院，在校生分别为 3828 人、3257 人、4207 人，生师比分别为 6.79、6.89、7.69。即使排名第 100 名的杭州职业技术学院，生师比也高达 12.8②，高于云南省任何一所职业院校，全省没有一所学校进入全国前 100 名。

2. 专业设置与专任教师结构不合理

首先，云南省职业教育未能与产业调整升级一致进行升级优化，专业设置滞后于市场对人才资源的需求。其次，全省中年骨干教师比例相对较低，老中青年龄结构的教师队伍梯队建设并没有呈现正态分布，年龄断层以及青黄不接现象较为突出，且职业院校教师队伍很多是由普通院校教师转来，实践、实验教学培训机会较少。最后，云南省职业学校专任教师与专业分配结构也不尽合理，比如任课教师与所教授的专业课不对口，专业课程教师队伍比例远低于文化基础课教师比例。另外，高素质“双师型”教师队伍是技术技能人才培养质量的保证，是职业教育质量的保证，“双师比”③是衡量职

① 仅统计全日制在校生人数在 3000 人以上的公办高职院校。

② 中国高职发展智库：《2018 年全国高职院校生师比、双师比排行榜》，http://www.zggzzk.cn/redianzixun/shownews.php? id = 372。

③ 双师比，是指具有双师素质教师占专任教师比例。

业学校教师素质的重要保证,而云南"双师型"教师数量出现严重不足,导致培养的学生质量很难契合市场需求,应采取多举措打造"双师型"教师队伍。国务院印发的《国家职业教育改革实施方案》明确提出,从 2019 年起,职业院校、应用型本科高校相关专业教师,原则上从具有 3 年以上企业工作经历并具有高职以上学历的人员中公开招聘,特殊高技能人才(含具有高级工以上职业资格人员)可适当放宽学历要求,2020 年起,基本不再从应届毕业生中招聘。到 2022 年,"双师型"教师(同时具备理论教学和实践教学能力的教师)占专业课教师总数超过一半。

从《质量年报》中可看出,全国高职院校双师比排在前三位的重庆工业职业技术学院、北京劳动保障职业学院、长沙商贸旅游职业技术学院,其双师比分别为 98. 0、96. 39、96. 31,云南也没有一所学校进入全国前 100 名,排在第 100 名的湖南现代物流职业技术学院,该值为 86. 19①。

3. 教师培训制度不健全、培训机制不完善

职业学校承担及时为社会输出技能型人才的重要责任,高素质、高水平教师队伍建设与培养对学校教育尤为关键,教师们只有不断地更新知识、技能与创新思维,才能保证培养的学生与社会需求相适应,这需要老师们通过参加有效培训得以实现。随着各阶段新课改的实施,职业教育教学必须与时俱进,以研促改、以研促训、以研促验,使职业教育教学能稳步前进。

云南省大多数职业学校由于教学资源、实验环境以及师资有限,教师培训基地受限,很难随着市场化需求跟进教师培训。尤其偏远地区的职业中专、职业高中,上述问题更突出。甚至一些职业学校对教师培训基地建设与实施根本就不重视,教师的培训目的、培训学时、培训内容、培训预算、培训时间等都达不到要求,培训工作仅作为一种形式,校本培训缺乏激励机制,

---

① 中国高职发展智库:《2018 年全国高职院校生师比、双师比排行榜》,http://www.zggzk.cn/redianzixun/shownews.php? id=372。

很多学校认为，教师培训就是教师自己的事情，不应该由学校作出安排。另外，即使针对教师进行了相关培训，当前培训存在的最大问题就是教学实践需求与培训效果之间存在一定差距，培训质量不令人满意。

（二）缺乏创新培养模式，运行机制不完善

整体上，当前云南省职业教育办学模式、人才培养模式相对落后，办学模式存在封闭性、单一性特征，培养模式创新能力不足，办学理念、管理机制、运行体制等均不够完善。对学生的专业技术技能培养目标与云南产业发展、调整优化的结合度不够、定位不清晰，缺乏对专任教师的教学管理和教学质量的及时监督，校企联合办学与实践推进速度很慢，对外合作难以推进，学生很难走出去。由于一些学校缺少规范化的管理与运作，行政运行机制不够完善，培养出的学生技能难以满足市场需求，难以适应行业与产业发展需要，学生就业创新机制改革难以实行，就业率与巩固率相对偏低。

（三）校企合作管理体制和制度保障不完善

实行校企合作是职业院校培养技能型人才的有效途径，当前我国职业院校校企合作已取得了可喜成绩，创立了职业教育集团化办学。但云南省职业院校对校企合作的认识相对不足，在校企合作中难以实现合力发展，比如校中厂、厂中校情形在云南职业院校培养中很少，许多职业学校对与企业集团合作办学信心不足，加上自身办学理念不清晰、定位不精准，很难围绕企业行业、社会产业人才需求进行产学互动，企业参与校企合作积极性也不高，出现学校专业与企业行业衔接性淡化，简单的订单式培训、顶岗实习在云南企业行业的发展不够突出。全省还没有一个具体化、标准化与规范化的管理机制，尚无完善有效的政策制度，不具备法律层面的强制性与约束性，往往执行力度不够，难以约束学校和企业的行为。同时政府对校企合作缺乏有力的财政支持，影响了校企合作实际操作、发展和深化。这样，校企双方的积极性、参与性和能动性难以调动。

(四)专业建设缺乏创新,新兴产业专业更新慢

专业建设与发展是职业院校的根本,专业建设发展核心是人才队伍培养、教学组织建设、教学内容优化、教学效果提质和教学特色创新的重要保证。云南省职业学校专业调整与建设还存在不少问题,比如专业重复设置与建设发展不同步,很多与普通高校专业设置重叠,既缺乏办学优势,也缺乏地方特色,从而出现职业院校在专业建设上趋于同化、重复化与无序化。另外,职业院校专业设置与当地经济产业发展不够吻合,即使产业调整升级了,人才培养方向也没有随着产业结构升级及时调整,尤其针对新兴产业的发展所设置的新兴产业专业开设更少,没能立足本省产业发展需求,缺乏创新。

(五)办学硬件设施亟待升级,实训条件有待完善

高质量职业人才培养除了高素质师资队伍外,教学硬件设施也是职业学校教育质量提升的瓶颈,各学校加大资金投入进行硬件设施升级,是解决职业学校不够吸引人,制约均衡发展问题的关键。随着职业教育发展越来越受到国家重视,中央以及各级政府对职业教育的政策制定与实施、财政投入在逐年加大。应该说,云南省的职业教育取得了一定成绩并朝着较好的方向发展。但云南财政收入整体偏低,许多州市地区经济和教育发展存在失衡状态,尤其是一些经济发展滞后的边境县职业学校,硬件设施陈旧、教学设施设备老化,实验实训条件无法满足职业教育与培训发展需要,从而出现招生难,学生数量急剧减少,办学规模缩小,甚至有些职业学校举步维艰。开启教学硬件的提档升级,追求更健康的、更科学的实验实训教学,快速提高学生职业技能更是难上加难。

总之,云南职业教育发展坚持地方性、应用性,彰显云南特色培养市场需求人才,并积极开发云南丰富的人力资源,科学利用云南人口红利促进经济社会发展,全面提高人力资源素质等要求,尤其针对学校培养人才任务,

满足新时代职业学校办学新要求还任重道远，包括职业院校专业设置、学校布局、资金投入等，还需进一步调整与完善。

第三节　职业教育对云南产业发展的作用与功能

大力发展职业教育，着力培育技能型人才，有利于云南省产业结构调整升级，有利于推进全国产业向云南省转移，有利于优化产业结构布局，有利于全省区域内产业发展与融合，以职业教育助推云南产业发展，实现云南经济腾飞与社会主义现代化目标。为此需完善职业教育体系，既可实现学历教育、职业资格培训与鉴定体系的纵向贯通，也可实现基础教育、普通高等教育、职业培训与鉴定体系的横向融通，全日制与非全日制、学历教育和非学历教育相结合。职业教育服务经济社会和支撑国家或地区现代产业体系建设的能力也随之全面提升。

一、为“一带一路”建设与“中国制造 2025”输送人才

职业教育是与经济、社会发展联系最紧密、最灵敏的一类教育。随着“一带一路”建设的持续推进，大量基础设施建设、区域性贸易与人员往来，无一不与职业教育为之提供大批高素质高技能人才支撑密切关联，也为职业教育发展提供了重要机遇。“一带一路”建设，人才依旧是缺口，不仅缺少懂外语，又熟悉当地法律和项目管理的技术技能人才，更缺少工长一类的生产一线指挥人才以及能够承担对当地员工进行培训和指导的工程技术人才，市场迫切需要与职业院校建立紧密合作关系。

“一带一路”建设为职业教育国际化发展提供了良好机遇，比如培养众

多外向型高素质技术技能人才；职业院校伴随中国企业走出去，为中国企业在海外发展及时提供企业所需人才；借用“一带一路”平台，利用现代化手段和“互联网+”等发展战略把中国职业教育推广出去、传播出去，扩大与沿线国家的文化交流与影响；成立“一带一路”建设校企合作联盟，校企携手共同服务“一带一路”。“中国制造2025”，重点在于服务与加强制造业人才发展统筹规划和分类指导，组织实施制造业人才培养计划，加大专业技术人才、经营管理人才和技能人才的培养力度，完善从研发、转化、生产到管理的人才培养体系，更加需要强化职业教育和技能培训，引导一批普通本科高等学校向应用技术类高等学校转型，建立一批实训基地，开展现代学徒制试点示范，形成一支门类齐全、技艺精湛的技术技能人才队伍。大力发展职业教育、健全多层次人才培养体系，不断向建设“一带一路”和“中国制造2025”输送必需人才。

首先，应鼓励企业与学校合作，培养制造业急需的科研人员、技术技能人才与复合型人才，深化相关领域工程博士、硕士专业学位研究生招生和培养模式改革，积极推进产学研结合。

其次，应加强产业人才需求预测，完善各类人才信息库，构建产业人才水平评价制度和信息发布平台。建立人才激励机制，加大对优秀人才的表彰和奖励力度。

最后，建立完善的制造业人才服务机构，健全人才流动和使用体制机制。采取多种形式选拔各类优秀人才重点是专业技术人才到国外学习培训，探索建立国际培训基地。加大制造业引智力度，引进领军人才和紧缺人才。

二、有利于加快产业结构调整与建设“一带一路”前沿阵地

职业教育是产业发展到一定程度的产物，同时，职业教育发展又反作用

于产业结构,使其向更合理化、协调化、高度化方向发展,是推动产业结构高度化①发展的动因之一。职业教育对产业结构高度化的推动作用主要体现在为产业发展壮大提供大量生产型和技术型人才——当科技创新促使新兴产业出现后,要将弱小的新兴产业发展壮大,就需要大量技术人才、基层操作人员等作保证,职业教育对人才培养的供给恰好与新兴产业对大量的技术人才、基层操作人员需求相一致。

职业教育对产业结构调整的具体影响机理主要表现为,为社会培养技术人才进而推动产业结构向高度化发展。职业教育通过技术变动主要表现在技术进步和技术结构变化,人是技术变动主体,是引起技术变动的最基本因素。当一项新技术产生或原技术经过改造优化后,就代表着技术进步,而当多项进步技术经过推广普及后,就有可能引起社会技术结构变化,使得技术结构由较低级形式向较高级形式转变。职业教育主要培养技术性和应用型人才,这些人才在技术创新尤其是技术推广运用上发挥重要作用。随着现代职业教育体系的逐步完善,职业教育对人才培养层次呈上升态势,在推动技术进步上将发挥重要作用。

以"一带一路"建设为契机,把职业教育作为搭建全省"大通道、大基地、大平台、大窗口"建设的有力抓手。云南省西连东南亚、南亚,是对东南亚、南亚开放的前沿,市场潜力巨大。2015 年 1 月,习近平总书记视察云南时,为云南发展确立了新坐标、明确了新定位、赋予了新使命,"希望云南主动服务和融入国家发展战略,闯出一条跨越式发展的路子来,努力成为民族团结进步示范区、生态文明建设排头兵、面向南亚东南亚辐射中心,谱写好中国梦的云南篇章"。在这云南发展历史上具有重要里程碑意义。

---

① 产业结构高度化是指产业从较低水平状态向较高水平状态发展的动态过程,即产业结构向高技术化、高知识化、高加工度化和高附加值化发展的动态过程,其重要标志是以各产业的技术层次不断提高和新兴产业不断成长为主导产业。

云南省作为“一带一路”建设前沿阵地，承载全国支柱产业发展和对内、对外开放重要区域，是我国借助缅甸、老挝、越南这一桥梁、拓展东南亚和印度洋周边区域市场与深化分工的最前沿。因此，以桥头堡为战略契机，以“一带一路”建设为导向，以发展经济为动力，着力推进全省职业教育，大力建设高技能人才队伍，为优化调整产业结构奠定技能人才支撑，是实现云南面向南亚、东南亚成功开放与发展的重要举措。

三、有利于推进区域产业转移，实现区域协调发展

由于资源供给或产品需求条件发生变化后，某些产业从某一地区（国家）转移到另一地区（国家），产业转移是地区产业结构调整升级的重要途径。不论对于转入地区还是转出地区，产业转移往往带来转出区产业高度化发展，进而对劳动者素质亦有更高要求，这就造成了产业发展对高素质劳动力需求与本地区劳动力实际供给之间的矛盾。为了解决该矛盾，职业教育需担负起责任，作为适应产业转移、加快区域协调发展的必然选择。

职业教育层次不断提高、专业设置更加合理、办学地域不断扩大，为产业在本地迅速发展壮大提供劳动力和技术支持，为实现产业顺利转移提供保证。对转出地区而言，职业教育高度发展可使转出地区具备较多的高技能型人才和创新型人才，这些人才对新兴产业培育和发展可提供重要的智力支持，从而加快推动新兴产业发展。对于转入地区而言，这些区域的经济发展程度一般处于落后地位，如果能实现该地区职业教育的适度超前发展，就可以为顺利地迎接相对本地区而言的先进产业转移做好人力资源准备，为承接产业转移准备好先决条件，进而充分实现产业转移所带来的所有好处。

云南省与全国平均水平甚至与西部其他省份相比，经济发展依然较为

缓慢，发展该省职业教育，有利于在快速承接全国经济核心区产业转移中，迅速促进全省或西南区域各省甚至是东南亚经济的协调发展。云南省经济总量相对较小，人力资本存量也较低，同时又是少数民族聚居区，经济总量以及人力资源开发有待进一步提升。因此，因地制宜地培育相关专业技能人才，积极迎接全国发达地区相关省份产业转移，迎接“一带一路”建设带来的经济红利，发展全省经济、缩小省际区域差距，不仅有利于实现区域经济社会协调发展，还有利于边境稳定与民族团结。

四、有利于优化产业布局，带动全省经济腾飞

产业布局①通过形成产业集聚效应和扩散效应对区域产业发展产生积极作用，健全和完善职业教育的有序发展，有利于充分释放产业集聚效应和扩散效应，从而加快产业布局的调整与优化。职业教育发展与区域产业布局的形成、调整和完善有着密切的关系。

一方面，产业布局形成促使区域内职业教育调整。在产业集聚与扩散中，随着区域产业规模不断扩大，必然要求建立相应的配套服务设施体系支撑产业进一步发展，比如交通体系建设、农业产业链延长、金融机构进入以及教育事业发展，都需要相应的服务配套体系建设。随着产业集聚与扩散相关服务体系的不断完善，产业对劳动力数量及素质均有更高要求，这就催生了教育培训业，尤其是职业教育。另一方面，职业教育快速发展有利于加快区域产业布局优化调整进程。职业教育专业设置和办学层次，往往依据区域现有产业布局现状，以支柱产业和新兴产业为专业群的职业教育，将为产业集聚和产业扩散提供劳动力要素供给和人力资源支持，有利于实现产业集聚与扩散效应，从而加速区域产业布局优化

① 产业布局是指对产业空间分布的规划，它是资源在空间配置的一种重要方式，具有加速产业空间演变、使产业分布符合国家整体利益以及纠正不合理的产业分布等作用。

调整。

稳步巩固和提升职业教育水平，有利于实现云南省经济腾飞。实现云南经济跨越式发展与弯道超车，必须通过发挥全省产业集聚和产业扩散效应，实现全省各城市经济圈经济带动和辐射作用。以2035年基本实现社会主义现代化为目标，通过构建合理高效职业教育，充分发挥职业教育对经济圈内人力资源等相关要素的支撑作用，优化各组合区域及单位合理分工与合作，从而带动经济圈整体快速发展。同时，加快发展职业教育，有利于提升全省区域整体实力，形成核心竞争力，在与经济圈外的经济单位竞争与合作中占据优势，形成以云南经济圈为依托的区域互动机制和整体发展态势，有利于培育新的经济增长点，推动云南经济快速发展与良性运行。

五、有利于产业融合，提升区域经济协同发展

产业融合①主要通过产业渗透、产业交叉和产业重组三种形式实现，职业教育通过培养技能人才，加速产业渗透、产业交叉和产业重组，从而提升区域产业融合质量。

产业融合影响职业教育专业结构调整与重新布置，反之推动产业融合向更深层次发展。一方面，产业融合影响职业教育发展。产业融合是不同产业或同一产业内部不同行业之间通过渗透、交叉或重组而形成新产业的过程，不管是通过哪一种融合形式，最终结果是导致新产业的诞生。为了促进融合后新产业发展，区域内职业教育必然对专业结构现状进行调整和整合，使专业结构与产业结构相匹配，从而在产业融合过程中促进职业教育发展。另一方面，职业教育推动产业融合向更深层次发展。一旦职业教育进

① 产业融合是指由于技术进步和政府放宽限制，使不同产业或同一产业内部不同行业之间趋于融合，形成新产业的发展过程，从而导致原有产业的边界模糊化。

行专业结构调整,形成与产业融合相适应的新专业,职业教育的区域分布与融合后新产业的分布相适应后,为新产业的发展提供人力支持,从而促进新产业进一步发展。

云南全省产业结构中,比较优势产业群结构单一,发展协同性较差,大力培育全省职业教育对促进产业融合,提升区域经济协同性发展具有重要作用。经济发展的开始往往依靠其具有比较优势的一个或几个产业部门,然后借助于产业间固有的纵向与横向联系、投入与产出关系形成围绕这些优势产业的产业集群。2018 年,云南省国民经济体系中规模以上工业增加值增长率比 2017 年增长较快的主要有:金属制品、机械和设备修理业,增长了 2914.3%,石油加工、炼焦及核燃料工业,增长了 145.7%,计算机、通信和其他电子设备制造业,增长了 75.5%,仪器仪表制造业也增长了 33%,这些增长速度飞快的产业,与 2016 年规模以上企业增加值排前 4 位的产业,如烟草制品业(增长了 1.3%),电力、热力、燃气及水生产和供应业(17.7%),有色金属冶炼及压延工业(12.4%),化学原料及化学制品制造业(8.0%)相比,具体表现为第二产业发展更为突出,结构较为单一,基本上体现为集中发展具有资源禀赋优势的产业,全省缺乏高端、高技术,具有较大集聚关联效应的制造业。

长期以来,云南经济发展较为落后,人均 GDP 长期排名各省份垫底位置,区域经济一体化程度与市场化程度较低,再加上交通、自然条件等相关基础设施相对不完善,各地区依照各自资源禀赋优势发展各区域产业,各地区产业间既缺乏纵向联系,又缺乏横向关联;既缺乏政府层面宏观协调,又缺乏各地微观指导。从而导致全省各地州间的发展协同性较差,产业之间相互缺乏融合,没有形成完整的产业链,更没有形成共同市场。大力发展职业教育培养职业技术人才,以区域产业融合为导向,对相关专业课程进行创新性调整和设置,为区域产业融合提供预备性技能人才,从而可以实现加速地区间产业融合,提升区域经济协同型发展,对全省产业发展具有重要的支撑性作用。

第四节　职业教育对云南产业发展的贡献

基于有效劳动模型为理论支撑,实证检验职业教育对云南各产业发展的贡献。限于数据可得性,这里分行业就业人员的受教育程度等相关指标,采用全国数据,分行业以及云南省各州市相关数据,选取农林牧渔业、制造业、交通运输仓储和邮政业分别代表第一产业、第二产业和第三产业。实证研究结果显示:职业教育对云南各产业发展的影响与关联度,职业教育对全省第一、二、三产业的贡献率都比较高,特别是第二、三产业。

一、全国分行业就业人员人均受教育年限

行业 i 中人均受 j 类教育程度年限比重=($\sum$行业 i 中 j 类教育程度所占比重[①])×教育年限/100。其中,行业 i=农林牧渔业、制造业、交通运输仓储和邮政业,j 类教育程度=小学、初中、职业中学、普通高中、大学专科、大学本科及以上,教育年限=6 年、3 年、3 年、3 年、3 年、4 年,分行业就业人员受教育程度所占比重见表 3-13。

① 小学教育程度为非文盲比重,初中教育程度包含初中及以上的所有教育程度占比之和,职业中学为独立占比,高中教育包含高中及以上的所有教育程度占比之和,大学专科为独立占比,大学本科及以上为大学本科及研究生的占比之和。

表 3-13　2007 年各行业各类教育人均教育程度比重　　(单位:%)

行业种类	小学	初中	职业中学	普通高中	大学专科	大学本科及以上
农、林、牧、渔业	5.443	1.547	0.012	0.143	0.006	0
制造业	5.930	2.540	0.052	0.794	0.153	0.065
交通运输、仓储和邮政业	5.971	2.668	0.062	0.931	0.178	0.087

资料来源:基于《中国人口与就业统计年鉴 2008》推算所得。

2007 年第三产业从业人员受教育年限相对第一、二产业高,在第一产业中,接受大学本科及以上人群几乎没有,职业中学受教育程度显示同样以第三产业比重最高,制造业仅次于第三产业,而第一产业比重很低。这显示出学历与从事各行业的关系。

表 3-14　2010 年各行业各类教育人均教育程度比重　　(单位:%)

行业种类	小学	初中	职业中学	普通高中	大学专科	大学本科及以上
农、林、牧、渔业	5.624	1.697	0.040	0.152	0.015	0.004
制造业	5.955	2.584	0.04	0.757	0.193	0.136
交通运输、仓储和邮政业	5.969	2.684	0.167	0.880	0.223	0.135

资料来源:基于《中国人口与就业统计年鉴 2011》推算所得。

2010 年,各行业接受各类教育的人均受教育年限比 2007 年有较大幅度提高,同时第一产业中以出现大学本科及以上人员,第三产业高学历占比提高较大(表 3-14)。同期职业中学显示第一产业与第二产业比重相同,第三产业比重提高最快,比重最大,与大学本科及以上学历比重基本持平,说明第三产业中接受职业教育的比重较高。在高学历层次中,第二产业比第三产业接受教育比重还大,说明第二产业人员接受高等教育比例上升快。

表 3-15 2014 年各行业各类教育人均教育程度比重 (单位:%)

行业种类	小学	初中	职业中学	普通高中	大学专科	大学本科及以上
农、林、牧、渔业	5.736	1.791	0.083	0.142	0.021	0.008
制造业	5.970	2.676	0.287	0.835	0.291	0.196
交通运输、仓储和邮政业	5.991	2.790	0.326	0.922	0.324	0.196

资料来源:基于《中国人口与就业统计年鉴 2015》推算所得。

2014 年,各行业中接受职业中学教育比重上升幅度最大,2010—2014 年,第一产业提高了近一倍,第二产业接受职业中学教育比重最高,提高了 24.7 个百分点(表 3-15)。高学历受教育比重中第二、第三产业比重相同,说明从事第二产业行业人群接受高等教育层次在持续上升。

2019 年,三大产业中各行业就业人员接受人均受教育年限持续增加(表 3-16),尤其是以初中与职业中学层次提高较快,而高学历层次人才受教育程度提高依然有限。分产业来看,第三产业高学历所占比重远高于第一产业,接受中等职业教育与高等职业教育的分行业人员中,以商业、服务业人员的第三产业所占比重最高,比重分别为 41.6%、42.7%。可见第三产业就业人员中职业教育的重要性。

表 3-16 2019 年各行业各类教育人均教育程度比重 (单位:%)

行业种类	小学	初中	职业中学	普通高中	大学专科	大学本科及以上
农、林、牧、渔业	5.878	1.932	0.118	0.163	0.035	0.091
制造业	6.161	2.868	0.327	0.916	0.324	0.248
交通运输、仓储和邮政业	6.275	2.829	0.473	0.998	0.469	0.201

资料来源:基于《中国人口与就业统计年鉴 2020》推算所得。

二、各类教育劳动力数量换算系数

劳动力换算系数能说明不同教育类别在教育内容、教育质量等方面的不同,能反映出教育的累积性和个人教育边际报酬的递增性。劳动力换算系数主要是体现一个劳动力接受一年不同的教育类型,会造成劳动力质量或人力资本上的差异。

表 3-17　2007 年分行业劳动力数量换算系数

行业种类	小学	初中	职业中学	普通高中	大学专科	大学本科及以上
农、林、牧、渔业	2.24	2.45	2.81	2.56	2.76	2.83
制造业	2.71	2.96	3.39	3.09	3.34	3.42
交通运输、仓储和邮政业	2.54	2.77	3.17	2.89	3.12	3.20

资料来源:基于 2008 年《中国人口与就业统计年鉴》《中国统计年鉴》推算所得。

这里的劳动力数量换算系数的处理方法为:1. 将相邻教育类别之间的工资差别除以教育年限得到接受一年期限的某类教育所能增加的收入,即得出由两类教育之间差别引起的收入差别部分。2. 采用中国社会科学院经济研究所收入分配课题组和城镇贫困研究课题组(2003)开展的 1999 年住户抽样调查数据(小学、初中、普通高中、中职、大专、本科以上高等教育从业人员的年平均收入为 2683、3443、3692、4043、4866、5916 元)。同时参考历年《中国劳动统计年鉴》分行业城镇单位其他就业人员和平均工资,比如 2017 年农、林、牧、渔业城镇单位平均工资为 28496 元,采矿业 40637 元,制造业 67069 元,交通运输、仓储和邮政业 51681 元①。

表 3-18　2010 年分行业劳动力数量换算系数

行业种类	小学	初中	职业中学	普通高中	大学专科	大学本科及以上
农、林、牧、渔业	3.46	3.77	4.32	3.94	4.26	4.36

① 《中国劳动统计年鉴 2018》,中国统计出版社 2019 年版,第 218—222 页。

续表

行业种类	小学	初中	职业中学	普通高中	大学专科	大学本科及以上
制造业	3.97	4.32	4.96	4.52	4.88	5.00
交通运输、仓储和邮政业	3.68	4.01	4.60	4.20	4.53	4.64

资料来源:基于2011年《中国人口与就业统计年鉴》《中国统计年鉴》推算所得。

结果显示,小学、初中、普通高中、中职、大专、本科及以上不同教育层次所提高的劳动力质量换算为劳动力数量的系数(劳动力数量换算系数)分别为:1、1.09、1.14、1.25、1.23、1.26(根据表3-17推算)。这里同样假定不同教育程度的就业人口中,这个换算系数在考察的时间段内保持稳定。以1999年为基期,将上述计算结果分别乘以2007年、2010年、2014年、2019年不同行业的名义平均工资的增长倍数,以消除时间变化工资的增长给劳动力换算系数带来的时间上的差别。

表3-19　2014年分行业劳动力数量换算系数

行业种类	小学	初中	职业中学	普通高中	大学专科	大学本科及以上
农、林、牧、渔业	5.87	6.40	7.34	6.69	7.22	7.40
制造业	6.59	7.18	8.24	7.51	8.11	8.30
交通运输、仓储和邮政业	5.77	6.29	7.21	6.58	7.10	7.27

资料来源:基于2015年《中国人口与就业统计年鉴》《中国统计年鉴》推算所得。

云南省分行业劳动力数量增长较快(表3-17至表3-20),尤其2014—2017年增长显著,其中,职业中学、普通高中在其中的贡献率都相对较高。从产业发展来看,以第一产业的劳动力数量增长最为明显,以第二产业指标值最高作为中国分行业劳动力增长数量显著特色,同时,第三产业发展中相对高学历比值更高,低学历劳动力数量较少,这也符合产业发展规律。

表 3-20　2019 年分行业劳动力数量换算系数

行业种类	小学	初中	职业中学	普通高中	大学专科	大学本科及以上
农、林、牧、渔业	9.99	10.86	12.47	11.36	12.24	12.56
制造业	10.94	11.93	13.69	12.48	13.48	13.78
交通运输、仓储和邮政业	9.05	9.87	11.30	10.31	11.13	11.39

资料来源：基于 2020 年《中国人口与就业统计年鉴》《中国统计年鉴》推算所得。

三、各行业各类教育指数及年均增长率

教育指数用来衡量一个经济体或一个行业中人口受教育水平，其年均增长率则能反映该行业中就业人员教育程度的改善情况。这里的计算方法为：将上述各行业各类教育的劳动力换算系数与对应的人均教育年限相乘，即得到 2007 年、2019 年各行业各类教育指数，再用复利开方方式求出指数年均增长率。2007—2019 年，以第二产业各行业各类教育指数的年均增长率最快（表 3-21），无论是小学、初中、职业中学、大学专科与本科及以上，都以第二产业比重增长率最快，其次是第一产业，反而以第三产业教育指数年均增长率最低。

表 3-21　2007—2019 年各行业各类教育指数年均增长率

行业种类	小学	初中	职业中学	普通高中	大学专科	大学本科及以上
农、林、牧、渔业	0.185	0.192	0.543	0.166	0.372	0.078
制造业	0.173	0.169	0.602	0.217	0.292	0.301
交通运输、仓储和邮政业	0.163	0.131	0.629	0.264	0.351	0.394

资料来源：基于各年《中国人口与就业统计年鉴》《中国统计年鉴》推算所得。

为方便计算，将各类教育指数增长率标准化，使其和单位化为 1，结果显示（表 3-22），标准化后第二产业与第三产业基本持平，第二产业略高于

第三产业，而第一产业标准化年均增长率最高，尤其大学专科增长率远快于第二、三产业，但大学本科及以上在第一产业中没有显示，说明第一产业中接受高等教育人群以及比重、增长率都很低。

表 3-22　2007—2018 年各行业各类教育指数年均增长率（标准化）

行业种类	小学	初中	职业中学	普通高中	大学专科	大学本科及以上
农、林、牧、渔业	0.1204	0.1250	0.3535	0.1081	0.2422	0.0508
制造业	0.0986	0.0964	0.3432	0.1237	0.1665	0.1716
交通运输、仓储和邮政业	0.0844	0.0678	0.3256	0.1366	0.1817	0.2039

资料来源：基于《中国人口与就业统计年鉴》《中国统计年鉴》推算所得。

四、云南省各行业各类教育对行业 GDP 增长的贡献率

这里使用有效劳动模型估计云南省各行业各类教育对国民经济的贡献率。该有效劳动模型基本表达式为：

$$Y_t = A_t K_t^{\alpha} H_t^{\beta}$$

其中，α 代表物质资本对产出的贡献比例，β 表示劳动力投入对产出的贡献比例（由于模型中并没有规模收益不变的假设，即 α 与 β 之和并没有要求等于 1）；Y 表示产出，K 表示物质资本投入，H 表示人力资本投入（劳动力生产中的有效劳动投入），A 表示 K 和 H 不能解释的其他所有影响产出的变量；令 $H_t = E_t \times L_t$，其中 E_t 表示时间 t 的教育水平，L_t 表示时间 t 的自然禀赋水平。对上式两边取自然对数变为线性形式，则模型变为：$\ln Y_t = \ln A_t + \alpha \ln K_t + \beta \ln H_t$。自然对数变形后对对式两边对时间 t 求导，得出：

$$\frac{\Delta Y_t}{Y_t} = \frac{\Delta A_t}{A_t} + \alpha \frac{\Delta K_t}{K_t} + \beta \frac{\Delta E_t}{E_t} + \beta \frac{\Delta L_t}{L_t}$$

令 $y = \frac{\Delta Y_t}{Y_t}$，$e = \frac{\Delta E_t}{E_t}$，$Re = \beta \frac{e}{y}$，则教育对 GDP 增长的贡献率 Re 可表示

为$\beta\frac{e}{y}$。

实证分析中,e由各类教育指数的增长率表示(表3-22),y由云南省相关地区各行业GDP增长率表示,β为教育的产出弹性(14.7%)。由标准化后的各类教育贡献权重(农林牧渔业权重为9.65,制造业权重为19.93,交通运输、仓储和邮政业权重为12.81)乘以各类教育对行业GDP贡献率,得出2018年各行业各类教育对行业GDP增长的贡献率,实证结果见表3-23。

(一)各教育层次对云南省第一产业发展的影响

1. 职业教育对第一产业贡献率最高

职业教育对云南省第一产业(农林牧渔业)发展的贡献率最高,高于普通小学、初中、高中、大学专科和大学本科及以上等所有教育层次对第一产业(农林牧渔业)发展的贡献(表3-23)。分地区看,以迪庆州职业教育对第一产业贡献率最高,达10.381%;其次是昆明(8.351%),职业教育对全省第一产业平均贡献率(6.347%)高于高中、大学专科和大学本科及以上教育层次的贡献率。职业教育对第一产业贡献最低的地区是怒江,为4.445%,且怒江所有教育层次中属职业教育的贡献率最高。整体上,云南省三大产业中职业教育对第一产业(农林牧渔业)的贡献率水平(6.347%)低于对第二、三产业的贡献率。

表3-23　2019年云南省各地区各类教育对农林牧渔业GDP增长贡献率

(单位:%)

	小学	初中	职业中学	普通高中	大学专科	大学本科及以上
昆明	2.569	2.822	8.351	2.389	5.835	0.001
曲靖	1.763	1.930	5.728	1.638	3.996	0.003
玉溪	2.050	2.251	6.669	1.902	4.650	0.001
保山	1.758	1.927	5.728	1.641	4.002	0.001

续表

	小学	初中	职业中学	普通高中	大学专科	大学本科及以上
昭通	1.847	2.026	5.993	1.711	4.188	0.001
丽江	1.999	2.190	6.506	1.862	4.538	0.001
普洱	1.631	1.788	5.291	1.516	3.702	0.001
临沧	1.619	1.767	5.248	1.502	3.661	0.001
楚雄	2.022	2.212	6.563	1.874	4.583	0.004
红河	1.859	2.038	6.039	1.733	4.222	0.002
文山	1.861	2.040	6.045	1.735	4.226	0.002
西双版纳	1.952	2.143	6.354	1.814	4.434	0.106
大理	2.155	2.366	7.003	1.998	4.889	0.105
德宏	1.607	1.754	5.210	1.491	3.634	0.063
怒江	1.362	1.499	4.445	1.267	3.104	0.116
迪庆	3.193	3.499	10.381	2.972	7.251	0.169
全省	1.953	2.141	6.347	1.815	4.432	0.036

资料来源：基于2020年《中国人口与就业统计年鉴》《中国统计年鉴》《云南省统计年鉴》推算所得。

2. 经济较发达地区职业教育对第一产业贡献越高

各地州中，以迪庆州、昆明市和大理市等地州的职业教育对第一产业（农林牧渔业）发展贡献率最高，高于全省平均水平，分别达到10.381%、8.351%和7.003%（分别在全省排名第1、2、3位）；而怒江、德宏、临沧、普洱、保山、曲靖的职业教育对第一产业发展贡献率相对较低（排名均靠后），均没有超过6%，低于全省平均水平。

（二）各教育层次对云南省第二产业发展的影响

1. 职业教育对云南第二产业（制造业）发展的贡献率（13.236%）高于第一产业，低于第三产业，同样，职业教育高于小学、初中、高中、大学专科和大学本科及以上教育层次对第二产业（制造业）发展的贡献（表3-24）。

2. 整体上，全省职业教育对第二产业（制造业）发展的贡献率远高于其他教育层次，比大学本科及以上、大学专科的贡献率分别高 5. 315 个、4. 312 个百分点。说明全省第二产业中同样以职业教育对经济发展的贡献率最大。3. 全省各地州中，迪庆州职业教育对第二产业（制造业）发展的贡献率最高，高于全省平均水平（13. 236%），达到 26. 86%，其次是曲靖（23. 979%），职业教育对第二产业贡献率低于两位数的有保山、丽江、普洱、临沧与怒江，其中怒江州各教育层次对第二产业的贡献率均为负数，尤其以职业教育为最高（-24. 583%），这说明在云南省各州市 GDP 增长与就业人口对产业发展的贡献中，怒江州的第二产业多项指标均落后于第一、第三产业，更落后于其他州市水平。指标较低的另外 4 个州市中，该指标基本在 7%—8%之间，落后于全省平均约 5 个百分点，同时也可以看出，这几个州市第二产业的发展相对滞后。

表 3-24　2019 年云南省各地区各类教育对制造业 GDP 增长贡献率

（单位：%）

	小学	初中	职业中学	普通高中	大学专科	大学本科及以上
昆明	4. 627	4. 859	16. 094	5. 888	9. 413	10. 635
曲靖	6. 891	7. 245	23. 979	8. 287	13. 549	15. 355
玉溪	3. 867	4. 070	13. 452	5. 092	8. 045	9. 056
保山	2. 167	2. 279	7. 554	3. 292	4. 943	5. 519
昭通	2. 972	3. 124	10. 336	4. 142	6. 409	7. 192
丽江	2. 134	2. 235	7. 401	3. 247	4. 872	5. 435
普洱	2. 411	2. 533	8. 392	3. 548	5. 386	6. 024
临沧	2. 512	2. 643	8. 733	3. 658	5. 566	6. 234
楚雄	3. 424	3. 596	11. 934	4. 618	7. 235	8. 135
红河	4. 241	4. 453	14. 774	5. 480	8. 725	9. 834

续表

	小学	初中	职业中学	普通高中	大学专科	大学本科及以上
文山	2.911	3.052	10.119	4.070	6.294	7.057
西双版纳	3.032	3.194	10.557	4.212	6.518	7.322
大理	2.991	3.143	10.393	4.161	6.445	7.228
德宏	3.156	3.318	10.981	4.337	6.740	7.576
怒江	-18.514	-19.455	-24.583	-18.573	-12.714	-10.592
迪庆	7.693	8.078	26.860	9.128	15.014	17.037
全省	3.799	4.002	13.236	3.142	7.921	8.924

资料来源：基于2020年《中国人口与就业统计年鉴》《中国统计年鉴》《云南省统计年鉴》推算所得。

（三）各教育层次对云南省第三产业发展的影响

1. 职业教育对云南省三次产业中以对第三产业（交通运输、仓储和邮政业）发展的贡献率最高，同时也高于小学、初中、高中、大学专科和大学本科以上教育层次对第三产业（交通运输、仓储和邮政业）发展的贡献。

2. 整体上，云南省职业教育对第三产业（交通运输、仓储和邮政业）发展的贡献率远高于其他教育层次，比如高于排名第二的大学本科及以上的贡献率（9.051%）6.033个百分点，比贡献率最低的小学层次高了近11个百分点。

3. 在全省各地州中，以昆明市职业教育对第三产业（交通运输、仓储和邮政业）发展的贡献率最高，远高于全省平均水平（15.084%），达到167.824%（全省排名第1位）（表3-25）；此外，曲靖、玉溪、丽江、文山和怒江等地州的职业教育对第三产业（交通运输、仓储和邮政业）发展的贡献率也相对较高，高于全省平均水平，而迪庆、保山、红河以及西双版纳的贡献率相对较低，均低于10%。

表 3-25　2019 年云南省各地区各类教育对交通运输、仓储和邮政业 GDP 增长贡献率

（单位：%）

	小学	初中	职业中学	普通高中	大学专科	大学本科及以上
昆明	47.642	48.186	167.824	49.214	87.296	101.514
曲靖	7.261	7.641	26.034	8.229	13.411	15.614
玉溪	6.478	6.820	23.227	7.447	11.958	13.926
保山	2.353	2.476	8.420	3.338	4.336	5.056
昭通	3.330	3.500	11.922	4.315	6.142	7.151
丽江	5.447	5.732	19.499	6.414	10.046	11.699
普洱	3.636	3.826	13.016	4.615	6.707	7.814
临沧	3.280	3.461	11.778	4.265	6.063	7.064
楚雄	2.923	3.075	10.479	3.905	5.397	6.290
红河	2.495	2.628	8.950	3.481	4.604	5.367
文山	5.103	5.369	18.294	6.078	9.412	10.971
西双版纳	2.760	2.902	9.872	3.739	5.083	5.921
大理	2.923	3.075	10.481	3.905	5.398	6.290
德宏	3.525	3.715	12.653	4.513	6.513	7.589
怒江	4.362	4.590	15.671	5.341	8.060	9.386
迪庆	1.049	1.106	3.764	2.050	1.942	2.254
全省	4.207	4.425	15.084	5.183	7.770	9.051

资料来源：基于 2020 年《中国人口与就业统计年鉴》《中国统计年鉴》《云南省统计年鉴》推算所得。

第四章　云南省职业教育与产业发展实证

职业教育是现代产业发展的内在驱动力，为经济社会持续发展提供智力和人才支持，而一个国家或地区职业教育体系是否合理，直接关系到其经济能否持续健康发展。职业教育如何从专业设置、课程内容、培养模式、校企合作、产学研结合等构建层次分明、布局科学合理的现代职业教育体系，适应区域经济社会和产业发展需要，是云南职业教育发展值得深入思考的问题。

第一节　职业教育与产业发展相关调查

近年来，随着加快转变经济发展方式，云南实现经济转型升级中高速增长甚至弯道超车，应考虑如何培养和提供充足的高技能人才，满足云南产业转型升级需要，助推经济又好又快发展。但作为一个非制造业与旅游大省，高技能人才多年来更多依赖“外援”，本地人才培养很难满足市场需求。随着西部大开发、东北老工业基地振兴和中部经济崛起，人才分流趋势已不可避免，高技能人才短缺依然是云南持续发展瓶颈。大力发展职业教育、培养高技能人才，是云南进一步推动产业转型升级、实现建设现代制造业和现代服务业目标的重要路径。为加快构建具有云南特色的职业教育体系，推进职业教育与产业发展深度融合，有效服务云南经济社会发展方式转变和产业转型升级，应重点解决以下问题：一是为国家产业转型升级提供人才支撑；二是实现普通教育与职业教育有效衔接；三是解决人才培养立交桥问题。

一、问卷与访谈基本情况

本次问卷调查学校分布在云南省 12 个地州市的多所职业学校，具体包括昆明市、玉溪市、丽江市、怒江州、楚雄州、普洱市、西双版纳州、大理州、保山市、德宏州、红河州、临沧市等各类职业院校。其中包括云南省工程技术学校、弥勒民族职业高级中学等在内的 12 所中职学校，云南工商学院、保山中医药高等专科学校在内的 8 所高职院校，并且将问卷分为学生卷、教师卷，中职学校、高职学校不作区分。调查学生人数 2220 人，有效学生问卷 1829 份，其中男生有效问卷 615 份，女生有效问卷 1214 份；教师人数 408 人，有效问卷 405 份，其中男性教师有效问卷 194 份，女性教师有效问卷 211 份。调查学生对象中，中职学校占 66.6%，高职院校占 33.4%；教师比重为中职学校为 13.3%，高职院校为 86.7%。

本次调研问卷中所涉及的行业按照最新的分类方法分为农林牧渔业，采矿业，制造业，电力、燃气及水的生产和供应，建筑业以及交通运输、仓储和邮政业等 20 个大类，100 多个小类（问卷中仅设置到大类选项），其中农林牧渔业划为第一产业，采矿业、制造业、电力、燃气及水的生产和供应，建筑业划为第二产业，其余种类归入第三产业，对所有问卷进行统计分析结果如下。

首先，对调研对象所学专业分析可发现，按照三大产业分，总共 1753 份有效问卷中，仅 54 名学生所学专业为第一产业，即农林牧渔业，比重为 3.08%，其中男生 15 人，比重为 27.78%，女生 39 人，比重为 72.22%；152 名学生所学专业为第二产业，占全部学生数的 8.67%，其中男生 112 人，比重为 73.68%，女生 40 人,比重为 26. 32%;其余 1547 名学生所学专业为第三产业,其中男生 453 人,比重为 29. 28%,女生 1094 人,比重为 70. 72%(表 4-1)。

表 4-1　所学专业按行业、性别分的分布情况　　（单位:人、%）

	行业分类	男生				女生			
		人数	比重	人数	比重	人数	比重	人数	比重
第一产业	农林牧渔业	15	2. 59	15	2. 59	39	3. 32	39	3. 32
第二产业	采矿业	0	0. 00	112	19. 31	0	0. 00	40	3. 41
	制造业	15	2. 59			1	0. 09		
	电力、燃气及水的生产和供应	48	8. 28			24	2. 05		
	建筑业	49	8. 45			15	1. 28		
第三产业	交通运输、仓储和邮政业	8	1. 38	453	78. 10	29	2. 47	1094	93. 27
	信息传输、计算机服务和软件业	76	13. 10			26	2. 22		
	批发和零售业	3	0. 52			15	1. 28		
	住宿和餐饮业	32	5. 52			25	2. 13		
	金融业	6	1. 03			24	2. 05		
	房地产业	0	0. 00			0	0. 00		
	租赁和商务服务	0	0. 00			7	0. 60		
	科学研究、技术服务和地质勘查	12	2. 07			53	4. 52		
	水利、环境和公共设施管理业	0	0. 00			0	0. 00		
	居民服务和其他服务业	158	27. 24			193	16. 45		
	教育	25	4. 31			74	6. 31		
	卫生、社会保障和社会福利业	78	13. 45			589	50. 21		
	文化、体育和娱乐业	55	9. 48			59	5. 03		
	公共管理和社会组织	0	0. 00			0	0. 00		
	国际组织	0	0. 00			0	0. 00		

资料来源:据调查问卷计算得出。

在第二产业中，男生主要学习电力、燃气及水的生产和供应以及建筑业专业，比重分别为8.28%、8.45%，制造业仅2.59%，女生主要学习电力、燃气及水的生产和供应专业，比重为2.05%，建筑业比重为1.28%，学习制造业的仅1人。综合男女生所学专业看，电力、燃气及水的生产和供应人数最多，建筑业相对较少，没有人学习采矿专业。在第三产业中，男生学习人数最多的是居民服务和其他服务业，比如汽车技术服务与营销、电气自动化控制技术等，共158人，占所有男生的27.24%，卫生、社会保障和社会福利业次之，比重为13.45%，女生学习人数最多的专业是关于卫生、社会保障和社会福利业，比如酒店管理、旅游管理等专业，总人数589人，占所有女生的50.21%，其次是居民服务和其他服务业，比重为16.45%。

可以看出，所学专业性别差异主要表现在第二产业，男生高于女生，第一、三产业女生高于男生。具体到某一行业，男生在除了采矿业外的第二产业，信息传输、计算机服务和软件业，居民服务和其他服务业以及文化、体育和娱乐业等专业比重较高，女生在卫生、社会保障和社会福利业的比重远高于男生。

在对教师组进行在其学校最符合社会需求的专业和学校最缺乏社会需求的专业问卷调查中发现，认为最符合社会需求的专业是居民服务和其他服务业，卫生、社会保障和社会福利业，分别占22.6%、20.09%，其中男教师更倾向于居民服务和其他服务业，比重为25.58%，女教师更倾向于卫生、社会保障和社会福利业等相关专业，比重为22.28%；教师们一致认为，学校最缺乏社会需求的专业同样是居民服务和其他服务业和卫生、社会保障和社会福利业，男女教师比重分别为20.61%、17.98%；农林牧渔业认可度都相对靠后，男女教师认可比重分别为4.80%、5.07%，而第二产业相关专业则更靠后（表4-2）。可见，云南职业教育更倾向于第三产业人才培养，第一、二产业相对不受重视。

表 4-2 教师对专业评价分性别分布表 （单位:%）

行业分类	最符合社会需求的专业			最缺乏社会需求的专业		
	合计	男	女	合计	男	女
农林牧渔业	4.93	4.80	5.07	9.43	10.95	8.13
采矿业	1.35	1.42	1.27	1.75	1.43	2.03
制造业	3.41	3.02	3.80	5.04	5.24	4.88
电力、燃气及水的生产和供应	5.83	5.51	6.16	3.29	2.86	3.66
建筑业	3.86	3.55	4.17	2.41	2.38	2.44
交通运输、仓储和邮政业	1.52	1.60	1.45	2.85	4.29	1.63
信息传输、计算机服务和软件业	6.28	6.04	6.52	6.14	6.19	6.10
批发和零售业	2.06	1.95	2.17	2.63	3.33	2.03
住宿和餐饮业	6.01	6.75	5.25	2.41	1.90	2.85
金融业	1.43	1.60	1.27	1.32	0.95	1.63
房地产业	1.52	1.60	1.45	1.10	0.95	1.22
租赁和商务服务	1.70	2.13	1.27	1.54	1.43	1.63
科学研究、技术服务和地质勘查	2.33	2.13	2.54	1.32	0.95	1.63
水利、环境和公共设施管理业	1.79	1.60	1.99	1.54	1.43	1.63
居民服务和其他服务业	22.60	25.58	19.57	20.61	21.43	19.92
教育	5.38	5.15	5.62	5.26	4.29	6.10
卫生、社会保障和社会福利业	20.09	17.94	22.28	17.98	15.71	19.92
文化、体育和娱乐业	5.11	4.62	5.62	11.18	12.38	10.16
公共管理和社会组织	1.43	1.60	1.27	1.10	0.95	1.22
国际组织	1.35	1.42	1.27	1.10	0.95	1.22

资料来源：据调查问卷计算得出。

二、云南省产业发展变化及对经济增长的贡献率

在云南经济社会发展过程中，三大产业对经济增长的贡献率直接影响职业教育发展整体规划和发展布局。表 4-3 显示了 2000—2019 年云南省

三大产业增长变化以及对经济增长的贡献率。

表 4-3　2000—2019 年云南省三大产业增长变化及贡献率　（单位:%）

年份	GDP同比增长率	GDP增长与全国比较	三次产业产值增长率			三次产业对 GDP 的贡献率		
			第一产业	第二产业	第三产业	第一产业	第二产业	第三产业
2000	7.1	-0.9	5.7	5.4	9.9	22.31	42.97	34.72
2001	6.5	-0.8	3.9	4.8	10.4	21.69	42.39	35.93
2002	8.1	0.1	3.7	9.8	8.8	21.06	42.83	36.11
2003	8.6	-0.5	5	10.4	8.6	20.29	43.43	36.28
2004	11.5	2	5.6	15	10.7	20.42	44.41	35.17
2005	9	-0.9	6.3	8.5	10.8	18.9	41.75	39.35
2006	11.9	1.2	6.8	16.9	9.1	18.76	42.73	38.49
2007	12.3	0.9	6.1	15.1	12.1	18.38	43.21	38.4
2008	11	2	7.6	11.4	12.1	17.91	43	39.09
2009	12.1	3.4	5.2	13.6	13.4	17.25	41.83	40.92
2010	12.3	2	4	15.8	11.5	15.31	44.65	40.03
2011	13.7	4.5	6	18	11.8	16.09	45.61	38.31
2012	13	5.2	6.7	16.2	11.4	16.05	42.86	41.09
2013	12.1	4.4	6.8	13.3	12.4	16.17	42.04	41.79
2014	8.1	0.7	6.2	9.1	7.4	15.54	41.22	43.24
2015	8.7	1.8	5.9	8.6	9.6	14.99	40.04	44.97
2016	8.7	2	5.6	8.9	9.5	14.76	39	46.24
2017	9.5	2.6	6	10.7	9.5	13.98	38.64	47.38
2018	8.9	2.3	6.3	11.3	7.6	13.97	38.9	47.13
2019	8.1	2	5.5	8.6	8.3	10.08	18.79	71.12

资料来源:基于云南省统计年鉴(2001—2020)相关数据计算而得。

云南省在 2000—2019 年的经济增长中,仅 4 个年份 GDP 增长率低于全国平均值,分别为 2000 年、2001 年、2003 年、2005 年,差值最大 0.9 个百分点(2012 年)(表 4-3),其余年份均高于全国水平,增长最快的是 2011

年，比全国高 4.5 个百分点，整体上云南省经济增速较快。

分产业看，第一产业产值增长率虽有一定起伏，但增幅基本稳定在 3%—7%，最高增长年份是 2008 年，达 7.6%，对 GDP 贡献率也高达 17.91%，虽不是最高，但第一产业对 GDP 贡献率指标不低。第一产业增长率最低年份是 2002 年，为 3.7%，贡献率高达 21.06%，说明该年经济增长缓慢。第一产业对 GDP 贡献率最高年份是 2000 年，为 22.31%，最低是 2018 年。实际上第一产业对 GDP 贡献率自 2013 年起持续降低，即进入新常态以来，云南第一产业对 GDP 贡献率下降，第二、三产业持续增长，这是经济结构调整后最直观体现。第二产业增长率波动更明显，在 4%—17%之间，如 2004—2006 年，第二产业增长率分别为 15.0%、8.5%、16.9%，2006 年是近 19 年来增长最快年份，2013—2016 年持续下降，2017 年开始上升，第二产业产值增长率起伏较大。第二产业增长率最低是 2001 年，仅 4.8%，但对 GDP 贡献率高达 42.39%，由于该年全省 GDP 增长率只有 6.5%，第二产业增长率较低，但贡献率较高。第二产业增长率、贡献率最高都是 2011 年，超过了 45%，此后第二产业对 GDP 贡献率逐年下降，2018 年为 38.9%，2019 年降至 18.79%。第三产业增长率同样波动大，基本在 7%—14%之间，增长率最快是 2009 年，为 13.4%，对 GDP 贡献率自 2000 年以来首次突破 40%，至 2019 年，除了 2011 年低于 40%外，其余年份贡献率均超过 40%，进入新常态以来第三产业贡献率持续快速增长，2019 年超过 70%，这完全符合经济结构调整与现代化建设要求。

整体看，云南经济发展相对平稳，大部分年份快于全国平均增速。分产业看，第三产业年均增速相对平稳，贡献率持续提高，基本稳定在 40%以上，其次，第二产业发展绩效最好，贡献率基本相对稳定，2014 年后下降相对明显，也正是该年第三产业超过第二产业对 GDP 的贡献率。第一产业增速最慢，比重也相对较低，增速相对平稳，对经济贡献率也最低。

本调查问卷结果与上述分析刚好不谋而合，不管是学生所学专业还是教师对专业的评价，都比较倾向于优先或快速发展市场需求量较大的第三产业，而增速相对稳定的第一产业相关专业刚好被认为是不太符合社会需求的专业，同时对经济增长贡献率自2014年以来排在第二的第二产业，调研结果中符合社会市场需求专业排名中也相对靠后，相关第二产业专业学习人数相对较少，甚至有的专业没有人选择，绝大多数学生扎堆于服务业、金融类、语言类等第三产业，显然是与本地区产业结构和发展路径不谋而合，符合市场对人才的需求。

职业教育对社会经济结构的作用主要表现为其与社会经济结构的适应性变动，这种适应性模式的基本内容是：产业—职业—教育，即学科专业结构与产业结构的吻合是职业教育与经济紧密结合的起点。因此，职业教育学科专业结构的调整必须以社会需求为出发点，以经济供给能力为支撑点，与经济社会发展相协调。由于需求的长鞭效应，产业结构与职业教育之间互动关系的形成，主要是以就业结构为纽带。就业结构反映了产业结构尤其是产业结构的收益水平、产业之间收入的相对差别，并且由产业结构所决定。由于不同产业之间的收益综合水平差异（收入差异、工作环境差异、社会地位差异等）对就业人员具有不同的吸引力，就形成产业结构的就业导向。职业教育是以就业为导向，办学目的即是为了提高职业能力，从而促进就业。所以，对于经济欠发达地区的职业教育，首先要服务于本地区产业结构需求，为发展迅速、对经济增长贡献大的产业或行业培养更多的高技能劳动者，这样，不仅可以满足优势产业或行业的劳动力需求，而且还可以解决更多就业问题，对促进经济发展有着重要的积极作用。

产业结构制约职业教育结构，职业教育学科专业结构在一定程度上影响云南省产业结构的变动方向、产业结构的调整升级、产业结构的优化，特别是产业结构升级。职业教育的学科一般根据科学发展的逻辑体系和学校性质进行设计，而专业则主要根据学科框架和经济社会发展需要设置。职业教育学科专业结构是职业教育培养专门人才的横向结构，规定着职业教育所培养人才的类型和规格，是职业教育全局性基础工作，对社会发展有着非常直接的影响。深入研究产业结构与职业教育学科专业结构间的相互关系，无论对于构建科学、合理的产业结构，促进经济社会发展，还是适应经济社会发展对高素质人才的需求，优化高等教育结构，提高职业教育质量都有着巨大意义。

三、云南省职业院校专业设置及相关问题

教育是人才再生产的一种重要手段，培养具有一定文化知识技能的不同规格和数量的人才，只有与产业结构和需求形成良性互动才会发挥教育对经济的真正作用。而其中，人才培养的基本单位是学科专业，学科专业规模、结构与产业结构之间存在密切关系。当前，正值云南产业转型升级和产业结构调整关键期，职业教育学科专业结构也需要进行相应调整，只有紧跟产业发展趋势，才能形成与产业结构相匹配的人才结构，实现职业教育与经济良性互动。2015 年以前，云南省职业教育院校以财经大类专业招生和培养的学生数量最多，其次是电子信息大类和旅游大类，排在第四、第五的是医药卫生类和文化教育大类。2016 年起，专业设置点以及学生招生数量以医药卫生大类最多，其次是财经商贸大类，即第三产业中卫生、财经类所占比重较高，而第一、二产业的学生选择职业院校相对较少，同时专业点数及招生数也是最少的。从云南省职业教育院校设置的情况以及本次调查问卷得到的数据可以发现，云南职业教育与产业对接存在相关问题。

（一）专业设置与产业结构基本匹配

云南省职业教育院校专业设置与省产业结构发展大部分相匹配，三次产业发展所需要的有些专业招生人数相对较少，不过最近几年已得到完善与上升。

第一产业国民经济比重虽然下降，但是在云南经济发展中仍占有重要

地位，并且吸纳劳动力最多，相应的专业数量和年均人才培养数量呈稳态增长趋势。第一产业领域，各地州职业教育院校能根据产业发展情况适时调整设置相应专业，如茶叶种植与加工、都市园林等专业，这反映了云南作为传统农业大省，职业教育服务第一产业的敏感性较强。第二产业在国民经济中比重稍有上升而且一直以来占国民经济比重较大，与之相对的是相关专业种类和专业点在增加，如宝石加工技术，矿产加工技术，水利水电相关技术。第三产业在国民经济中的比重一直在上升，与第三产业相适应的专业如旅游类、财经类、公安与司法大类、医药卫生类、文化教育类招生人数一直在增加，以适应第三产业变化。但整体看，与三次产业发展的需求相比，职业教育专业设置存在缺失和结构性矛盾。

第一产业农林专业开设较多，畜牧业相关专业也有开设，但是没有相关的渔牧业专业开设，而对于现代农业所需的现代农业技术人才、农产品加工及精深加工行业所需的技术人才方面，相关专业数量和人才量均存在严重不足。第二产业包括采掘业、制造业、建筑业、水利、水电与燃气供应业。在云南职业教育专业设置中，与采掘业相关的只有一个矿产品加工技术专业，没有与制造业相关的专业开设，建筑业只有一个建筑工程管理专业，无其他相关专业。尤其职业教育设置的专业与第二产业发展不相适应，第二产发展所需人才几乎不能提供。第三产业国民经济比重与第三产业相关专业毕业生比例相比，专业设置发展程度远不及第三产业发展速度。除了财经类、教育类与电子信息类这三个大类培养的人才较多以外，其他专业培养的相关人才很少，甚至没有设置与第三产业的一些行业相关专业，这同样说明第三产业相关专业所培养的人才远不能满足第三产业发展需要，尤其是交通运输业、环境保护等相关专业。

（二）专业设置支撑产业发展和结构优化能力不强

第一产业相关专业人才培养难以支撑第一产业发展。云南现代农业以及高原特色生态农业发展势头良好，如卷烟、乳业、普洱茶、橡胶、核桃、咖啡、花卉等，带动了与现代农业相关的企业和行业迅速发展。但是云南第一产业相关传统专业设置比例远大于现代农业和农产品加工及精深加工专业。比如农林牧渔类专业中布点数最多的是作物生产技术、园林园艺技术，而没有农产品保鲜与加工专业。

与第二产业相关专业设置很少，培养人才也极少，专业设置针对现代第二产业发展也很难实现。统计表明，云南省高职院校的在校生 2019 年在第三产业中的新闻传播大类、旅游大类分别只占 0.76%、2.32%，但在云南职业院校设计的主干专业是财经商贸类和旅游服务类专业，八大重点支柱产业中的能源动力与材料大类、食品药品与粮食大类分别只占 1.79%、1.61%。这同时也说明相关专业所培养的人才不太符合全省产业发展趋势的人才需求，至少在职业院校人才培养上较难支撑云南产业发展。

职业教育直接服务对象大多是区域经济和产业结构。云南职业院校专业设置和专业结构的调整需要进行必要的、及时的、符合区域经济和产业结构建设和升级，并且应该针对区域经济和产业结构升级的要求灵活变通开设和调整相关专业。

第二节 职业教育定位与社会认可程度

一、社会认可程度

（一）社会对职业教育的认可度

职业教育社会认可度是反映职业教育发展社会环境高低的重要指标。社会认可度低，表明职业教育自身发展不足与偏差，反映职业教育在当代社会和教育领域中应有地位的缺失,以及与普通教育相比,地位属劣势。

本书以云南省 12 个地州市各职业院校为调查对象,进行社会认可度调查,并通过赋予权重计算得出云南省职业教育认可值。调查问卷显示(表 4-4),男性对职业教育社会认可度为 58.59%,女性为 58.38%,相对来说,男性对职业教育认可度略高于女性。在各地州市中,男性对职业教育社会认可度高于全省平均水平的地区有丽江市、怒江州、楚雄州和普洱市,其认可度分别为 68.62%、66.67%、63.98%和 61.33%,认可度较低的地区分别为红河州和临沧市,认可度分别为 50.00%、47.32%;女性对职业教育社会认可度高于全省平均水平的地区有楚雄州、丽江市、普洱市和昆明市,其认可度分别为 66.93%、66.23%、64.06%、63.78%,社会认可度最低的地区是临沧市、红河州,认可度分别为 52.27%、50.20%。从分性别对职业教育认可度来看,各地区排序变化不大,表明各地州市职业教育资源在性别分配上较为平均,不存在性别歧视等社会结构性问题。

表 4-4　各地区分性别职业教育社会认可度　(单位:%)

排序	男性		女性		合计	
	地区	认可值	地区	认可值	地区	认可值
1	丽江市	68.62	楚雄州	66.93	丽江市	67.37
2	怒江州	66.67	丽江市	66.23	楚雄州	66.14
3	楚雄州	63.98	普洱市	64.06	普洱市	62.74
4	普洱市	61.33	昆明市	63.78	昆明市	61.53
5	西双版纳州	59.35	怒江州	59.50	怒江州	61.16
6	昆明市	59.07	德宏州	56.50	西双版纳州	58.18
7	大理州	58.45	玉溪市	55.98	玉溪市	56.94
8	玉溪市	57.89	西双版纳州	55.50	大理州	56.28
9	保山市	55.21	大理州	54.91	德宏州	56.21
10	德宏州	55.15	保山市	54.66	保山市	54.78

续表

排序	男性		女性		合计	
	地区	认可值	地区	认可值	地区	认可值
11	红河州	50.00	临沧市	52.27	临沧市	51.08
12	临沧市	47.32	红河州	50.20	红河州	50.19
	合计	58.59	合计	58.38	合计	58.54

注:问卷调查中各选项权重分别为:A 非常认可 1,B 认可 0.75,C 一般 0.5,D 不太认可 0.25,F 非常不认可 0。

从收入水平看,家庭月收入以 6000 元为界,低于 6000 元的社会群体对职业教育的认可度相对较高,而且地区差异不大。全省月收入 3000—6000 元社会群体对职业教育的认可度最高,占 61.43%,高于 6000 元的社会群体认可度为最低,比重为 56.25%,而低于 1000 元、1000—3000 元和 3000—6000 元社会群体认可度差异不大(表 4-5);由此可见,职业教育在月收入低于 6000 元社会群体中的影响较大,随着家庭月收入水平的逐渐上升,职业教育影响力则逐渐减弱。分地州市看,在月收入低于 1000 元的社会群体中,丽江市、昆明市、楚雄州和普洱市职业教育认可度较高,大理州、红河州和临沧市职业教育认可度较低;在月收入 1000—3000 元的社会群体中,楚雄州、丽江市和怒江州职业教育认可度较高,临沧市、德宏州和红河州职业教育认可度较低;在月收入 3000—6000 元的社会群体中,丽江市、楚雄州和普洱市职业教育认可度较高,大理州、怒江州、临沧市和昆明市职业教育认可度较低;在月收入高于 6000 元的社会群体中,普洱市、怒江州和西双版纳州职业教育认可度较高,而丽江市、大理州和昆明市职业教育认可度较低。纵观全省各地州市月收入在 6000 元以下的社会群体中,丽江市、楚雄州和普洱市是职教认可度普遍较高的地区,在月收入 6000 元以上的社会群体中,普洱市、怒江州和西双版纳州是职教认可度普遍较高的地区,这可间接反映出，普洱市、怒江州和西双版纳州针对职业教育层次的技能型人才就业状况相对较好。

表 4-5　各地区分收入职业教育社会认可度　（单位：%）

排序	≤1000 元/月		1000—3000 元/月		3000—6000 元/月		≥6000 元/月	
	地区	认可值	地区	认可值	地区	认可值	地区	认可值
1	丽江市	69.78	楚雄州	68.47	丽江市	70.59	普洱市	91.67
2	昆明市	68.79	丽江市	66.48	楚雄州	65.1	怒江州	75
3	楚雄州	67.5	怒江州	64.29	普洱市	63.54	西双版纳州	65.38
4	普洱市	63.33	普洱市	60.82	德宏州	62.5	临沧市	61.11
5	德宏州	60.16	大理州	60.59	保山市	59.38	楚雄州	52.08
6	怒江州	60.16	昆明市	58.79	西双版纳州	58.33	保山市	50
7	玉溪市	60.13	西双版纳州	56.12	玉溪市	57.48	德宏州	50
8	西双版纳州	60	保山市	55.62	红河州	56.25	红河州	50
9	保山市	54.2	玉溪市	53.47	大理州	55.56	玉溪市	49.78
10	大理州	52.19	临沧市	51.82	怒江州	52.78	丽江市	46.43
11	红河州	50.41	德宏州	51.64	临沧市	51.92	大理州	45
12	临沧市	47.37	红河州	49.14	昆明市	51.89	昆明市	43.76
	合计	59.5	合计	58.1	合计	58.78	合计	56.68

表 4-5 中可看出，家庭收入对职业教育的认可度差距与家庭收入成反比，家庭收入与认可度差距主要体现在：家庭收入越低，职业教育认可度越高；反之，收入越高，认可度相对较低，较低收入家庭认可度二者相差 22 个多百分点，较高收入家庭认可度相差近 48 个百分点，说明家庭收入较低是大多数学生选择职业教育的主要原因。

（二）职能部门对发展职业教育的重视程度

政府职能部门的重视程度是影响职业教育发展的核心因素之一。地区职业教育发展，客观上要求政府要有效发挥统筹和主导功能，特别是对于经济与社会发展相对落后的西南地区，政府职能与政府重视程度显得尤为重要。

根据问卷中“上级部门对发展职业教育的重视程度”调查结果显示，“非常重视”、“重视”和“一般”选项占全部选项比值分别为12.59%、36.54%和34.81%（表4-6），表明云南省政府职能部门比较重视职业教育发展。具体到各地州市，“非常重视”和“重视”比重较高的州市有大理州、临沧市、保山市、德宏州、玉溪市、红河州和普洱市，“非常重视”和“重视”比重合计分别为70.46%、70.00%、58.34%、55.00%、53.80%、52.38%和50.00%，高于全省平均水平；昆明市、丽江市、楚雄州和怒江州政府职能部门的重视程度相对偏低，“非常重视”和“重视”比重合计分别为48.09%、45.16%、35.85%和35.00%。

表4-6 “调查对象认为上级部门对发展职业教育的重视程度”选项

（单位：%）

地区	非常重视	重视	一般	不太重视	很不重视
保山市	22.92	35.42	31.25	8.33	2.08
楚雄州	13.21	22.64	39.62	22.64	1.89
昆明市	11.88	36.21	29.65	15.67	6.59
大理州	13.64	56.82	25.00	4.55	0.00
德宏州	15.00	40.00	35.00	5.00	5.00
红河州	33.33	19.05	42.86	0.00	4.76
玉溪市	23.67	30.13	32.35	8.89	4.96
丽江市	9.68	35.48	25.81	22.58	6.45
临沧市	15.00	55.00	25.00	5.00	0.00

续表

地区	非常重视	重视	一般	不太重视	很不重视
怒江州	7.50	27.50	52.50	10.00	2.50
普洱市	0.00	50.00	32.35	14.71	2.94
西双版纳州	4.65	30.23	41.86	20.93	2.33
合计	12.59	36.54	34.81	13.09	2.96

注：表中数值表示各原因选项所选人数所占问卷调查总人数百分比。问卷调查中各选项权重分别为：A 非常重视 1，B 重视 0.75，C 一般 0.5，D 不太重视 0.25，F 很不重视 0。

二、自我认可程度

（一）基于选择职业教育的自我认可度

选择职业教育的原因分析是评价职业教育自我认可度高低的重要指标之一。纵观全省"选择职业教育的原因"问卷调查结果，自我认可度性别差异较为明显，收入差异相对较小，职业教育认可度差异也较小，比如西双版纳州职业教育发展程度较高，临沧市和德宏州职业教育发展程度较低。

分性别看，男性对选择职业教育的自我认可度明显高于女性，从调查对象看，西双版纳州的男性和女性职业教育认可度最高。根据调查问卷设计，在"选择职业教育的原因"（详见学生调查问卷）问卷设计中，"家人安排""朋友推荐""个人意愿"选项为职业教育的自愿选择，其他选项则为职业教育的非自愿选择，基于问卷答案设计并赋予权重值，得出问卷调查结果（表4-7）。结果显示，男性对选择职教原因的自我认可值为 29.86%，女性为 22.47%，男性认可度明显高于女性；其中，丽江市、昆明市、德宏州、玉溪市、红河州等地州的分性别自我认可度差异较大。在男性调查对象中，西双版纳州、昆明市、丽江市和怒江市自我认可度最高，认可值分别为 33.98%、33.78%、32.68%和 30.32%，保山市、大理州和临沧市自我认可度最低，认可值分别为 22.83%、22.70%和 19.23%；在女性中，西双版纳州、大理州和怒江州自我认可度最高，认可值分别为 35%、25.58%和 24.44%，临沧市、玉溪市、红河州和德宏州自我认可度最低，认可值分别为 13.92%、13.85%、13.58%和 13.29%。

表 4-7 职业教育自我认可度（分性别）——选择职教的原因（单位：%）

排序	男性		女性		合计	
	地区	认可值	地区	认可值	地区	认可值
1	西双版纳州	33.98	西双版纳州	35	西双版纳州	33.94
2	昆明市	33.78	大理州	25.58	丽江市	27.82
3	丽江市	32.68	怒江州	24.44	昆明市	27.56
4	怒江州	30.32	普洱市	24.09	怒江州	25.97
5	玉溪市	28.67	昆明市	23.89	大理州	24.51
6	德宏州	26.43	丽江市	23.57	玉溪市	24.38
7	楚雄州	26.14	楚雄州	23.35	楚雄州	24.09
8	红河州	25	保山市	22.84	普洱市	23.75
9	普洱市	23.4	临沧市	13.92	保山市	22.84
10	保山市	22.83	玉溪市	13.85	德宏州	15.87
11	大理州	22.7	红河州	13.58	临沧市	15.34
12	临沧市	19.23	德宏州	13.29	红河州	14.02
	合计	29.86	合计	22.47	合计	24.63

注：问卷调查中各选项权重分别为：A 家人安排 0.25，B 朋友推荐 0.25，C 个人意愿 0.5，D 经济原因 0，E 考试失利 0，F 其他原因 0。

从分家庭收入水平看，全省各层次收入水平对选择职业教育的自我认可度差异较小。基于"选择职业教育的原因"视角的自我认可度问卷调查（问题设计与赋值权重同上，表 4-8），人均月收入 1000 元以下的社会群体对职业教育的自我认可度为 23.25%，1000—3000 元社会群体对职业教育自我认可度 23.92%，3000—6000 元社会群体对职业教育自我认可度为 21.40%，6000 元以上社会群体对职业教育自我认可度为 23.94%，各层次收入水平对职业教育的自我认可度差异不大。具体分收入层次看，在人均月收入1000元以下的社会群体中，西双版纳州、楚雄州和玉溪市职教自我认可度较高，临沧市、德宏州和红河州认可度较低；在人均月收入1000—3000元的社会群体中，西双版纳州、丽江市和大理州职教自我认可度较高，临沧市、德宏州和红河州认可度较低；在人均月收入3000—6000元的社会群体中，红河州、丽江市和玉溪市职教自我认可度较高，昆明市、德宏州和临沧市认可度较低；在人均月收入6000元以上的社会群体中，西双版纳州、普洱市、昆明市职教自我认可度较高，德宏州、怒江州和临沧市认可度较低。由此可见，基于选择职业教育原因视角下，西双版纳州、玉溪市和丽江市的自我认可度普遍高于其他各地州市，职业教育发展相对较好，临沧市和德宏州自我认可度则普遍低于其他滇西各地州市，职业教育发展有待进一步提升。

表4-8 职业教育自我认可度(分收入)——选择职教的原因 (单位:%)

排序	≤1000元/月		1000—3000元/月		3000—6000元/月		≥6000元/月	
	地区	认可值	地区	认可值	地区	认可值	地区	认可值
1	西双版纳州	35.42	西双版纳州	33.42	红河州	34.38	西双版纳州	45.83
2	楚雄州	30.11	丽江市	27.91	丽江市	33.82	普洱市	33.33
3	玉溪市	28.78	大理州	26.65	玉溪市	31.69	昆明市	31.69
4	保山市	25.65	怒江州	26.25	西双版纳州	30.36	大理州	25.00
5	丽江市	25.56	玉溪市	26.09	怒江州	30.00	红河州	25.00
6	怒江州	25.49	普洱市	25.35	大理州	23.68	丽江市	21.43
7	昆明市	24.68	楚雄州	24.24	楚雄州	19.67	保山市	19.44
8	普洱市	23.33	昆明市	23.39	普洱市	12.86	昆明市	17.97
9	大理州	22.27	保山市	20.28	保山市	12.50	楚雄州	16.67
10	临沧市	16.84	临沧市	19.91	昆明市	10.25	德宏州	16.67
11	德宏州	16.23	德宏州	16.16	德宏州	8.33	怒江州	16.67

续表

排序	≤1000 元/月		1000—3000 元/月		3000—6000 元/月		≥6000 元/月	
	地区	认可值	地区	认可值	地区	认可值	地区	认可值
12	红河州	15.16	红河州	9.58	临沧市	7.89	临沧市	13.64
	合计	23.25	合计	23.92	合计	21.40	合计	23.94

注:问卷调查中各选项权重分别为:A 家人安排 0.25,B 朋友推荐 0.25,C 个人意愿 0.5,D 经济原因 0,E 考试失利 0,F 其他原因 0。

(二)基于选择职教学院(校)学习的自我认可度

基于选择职业学院(校)学习的相关问题设定,描述了全省职业教育的生源情况,是反映职业教育自我认可度的重要组成部分。纵观全省“选择职业教育学院(校)学习的原因”问卷调查结果,呈现出“男性自我认可度高于女性,收入水平与自我认可度成负向相关”的发展趋势;在各地州市中,怒江州和德宏州男性认可度最高,红河州和德宏州女性认可度最高,西双版纳州、普洱市、玉溪市和丽江市的自我认可度普遍高于其他各地州市,临沧市、昆明市和德宏州自我认可度则普遍低于其他各地州市。

分性别看,全省男性选择职教学习的自我认可度明显高于女性,怒江州和德宏州男性认可度最高,红河州和德宏州女性认可度最高。根据本课题调查问卷设计并赋予权重值,得出基于“选择职业教育学院(校)学习的原因”视角下的自我认可度调查结果(表 4-9)。结果显示,男性对选择职教学院(校)学习的自我认可值为 19.67%,女性为 14.73%,男性认可度明显高于女性;其中,怒江州和丽江市分性别自我认可度差异较大。男性中,怒江州、德宏州和红河州自我认可度最高,认可值分别为 23.33%、21.33%和 20.84%,昆明市、西双版纳州和大理州自我认可度最低,认可值分别为 17.93%、17.76%、13.68%;女性中,红河州、德宏州和普洱市自我认可度最高,认可值分别为 22.35%、18.27%和 16.38%,丽江市、大理州、昆明市和怒江州自我认可度最低，认可值分别为12.24%、12.13%、10.47%和6.36%。

表4-9　职业教育自我认可度(分性别)——选择职教学院(校)学习的原因

(单位:%)

排序	男性		女性		合计	
	地区	认可值	地区	认可值	地区	认可值
1	怒江州	23.33	红河州	22.35	红河州	20.96
2	德宏州	21.33	德宏州	18.27	普洱市	19.89
3	红河州	20.84	普洱市	16.38	德宏州	19.29
4	玉溪市	20.82	保山市	15.77	玉溪市	18.89
5	丽江市	20.80	玉溪市	14.96	丽江市	18.73
6	临沧市	19.69	楚雄州	13.20	临沧市	18.50
7	普洱市	19.39	临沧市	13.14	西双版纳州	18.40
8	楚雄州	18.97	西双版纳州	13.12	保山市	18.29
9	保山市	18.00	丽江市	12.24	楚雄州	17.60
10	昆明市	17.93	大理州	12.13	昆明市	15.47
11	西双版纳州	17.76	昆明市	10.47	大理州	12.44
12	大理州	13.68	怒江州	6.36	怒江州	9.89
	合计	19.67	合计	14.73	合计	19.25

注:问卷调查中各选项权重分别为:A个人喜好0.3,B父母支持0.15,C学费低0.15,D就业前景好0.25,E学习周期短0.15,F其他原因0。

从分收入水平看，收入水平与选择职业教育学习的自我认可度成负相关关系。基于“选择职业教育学院(校)学习的原因”视角的自我认可度问卷调查(问题设计与赋值权重同上，表4-10)，人均月收入1000元以下的社会群体对职业教育学院(校)学习的自我认可度为17.68%，1000—3000元社会群体对职业教育自我认可度为17.58%，3000—6000元社会群体对职业教育自我认可度为16.94%，6000元以上社会群体对职业教育自我认可度为15.41%，呈现出“收入水平越高，选择职业教育学习的自我认可度越低”趋势，但各层次收入水平的自我认可度差异不大。具体看，在人均月收入1000元以下的社会群体中，保山市、普洱市和大理州选择职教学习的自我认可度较高，德宏州、临沧市和红河州认可度较低；在人均月收入1000—3000元的社会群体中，西双版纳州、丽江市和玉溪市选择职教学习的自我认可度较高，临沧市、昆明市和红河州认可度较低；在人均月收入3000—6000元的社会群体中，西双版纳州、丽江市和怒江州选择职教学习的自我认可度较高，昆明市、临沧市和德宏州认可度较低；在人均月收入6000元以上的社会群体中，普洱市、西双版纳州和丽江市选择职教学习的自我认可度较高，昆明市、临沧市和德宏州认可度较低。由此可见，基于选择职业教育学习视角，西双版纳州、普洱市和丽江市的自我认可度普遍高于其他各地州市，职业教育发展相对较好，临沧市和德宏州自我认可度则普遍低于其他各地州市，职业教育发展有待进一步提升。

表4-10 职业教育自我认可度（分收入）——选择职教学院（校）学习的原因

（单位：%）

排序	≤1000元/月		1000—3000元/月		3000—6000元/月		≥6000元/月	
	地区	认可值	地区	认可值	地区	认可值	地区	认可值
1	保山市	20.86	西双版纳州	21.41	西双版纳州	21.48	普洱市	26.67
2	普洱市	19.83	丽江市	20.63	丽江市	21.08	西双版纳州	22.92
3	大理州	19.62	玉溪市	19.73	怒江州	17.86	丽江市	22.14
4	玉溪市	19.34	普洱市	18.89	楚雄州	17.45	怒江州	20.00
5	怒江州	18.55	大理州	18.61	普洱市	17.22	玉溪市	16.43
6	丽江市	18.43	怒江州	18.55	玉溪市	16.92	楚雄州	15.77
7	楚雄州	18.33	保山市	18.44	大理州	16.67	红河州	15.00
8	西双版纳州	18.20	楚雄州	17.33	红河州	15.56	大理州	12.22

续表

排序	≤1000 元/月		1000—3000 元/月		3000—6000 元/月		≥6000 元/月	
	地区	认可值	地区	认可值	地区	认可值	地区	认可值
9	昆明市	15.58	德宏州	13.93	保山市	13.13	保山市	12.00
10	德宏州	14.12	临沧市	13.05	昆明市	9.53	昆明市	11.89
11	临沧市	13.59	昆明市	10.15	临沧市	9.29	临沧市	8.33
12	红河州	10.16	红河州	8.44	德宏州	8.42	德宏州	7.68
	合计	17.68	合计	17.58	合计	16.94	合计	15.41

注:问卷调查中各选项权重分别为:A 个人喜好 0.3,B 父母支持 0.15,C 学费低 0.15,D 就业前景好 0.25,E 学习周期短 0.15,F 其他原因 0。

(三)基于选择职教学院(校)工作自我认可度

基于选择职教学院(校)工作的相关问题设定,描述了云南省职业教育的师资力量情况,是反映职业教育自我认可度的重要组成部分。纵观全省"选择职业教育学院(校)工作的原因"问卷调查结果,呈现出"分性别认可度差异不大,收入水平与自我认可度成负向相关"的发展趋势;在各地州市中,红河州和保山市男性的自我认可度最高,保山市和丽江市女性的自我认可度最高,保山市的自我认可度普遍高于其他各地州市,楚雄州自我认可度则普遍低于其他各地州市。

分性别看,全省选择职业教育学院(校)工作的性别差异不明显。根据调查问卷设计并赋予权重值,得出基于"选择职业教育学院(校)工作的原因"(详见教师调查问卷)视角下的自我认可度调查结果(表 4-11)。结果显示,男性对选择职教学院(校)工作的自我认可值为 15.78%,女性为 15.90%,认可度性别差异不明显。具体到各地州市,西双版纳州、德宏州和大理州男性认可度高于女性,丽江市、昆明市和普洱市女性认可度高于男性,性别差异趋势明显。在男性中,红河州、保山市和西双版纳州选择职业教育学院(校)工作的自我认可度最高,认可值分别为 22.86%、21.85%和

20.00%，普洱市、楚雄州和怒江州自我认可度最低，认可值分别为11.19%、10.83%和10.28%；在女性中，保山市、丽江市和红河州自我认可度最高，认可值分别为23.33%、21.07%和19.58%，西双版纳州、大理州、昆明市和楚雄州自我认可度最低，认可值分别为11.82%、11.67%、10.39%和7.37%。

表4-11　职业教育自我认可度（分性别）——选择职教学院（校）工作的原因

（单位：%）

排序	男性		女性		合计	
	地区	认可值	地区	认可值	地区	认可值
1	红河州	22.86	保山市	23.33	保山市	22.50
2	保山市	21.85	丽江市	21.07	丽江市	20.79
3	西双版纳州	20.00	红河州	19.58	红河州	19.32
4	玉溪市	19.47	临沧市	19.41	玉溪市	18.93
5	临沧市	19.00	玉溪市	18.76	临沧市	18.36
6	丽江市	16.25	普洱市	17.06	西双版纳州	15.71
7	德宏州	16.19	怒江州	15.91	德宏州	15.00
8	大理州	16.00	德宏州	13.91	普洱市	13.82
9	昆明市	12.37	西双版纳州	11.82	怒江州	13.38
10	普洱市	11.19	大理州	11.67	大理州	13.11
11	楚雄州	10.83	昆明市	10.39	昆明市	11.26
12	怒江州	10.28	楚雄州	7.37	楚雄州	9.49
	合计	15.78	合计	15.90	合计	15.84

注：问卷调查中各选项权重分别为：A个人喜好0.3，B父母支持0.2，C就业相对容易0.25，D发展前景不错0.25，E其他原因0。

分收入水平看，全省收入水平与选择职业教育学院（校）工作的自我认可度成负相关关系。基于“选择职业教育学院（校）工作的原因”视角自我认可度问卷调查（问题设计与赋值权重同上，表4-12），人均月收入1000元以下的社会群体对职业教育学院（校）工作自我认可度为16.59%，1000—

3000 元社会群体为 15.66%，3000—6000 元为 14.52%，6000 元以上为 12.14%，呈现出“收入水平越高，选择职业教育工作的自我认可度越低”地区发展趋势，且各层次收入水平的自我认可度差异明显。具体看，在人均月收入 1000 元以下的社会群体中，丽江市和保山市自我认可度较高，楚雄州认可度较低；在人均月收入 1000—3000 元的社会群体中，保山市和红河州自我认可度较高，楚雄州较低；在人均月收入 3000—6000 元的社会群体中，大理州自我认可度较高，德宏州较低；在人均月收入 6000 元以上的社会群体中，丽江市自我认可度较高。可见，各地州基于选择职业教育工作视角，丽江市自我认可度普遍高于其他州市，职业教育发展相对较好，德宏州和楚雄州普遍低于其他州市，职业教育发展水平有待进一步提升。

表 4-12　职业教育自我认可度（分收入）——选择职教学院（校）工作的原因

（单位:%）

排序	≤1000 元/月		1000—3000 元/月		3000—6000 元/月		≥6000 元/月	
	地区	认可值	地区	认可值	地区	认可值	地区	认可值
1	丽江市	27.50	保山市	22.73	大理州	30.00	丽江市	18.33
2	保山市	23.57	红河州	22.14	普洱市	20.00	红河州	15.00
3	临沧市	21.25	德宏州	18.75	西双版纳州	20.00	楚雄州	0.00
4	德宏州	12.95	丽江市	17.18	丽江市	19.17	普洱市	0.00
5	楚雄州	9.44	西双版纳州	15.92	红河州	18.33	保山市	
6	大理州		临沧市	14.17	楚雄州	11.25	大理州	
7	红河州		怒江州	14.08	德宏州	6.67	德宏州	
8	怒江州		普洱市	13.68	保山市	0.00	临沧市	
9	普洱市		大理州	13.11	临沧市		怒江州	

续表

排序	≤1000 元/月		1000—3000 元/月		3000—6000 元/月		≥6000 元/月	
	地区	认可值	地区	认可值	地区	认可值	地区	认可值
10	玉溪市		玉溪市	10.27	怒江州		西双版纳州	
11	昆明市		昆明市	9.29	玉溪市		玉溪市	
12	西双版纳州		楚雄州	8.79	昆明市		昆明市	
	合计	16.59	合计	15.66	合计	14.52	合计	12.14

注:问卷调查中各选项权重分别为:A 个人喜好 0.3,B 父母支持 0.2,C 就业相对容易 0.25,D 发展前景不错 0.25,E 其他原因 0;其中认可值 0.00 表示问卷调查中样本选项均为 E(其他原因)。

(四)问题感知

对职业教育的问题感知是判断云南省未来职业教育发展的方向舵。良好的问题感知能力可以有效判断职业教育发展中亟待解决的问题,政府、学校等部门若能在一定时期内集中力量有效解决问题,必将有利于实现全省职业教育快速发展。本书通过“在寻求职业教育与培训服务时的困难”和“对职业教育现状的印象”问题设计,剖析制约全省职业教育发展的瓶颈问题。

云南省对在寻求职业教育与培训服务时,面临的最大困难是职业教育部门服务功能不清晰,导致社会群体遇到问题时不知道该找哪个部门。“在寻求职业教育与培训服务时的困难”问题设计选项包括:A 不知道该找哪个部门(2.4.1)、B 服务态度差(2.4.2)、C 较高的学费(2.4.3)、D 花时间长(2.4.4)、E 其他(2.4.5)(包括就业渠道不畅通、对部门或职业不了解、时间/机会少、经济问题和安全管理等因素)。全省“在寻求职业教育与培训服务时的困难”中选“A 不知道该找哪个部门”比重男性高达 40.95%、女性高达 33.96%,是问卷调查选项中比重最高的(表 4-13、表 4-14)。分性别看，在各地州市中，男性认为“A 不知道该找哪个部门”问题较为突出的地区是楚雄州、大理州、德宏州、丽江市、怒江州、普洱市和西双版纳州，女性认为“A 不知道该找哪个部门”问题较突出主要集中在保山市、楚雄州、大理州、德宏州、丽江市、怒江州、普洱市和西双版纳州；男性认为“C 较高的学费”问题较为严重的是保山市、红河州，女性认为“C 较高的学费”问题较为严重的是保山市、红河州、怒江州和德宏州；此外，临沧市在问卷调查中“E 其他”比重明显偏高，表明临沧市职业教育发展的困难感知呈现一定程度的复杂性，有待进一步实证调查。

表 4-13　“调查对象在职业教育与培训服务的主要困难”（分性别）各项占比

地区	男				
	2.4.1	2.4.2	2.4.3	2.4.4	2.4.5
保山市	27.78	12.95	46.30	5.56	7.41
楚雄州	51.61	8.06	22.58	16.13	1.61
大理州	42.86	18.18	22.08	11.69	5.19
德宏州	42.86	11.43	31.43	5.71	8.57
红河州	33.33	0.00	66.67	0.00	0.00
丽江市	56.43	12.14	17.86	11.43	2.14
临沧市	13.24	14.71	23.53	7.35	41.18
怒江州	39.58	14.58	29.17	6.25	10.42
玉溪市	43.45	13.63	28.59	5.90	8.43
普洱市	50.00	14.29	16.67	13.10	5.95
昆明市	26.35	15.83	27.59	27.25	2.88
西双版纳州	63.87	10.92	4.20	15.13	5.88
合计	40.95	12.22	28.06	10.46	8.31

表 4-14 “调查对象在职业教育与培训服务的主要困难”(分性别)各项占比

地区	女				
	2.4.1	2.4.2	2.4.3	2.4.4	2.4.5
保山市	34.62	9.89	47.80	3.30	4.40
楚雄州	35.09	22.22	33.92	7.60	1.17
大理州	38.24	22.79	28.68	8.82	1.47
德宏州	38.93	16.78	37.58	6.04	0.67
红河州	8.33	36.36	45.45	3.79	6.06
丽江市	51.76	12.35	20.00	13.53	2.35
临沧市	15.71	11.90	24.29	6.19	41.90
怒江州	24.34	25.66	34.21	6.58	9.21
昆明市	22.68	25.77	39.43	6.38	5.74
玉溪市	28.47	23.58	40.28	6.53	1.14
普洱市	42.70	19.10	25.84	3.37	8.99
西双版纳州	66.67	9.80	11.76	7.84	3.92
合计	33.96	19.68	32.44	6.66	7.25

对职业教育现状的印象感知调查结果显示,社会性别和收入差异不明显,中等收入水平社会群体对职业教育印象较好。“对职业教育现状的印象”问题设计选项包括:A 培养专业技术人才、B 一线生产工人、C 成绩较差的学生接受的教育,根据调查问卷设计并赋予相应权重值,得出“社会对职业教育现状”问题感知的印象值(表 4-15)。分性别看,职业教育印象值为 47.61%,其中男性为 48.15%、女性为 47.32%,性别差异不大。男性,红河州和丽江市对职业教育现状印象值较高,临沧市偏低。女性,普洱市和楚雄州印象值较高,德宏州和临沧市偏低。

表 4-15 分性别的职业教育现状印象值 (单位:%)

排序	男性		女性		合计	
	地区	认可值	地区	认可值	地区	认可值
1	红河州	60.00	普洱市	56.45	普洱市	53.55
2	丽江市	53.93	楚雄州	55.21	楚雄州	53.43
3	怒江州	51.75	大理州	51.03	丽江市	51.78
4	普洱市	50.66	红河州	50.84	红河州	51.17
5	楚雄州	49.83	丽江市	49.87	大理州	50.32
6	玉溪市	49.63	西双版纳州	46.20	玉溪市	47.69
7	大理州	49.18	保山市	45.97	昆明市	45.37
8	昆明市	47.68	玉溪市	45.85	保山市	44.96
9	德宏州	44.12	昆明市	44.63	西双版纳州	44.27
10	西双版纳州	43.42	怒江州	41.22	怒江州	43.68
11	保山市	41.25	德宏州	39.85	德宏州	40.72
12	临沧市	36.88	临沧市	38.75	临沧市	38.25
	合计	48.15	合计	47.32	合计	47.61

注:问卷调查中各选项权重分别为:A 培养专业技术人才 0.7,B 一线生产工人 0.3,C 成绩较差的学生接受的教育 0。

另一方面,分收入看(表 4-16),人均月收入 1000 元以下的社会群体对职业教育的印象值为 46.54%,月收入 1000—3000 元为 49.10%,月收入 3000—6000 元为 47.05%,月收入 6000 元以上为 43.43%,呈现出“中等收入水平社会群体对职业教育的印象较好”的发展趋势,但各层次收入水平自我认可度差异不明显。具体看,在人均月收入 1000 元以下的社会群体中,大理州、普洱市和楚雄州印象值较高,德宏州和红河州较低;在人均月收入 1000—3000 元的社会群体中,红河州和楚雄州印象值较高,德宏州和临沧市偏低;在人均月收入 3000—6000 元社会群体中,红河州较高,德宏州和临沧市相对偏低;在人均月收入 6000 元以上社会群体中,红河州、普洱市和大理州较高,昆明市和怒江州偏低。可见,各地州中,红河州和普洱市社会群体对职业教育印象较好,职业教育发展社会环境相对较好,德宏州和临沧市印象偏低,职业教育社会环境有待进一步改善。

表 4-16 分收入的职业教育现状印象值 (单位:%)

排序	≤1000 元/月		1000—3000 元/月		3000—6000 元/月		≥6000 元/月	
	地区	认可值	地区	认可值	地区	认可值	地区	认可值
1	大理州	54.46	红河州	56.27	红河州	70.00	红河州	70.00
2	普洱市	54.21	楚雄州	54.91	丽江市	56.47	普洱市	70.00
3	楚雄州	53.41	普洱市	52.09	普洱市	55.65	大理州	62.22
4	丽江市	50.68	丽江市	51.35	楚雄州	53.70	楚雄州	52.50
5	保山市	45.38	大理州	50.11	大理州	41.43	保山市	43.75
6	怒江州	44.06	玉溪市	49.93	西双版纳州	38.08	丽江市	40.00
7	玉溪市	43.38	西双版纳州	48.02	保山市	37.50	玉溪市	39.25
8	西双版纳州	42.69	昆明市	47.25	昆明市	36.29	临沧市	36.67
9	昆明市	41.52	怒江州	45.17	玉溪市	35.73	西双版纳州	31.54
10	临沧市	40.48	保山市	45.17	怒江州	35.00	德宏州	25.00
11	德宏州	40.28	德宏州	43.47	德宏州	34.38	昆明市	22.24
12	红河州	38.69	临沧市	39.11	临沧市	34.29	怒江州	10.00
	合计	46.54	合计	49.10	合计	47.05	合计	43.43

注:问卷调查中各选项权重分别为:A 培养专业技术人才 0.7,B 一线生产工人 0.3,C 成绩较差的学生接受的教育 0。

(五)社会定位

多年实践证明,我国职业教育社会定位是“数以亿计高素质的劳动者”与“数以千万计的专门人才”的结合部。随着人力资本市场体制的不断成长和政策制度不断完善，职业教育培养出的技能型人才使得劳动者大军与专门人才队伍的界限变得相对模糊，计划体制下的“一条线”到了市场体制下就变成了有一定宽度的“结合部”，使得高职毕业生既可以加入劳动者大军，又可加入专门人才队伍。基于“职业教育的就业取向”问卷调查，可以明确判定云南省职业教育社会定位现状。

目前，云南省职业教育就业取向主要表现为具有专业技术知识的“生产型和服务型人才”，红河州和保山市的社会定位明显好于其他地区。“职业教育的就业取向”答案设计选项包括：A 培养专业技术人才（2.5.1），B 一线生产工人（2.5.2），C 技术管理工作（2.5.3），D 服务人员（2.5.4），E 其他（2.5.5）。调查问卷结果显示（表 4-17），“A 培养专业技术人才”在全部选项中比重最高，为 37.76%，其次为“B 一线生产工人”和“D 服务人员”，比重分别为 27.18%和 22.82%，“C 技术管理工作”比重明显偏低，仅为 8.09%，表明职业教育就业取向主要表现为具有专业技术知识的“生产型和服务型人才”，“管理型人才”取向较弱。具体到各地州，红河州和保山市的“A 培养专业技术人才”就业取向比重明显高于其他地区，职业教育发展的社会环境较好，楚雄州、丽江市和普洱市“B 一线生产工人”和“D 服务人员”比重偏高，职业教育发展的社会环境有待进一步改善。

表 4-17 “调查对象对职业教育的就业取向”各选项比重 （单位：%）

地区	就业取向				
	2.5.1	**2.5.2**	**2.5.3**	**2.5.4**	**2.5.5**
保山市	60.00	26.00	4.00	8.00	2.00
楚雄州	28.07	42.11	1.75	19.30	8.77
大理州	35.42	33.33	14.58	14.58	2.08
德宏州	39.66	29.31	8.62	18.97	3.45
红河州	72.73	4.55	13.64	4.55	4.55

续表

地区	就业取向				
	2.5.1	**2.5.2**	**2.5.3**	**2.5.4**	**2.5.5**
丽江市	35.71	18.57	1.43	41.43	2.86
临沧市	28.57	33.33	9.52	14.29	14.29
怒江州	35.19	18.52	20.37	22.22	3.70
玉溪市	40.43	24.26	7.80	15.25	12.26
昆明市	59.59	23.79	8.23	6.8	1.59
普洱市	23.53	31.37	7.84	33.33	3.92
西双版纳州	35.29	27.45	5.88	29.41	1.96
合计	37.76	27.18	8.09	22.82	4.15

（六）职业教育发展前景

社会群体对职业教育发展前景展望对未来一定时期市场规模、市场供需状况、市场竞争状况和市场发展空间具有重要影响。一般来说，男性职业教育期望高于女性。

本书根据调查问卷设计并赋予权重值，得出全省职业教育发展就业展望值（详见教师调查问卷和学生调查问卷）（表4-18）。男性对选择职教学院（校）工作自我认可值为31.23%，女性为28.02%，男性期望值略高于女性。具体到各地州，普洱市、大理州、红河州、楚雄州、德宏州男性高于女性，丽江市、怒江州、西双版纳州、保山市和临沧市女性高于男性。分性别看，丽江市、怒江州、西双版纳州和普洱市职业教育男性发展期望较高，分别为38.98%、34.93%、33.94%和33.30%，保山市和临沧市期望偏低，分别为20.38%、17.50%；楚雄州、普洱市和丽江市职业教育女性发展期望较高，期望值分别为41.37%、35.61%和35.56%，保山市、红河州和临沧市偏低，分别为22.93%、21.62%和21.09%。

表 4-18　分性别的职业教育发展前景值　（单位：%）

排序	男性		女性		合计	
	地区	展望值	地区	展望值	地区	展望值
1	丽江市	38.98	楚雄州	41.37	丽江市	35.23
2	怒江州	34.93	普洱市	35.61	楚雄州	33.83
3	西双版纳州	33.94	丽江市	35.56	普洱市	32.67
4	普洱市	33.30	玉溪市	34.28	玉溪市	32.53
5	玉溪市	33.12	西双版纳州	29.58	昆明市	30.27
6	昆明市	32.48	大理州	27.75	西双版纳州	29.85
7	大理州	29.77	昆明市	26.62	大理州	27.38
8	红河州	29.17	怒江州	25.11	怒江州	26.59
9	楚雄州	27.32	德宏州	23.17	德宏州	23.26
10	德宏州	26.06	保山市	22.93	红河州	21.95
11	保山市	20.38	红河州	21.62	保山市	21.59
12	临沧市	17.50	临沧市	21.09	临沧市	19.87
	合计	31.23	合计	28.02	合计	27.99

注：问卷调查中各选项权重分别为：A 适应时代发展需求将会迅猛发展 0.6，B 在一定时间内停滞不前-0.1，C 前景不明确 0，D 与云南产业发展趋于同步 0.3，E 会成为学生更务实的就业途径 0.2，F 其他 0。

三、基线调研显示云南职业教育存在的主要问题

调研对象的 20 所学校中，有 12 所中职学校，8 所高职院校。调查学生人数为 2220 人，有效学生问卷 1829 份，教师人数 408 人，有效问卷 405 份。调查对象中职学校占 66.6%，高职院校占 33.4%；教师比重为中职学校为 13.3%，高职院校为 86.7%。在对有效问卷统计分析发现，云南职业教育存在以下问题。

（一）学生实践机会少，学生动手能力欠缺

学生专业操作技能与综合能力是在学生与教师心目中的重要性都排在第一位。云南省职业教育所具备的实习实训硬件条件欠缺，无法满足学生

科学实践与学习要求。学生将“实践机会少,学校实训基地不足”排在所有选题第一位,而教师的回答则排在第四位,造成学生实践实训机会少的原因有:

1. 校内实训基地不足

实训实习环节是职业教育核心教学内容,是职业教育实践教学重点。实训实习不仅能够提高职业学校学生的动手操作能力和实践技能,还能扩展学生知识面,综合素质得到快速提升。可以说,满意的实训实习内容,不仅是社会、家长和学校的要求,更是职业学校教育者和全体学生共同关心的问题。当前,云南省职业教育由于缺乏教育经费支持,导致实践教学设施投入不足。随着招生规模不断增大,职业院校用于基建投资也会随之增加,但学校投入没有因为学生规模增加而成比例地增加教育经费投入,造成经费紧张,加之实践教学在仪器、设备、基地等投入比一般设施投入更大,从而使得多数职业院校仅能保证个别重点建设专业经费投入,其他多数专业在实践教学设施上投入普遍不足,从而造成当前很多学校里的教学设施得不到及时、有效的更新,实验设备简单落后,实训教学基地工艺老化,技术更新换代滞后。校内实训基地不足,也与工厂实践方面沟通不畅,导致校外实践场所缺乏,严重制约了职业学校学生的实习,这样就无法与工厂里面的世界先进科学技术进行正面接触,导致职业教育与技术设备相脱离,进而严重影响了实践实训实习教学的正常开展。

2. 校外与企业合作缺乏

由于云南省产业发展相对单一,产业结构转型困难,同时企业作为市场主体,以营利为目的,参与职业院校的校企合作动力源源自盈利目标,而目前企业参与校企合作没有给其带来相应利益回报,有时反而让学生去企业实习,对企业的日常工作还产生一定负面影响。如果企业与职业院校开展合作,企业不仅增加管理成本,同时一旦学生在生产过程中发生安全事故,还给企业带来一定风险。再加上学生处于生产学习与实习阶段，很难保证其产品与服务质量，严重的还可能会影响企业声誉。因此，大多数企业不愿意主动与职业院校进行校企合作，这导致云南职业教育实践教学主要在校内进行，与企业合作不够。即使有合作，在实践教学实现途径上，行业、企业的主体作用发挥也不够。企业接纳学生实习，但在教学方案制定、教学内容选择等仍是学校起绝对主导作用，而不是由企业或相关技术协会为职业教育制定标准，这种方式与社会实际需求必然存在一定程度的脱节。并且大多校外实践教学基地是靠关系建立和维持，难以稳定。很多企业不愿接受学生实习、实训，使校企合作难以实现，从而严重影响学生实训能力与技能水平提高。

尽管云南各职业院校也尽量与企业参与合作，但尚未形成有效的校企合作模式，校企合作还尚未成为学校和企业发展的一种内在动力需求。大多数短期的、不规范的、靠人脉关系维系的合作，无法形成统一协调的、自愿的、规范的整体行动。缺乏与校外企业实训机会，缺乏校企双方沟通交流平台，企业利益也无法得到持续保障，同时学校传统管理体制、运行机制都不同程度地影响校企合作，致使云南职业教育有效校企合作模式没有形成。

3. 实践教学方法和手段单一

首先，不少职业院校仍然采用以教师为中心的教学方法，即主要采用"教师示范，学生模仿"的演示方法；且由于实训设备数量有限，实训时多人一组，部分学生没有机会动手操作，影响了学生实际操作技能水平提高。其次，实训过程模式化，在实训指导书中明确规定具体操作步骤，学生只要按部就班就能得出正确结果。这种教学方法难以达到对学生自主动手能力的培养以及"毕业即顶岗"的市场职业人才要求。最后，实训实习过程过于具体，很难培养学生主动性与提高主观能动性，这对于复杂多变的市场发展变化的全能型或多面型人才需求很难满足，长此以往，社会与市场更难接受职业院校毕业生。由此容易导致学生实践机会少、学生动手能力差，很难适应社会技能水平的提高与发展变化，不能适应社会对高技能人才需要。

（二）师资不足，“双师型”教师缺乏

从对云南省职业教育存在问题的调查中可看出，教师将师资不足、教师素质有待提高与师资老龄化排在前三位，而学生将师资不足因素总体排在第五位。

师资队伍建设是职业教育院校能够顺利发展的重要保障，也是提高学生理论知识与技能水平的关键因素。随着职业教育不断发展，教育部对职业教育特别是高职高专院校“双师型”教师队伍建设与兼职教师提出了明确与具体要求。教育部规定“各高职（高专）院校一方面要通过支持教师参与产学研结合、专业实践能力培训等措施，提高现有教师队伍的‘双师’素质；另一方面，重视从企事业单位引进既有工作实践经验、又有较扎实理论基础的高级技术人员和管理人员充实教师队伍。学校在职务晋升和提高工资待遇方面，对具有‘双师’素质的教师应予以倾斜”；“聘任兼职教师是改善学校师资结构、加强实践教学环节的有效途径，各高职（高专）院校要结合所在地实际，加强兼职教师队伍建设工作。兼职教师是指能够独立承担某一门专业课教学或实践教学任务、有较强实践能力或较高教学水平的校外专家。兼职教师主要应从企业及社会上的专家、高级技术人员和能工巧匠中聘请”。

目前，云南一些高职院校甚至全国很多职业学校是由原来的教育学院转换过来的，教师的教学理念、学历结构与知识结构都面临诸多挑战，难以适应新时代职业教育发展要求。一些职业院校也引进了很多具有硕士及以上学历的年青教师，但这些教师依然主要以理论知识教学为主，技能型教师仍缺乏。还有大量中等职业学校教师学历结构以本科为主，甚至有的教师只有大专学历，一些民办中等职业学校的师资力量更单薄，师资水平难以达到职业教育教学要求。职业学校教师培训项目比较单一,虽然一些高职院校也对原来的教师进行了一些职业培训,也考取了相应职业技能资格证书,但是要适应技能型为主的职业教育还是一种挑战,无法满足教师在技术技能上和教育教学上综合发展与全面提高的要求。师资力量与职业教育发展的不协调使职业学校很难培养出高技能型人才,严重影响了全省职业教育全面、协调与可持续发展。

实践教学师资力量薄弱成为了制约职业教育发展瓶颈。职业教育需要一支"一专多能"的"双师型"教师队伍。目前,云南职业教育师资来源比较单一,教师来源主要由直接分配入校的大学毕业生,这些教师大都"从学校到学校",没有企业一线的具体工作经验,教师本身就缺乏实际动手能力。自然由这些教师为主组成的职业教育师资力量在实践教学上基础必然薄弱,"双师型"教师队伍建设仍任重道远。虽然有些职业院校也聘任了一些企业人士作为兼职教师,但数量很少,即使有,由于这些兼职老师的工作特殊性,在时间与课程设计上很难有保障。聘任的兼职教师同时还存在一个问题,即部分兼职教师对学生基本情况缺乏深入了解,对教学内容钻研不深,教与学产生脱节现象,不能做到因材施教,教学效果不甚理想;兼职教师与学校没有隶属关系,学校对兼职教师的管理督导机制不完善,甚至无法进行有效监督与管理,因此,兼职教师流动性较大,特别是一些热门专业及市场需求量大的专业兼职教师非常缺乏。

(三)专业与课程设置不合理,学生不能学以致用

访谈中发现,大多数教师认为"专业与课程设置不合理,学生不能学以致用"是职业教育存在的重要问题。合理设置和开发专业,根据市场与专业需求进行合理课程设置,既是职业教育院校实现职业教育培养目标和体现职业教育特色的基础工作,也是职业教育院校主动适应国家与地区经济结构调整和社会需求变化的关键环节,反映的是学校对社会经济发展、科技

发展和职业岗位的适应程度。当前,云南省一些职业院校在专业设置与课程设置中,没有结合院校与当地产业的办学特色存在许多问题。

第一,随着规模扩大,部分职业教育院校在专业设置时随意性较强,特别是一些高职高专院校,照搬普通本科院校专业设置思路和标准,基本是普通高等学校的翻版。课程设置仍然是普通高等学校的门类,教学也很难跳出普通高校专业设置的模式,重理论、轻实践;重基础、轻技能;重知识、轻应用,这种情况在经济工商类专业中尤为突出,很难体现职业教育院校的专业特色。

第二,在教育教学中片面加重理论,不但适应不了学生实际基础,而且因忽略其实际应用,反而失去了职业教育特色。有的职业院校因办学定位模糊,效仿普通高校专业模式,追求专业学科系统性,忽略专业技能应用性,与普通高校相比缺乏自身特色优势,降低了毕业生就业竞争力;有的职业教育学校不顾自身条件,盲目争办热门的时髦专业。或者为了抢夺生源,纷纷改换和争办热门专业,一方面由于师资缺乏、实训条件不足而达不到专业培养目标要求,所培养"人才"不能适应经济社会发展要求,学生就业困难;另一方面又造成同一专业毕业生过分集中,导致就业质量下降。

第三,实践课程脱离社会需要。枯燥乏味的理论课教学过多,动手操作的实践课教学过少。有些专业甚至没有开设实践课教学,而是让学生自己去联系企事业单位开展实践活动,很多学生因联系不到企事业单位而放弃实践课学习,教学效果不理想。专业与课程设置不合理,影响了人才培养质量,脱离了社会对高技能人才的需要。

（四）政府政策与资金支持不足

访谈与问卷显示,教师将"经济发展落后、政府政策与资金支持不足"排第一位,学生将该问题排第四位。2019 年,全省人均 GDP 为 47944 元,全国达 70892 元,云南省是全国的 67.63%。经济发展水平较低、发展缓慢是制约云南全省职业教育发展的一大因素。一方面,经济发展落后导致教育经费投入不足,无法改善职业教育院校基础设施建设、师资培训等硬件、软件投资;另一方面,经济发展落后导致对人才需求总量不足,影响了职业教育院校学生就业与发展。

职业教育教学质量的提升,经费保障是关键。实际上,财政部、教育部等主管部门相关文件明确要求,目前全国所有省份均已建立高职院校生均拨款制度,但由于各地经济发展状况和财政水平的不均衡,各地高职生均拨款达标情况差异依然很大。根据高职发展智库《2019 中国高等职业教育质量年度报告》,2018 年,仅北京、西藏和青海 3 个省份的高职院校生均拨款全部达标,全国仍有 232 所公办高职院校生均拨款未达到 12000 元规定水平。特别是北京、上海、浙江、广东、江苏等经济发达地区的一些高职院校生均拨款水平已超过 20000 元。云南在 2018 年进行质量评估的 29 所职业院校中,有 25 所学校生均拨款超过 12000 元,达标率为 86%,与 2017 年相比提高了 15 个百分点,另外有 3 所生均费用在 6000—12000 元之间,还有 1 所学校低于 6000 元。公办高职院校,云南省生均拨款最高的昆明铁道职业技术学院,2018 年达 26280 元,排在全国 910 所高职院校生均拨款的第 86 位,学生人数 1585 人。比全国生均拨款最高的北京体育职业学院 1330705 元,差距十分悬殊。与排名第二的广西安全工程职业技术学院(664742 元)相差甚远。全省生均拨款排在第二的大理农林职业技术学院,生均 16556 元,排名全国第 261 位,学生数 3096 人。全省排名第三的云南林业职业技术学院、云南财经职业学院,生均拨款均为 15700 元,全国排名分别为第 295 位、296 位,学生数分别为 8363 人、2753 人。云南生均拨款低于 12000 元的 4 所学校分别是云南国防工业职业技术学院,为 11700 元,全国排名第 692 位,学生数 10041 人。云南交通职业技术学院,生均拨款 10635 元,全国排名第 750 位,学生数 15078 人。德宏师范高等专科学校,生均拨款 10362

元,全国排名第757位,学生数5057人。生均拨款最低的是云南工贸职业技术学院,2018年仅为4018元,仅是财政部、教育部要求的1/3,全国排名第880位,学生数1012人①。教育经费投入不足始终是影响云南职业教育发展的大问题,就全省高职高专院校来说,经费主要来源于政府拨款、市场筹措以及学术项目。其中政府拨款是指政府直接向高职院校划拨经费,主要有生均经费标准拨款和专项经费拨款;市场筹措是指高职院校通过市场运作筹措办学经费,主要包括学费收入、向社会提供服务的收入、接受捐赠;学术项目是指高职院校通过承担国家和社会的各类科学研究项目和社会问题研究项目,并借此获取的项目经费支持。

第一,政府拨款。从2008年起,云南省对高职高专院校的生均经费标准为2600元/年,本科为4600元/年;长达10年时间,高职高专生均经费只有本科院校的57.78%。2017年1月,云南省财政厅、教育厅和人社厅共同出台的《关于建立完善云南省中等职业学校生均经费制度的指导意见》提出,2017年开始,国家有关部门批准设立的全省全日制公办中等职业学校、技工院校,综合生均经费拨款基准定额标准由2016年的3000元/生·年提高到6000元/生·年。省级技师学院所招收的高级工、预备技师班学生生均拨款标准由省财政厅参照高职高专生均拨款标准给予同步提高(即由6000元提高到1.2万元)后,对其他技工学校生均拨款调整的新政策。以后年度则根据云南省经济发展水平、物价变动和财政情况逐步建立省属中职学校、技工院校生均基准定额标准动态调整机制。对于专项经费,由于经费有限,“僧多粥少”,有些高职高专院校在年度内根本争取不到经费,有时即使有专项经费,数量也相对有限。

第二,市场筹措与学术项目。经济发展水平滞后,市场筹措资金困难,

---

① 参见中国高职发展智库:《2018年全国高职院校生均拨款大盘点,各省差距有多大》,http://www.zggzzk.com/redianzixun/shownews.php? id=439。

除了学费收入具有稳定性，几乎无市场资金支持。并且，由于学校本身层次低，师资水平不足，文化底蕴积淀少，致使承担国家和社会的各类科学研究项目和社会问题研究项目的能力较弱，极少能因承担大型的国家与社会项目获得资金支持。由于经费不足，导致学校实训、实习条件欠缺，学校教学设施不全，教师待遇差等一些问题。而中等职业学校的教育投入除了政府拨款外，其他渠道的资金几乎为零，而政府拨款的教育经费绝大部分用来支付教师的工资，只有很少的剩余经费用来建设硬件设施。

职业教育培养的是技能型应用性人才，对实验、实习和实训条件要求高，实践教学所占比例大，这方面要求的教育经费投入也相对要多。根据发展中国家对教育成本的统计，职业教育特别是高等职业教育的教育成本是普通教育成本的2倍以上，目前状况是职业教育政府拨款远低于普通高校的本科教育经费投入。在政府教育投资不足情况下，有的职业院校为了提高办学实力只能向银行贷款进行学校基本建设，一些高职院校背上巨额债务，已成为制约其持续发展的重要因素。

（五）社会认可程度低

问卷调查结果显示，学生将“职业教育社会认可程度低”排在第六位，教师将该问题排在第七位。职业教育认可程度较低开始于我国传统文化，在漫长的社会发展中，形成了“劳心者治人，劳力者治于人”的文化价值观念，向国人传达了这样一种价值判断：脑力劳动者是管理者，他们是社会中的精英或者是上层，而体力劳动者则属于社会的下层，是被管理者。由于所受教育与将来从事工作以及与之相关的社会地位的密切关系，中国传统文化中根深蒂固的“劳心”和“劳力”的概念，影响人们对职业教育的态度。一个人的社会地位，是通过他所从事的职业体现的。一方面，接受职业教育的人，他在今后走向工作或职业生涯时，只是一名工人或技术员，对于从农村走出来的人来说，他们在城市获得了职业，虽然与那些没有接受教育的人相比，他们转换了身份，但与接受普通教育却可能成为管理者——“干部”相比，二者差距一目了然；而对于城市的人来说，如果接受职业教育，他们的社会地位一般表现为代际间水平流动甚至向下流动，而接受普通教育才有向上流动的机会。所以对绝大多数接受完义务教育的人来说，选择普通高中还是职业学校，基本认为是不需要思考的问题，除非因为个人不可克服的因素，如考试成绩太低达不到普通高中录取的要求，或者出于对教育成本的考虑，而一般属于前者情形较多。而高等职业学校的入学分数线也远低于普通高等学校，在人们观念中，只有那些考不上好大学的人才上职业院校。通常，许多职业教育的学生在被普通教育淘汰后不得已走进职业教育机构。因此，人们把职业教育总是与低社会阶层相对应，与普通教育相比，职业教育社会认可程度普遍较低。

（六）学生就业前景不明确

上述种种原因，导致学生综合素质与技能不符合社会需求，就业困难。学生将“前景不明确、就业困难”排在第二位，教师将该问题排在第六位。在我国大学教育连年扩招中，高职院校只能从专科二批录取，中职学校招的学生则是没能被普通中学录取的学生，虽然不是强调低分等于低能，但是不能否认低分数录取的职业院校学生至少接受的基础教育是存在问题的。录取后主要以大、中专教育为主，学生学历不高，被认为低人一等，只能做些简单的、重复性的工作。并且在学校教育过程中，由于实践教学缺乏，职业院校培养出的学生动手能力差，实践操作技能低。目前很多单位把就业者的实践经验看得越来越重，高级技工、熟练技工成为人才市场上的紧缺人才。而职业院校毕业生与普通教育毕业生相比，实际操作能力应该较为突出，但相当大一部分职业院校毕业生由于以上多方面原因，并不能适应用人单位对技术应用型人才的要求，即使是职业院校毕业的学生也无法满足市场、企业对技能型人才的需求。职业院校毕业生丧失了其应有的优势，出现就业困难现象。另外，社会用人机制不健全，人才供需结构不合理，人才浪费现象严重，给职业院校毕业生就业也带来了更大压力。

四、职业教育发展与产业转型升级

（一）根据产业发展需要，做好专业设置规划

云南职业教育发展过快或过慢都无法适应产业升级发展需要。第一产业相关专业培养人才不能满足该产业发展，第三产业及相关专业同样如此，专业设置发展程度远不及第三产业发展速度，这同样说明第三产业专业所培养的人才远不能满足其发展，同时第二产业相关专业设置也滞后。云南省政府相关部门应该综合考虑地区经济社会发展、产业结构升级等因素，将项目建设与职业教育事业规划、地方资金筹措、师资队伍建设、学校运行保障等工作相衔接，统筹协调、综合规划，有计划、分步骤地加大三次产业相关专业设置力度，使专业发展程度适应产业发展速度，实现二者对接。

首先，规划专业数量。专业数量应与学校发展规划、区域经济发展以及三大产业发展情况相适应。专业数量规划要符合三大产业相关的企业数量和企业用工总量发展趋势，三大产业相关企业数量和企业用工总量发展趋势是对专业数量规划的宏观指导。其次，规划专业方向。政府应以各产业内部的发展情况为依据，以全省区域总体和各地区的特色专业群，针对区域支柱产业确定重点专业。第三，规划专业结构①。即在全省总区域范围内与产业相关各专业数量比例构成，以及各地区的不同主干专业共同构成的专业结构。合理的专业结构是构建合理的人才结构的基础。

（二）加强专业资源建设，提升专业支撑能力

目前，云南职业教育专业设置支撑产业结构发展的能力不强，培养的人

① 这里的专业结构是指全省符合产业发展要求的专业结构。

才与产业发展不能对接。要提升专业设置支撑产业结构发展的能力就要针对这两方面问题进行专业资源整合。政府要根据技能人才结构和产业结构对人才结构的需求,整合专业资源,合理设置专业。各地在省政府统一领导下,加强地市政府统筹,根据地区经济社会发展情况、人口规模、产业结构调整和人才需求等因素,统筹云南职业教育与产业专业大类设置,与三次产业内部各行业结构的发展现状适应程度,在区域内职业教育资源优化组合基础上,规划职业学校专业设置。

(三)以产业和行业为依托,推进企业主导式校企合作

要使职业教育发展程度适应产业发展速度,实现二者对接,一个非常有效的方法就是依托该区域的产业和行业,让产业带动专业设置。现有专业设置与产业相关专业的内部设置与三次产业内部的各个行业结构发展现状不对应。解决上述问题行之有效的方法就是加强校企合作。校企合作特别是加强企业主导式的校企合作,可以有效地推动三次产业内部行业结构与产业相关专业的专业大类内部设置的有效对接。企业主导式的校企合作是指以企业为主导的校企合作,即以区域支柱产业、行业的需求为主导,有目的地进行校企合作。用人单位和各院校是职业教育和区域经济、产业结构发展以及校企合作中两大鲜活的主体。要想推动专业设置和产业结构的有效对接,实现良好的校企合作,就必须提高两大主体的合作积极性。那么,如何提高两者积极性,提高校企合作效率,保证专业设置和产业结构的对接呢?利益拉动效应在提高企业和学校积极性方面效果显著。从经济学角度看,校企合作是一种积极行为,可以以“双赢”“互利”为基础强化这种行为。根据受益原则,企业是职业教育的主要服务对象和直接受益者,由此推之,企业成为职业教育的参与者和投资者顺理成章。而职业教育本身就是一种带有企业行为和强烈经济行为的教育类型,如果职业教育没有企业参与,那么这就是一种失败的职业教育,所以职业教育的本性决定其必然会参与到

校企合作这种模式中。由此可见，要想从根本上避免校企合作积极性不高的弊病，就要从“双赢”“互利”着手。当然，进行校企合作，企业选择是关键。只有企业所属行业的生命力及其核心技术与产业结构发展趋势和产业技术建设对接，才是代表产业和行业发展的主流方向。云南职业教育也只有与这样的企业进行校企合作，才能真正落实专业设置与产业结构的有效对接。

（四）加强社会服务，为社会培训所需技能型人才

云南职业教育院校应加强社会服务职能建设，为社会与市场培训所需技能型人才。建立人才培养培训中心，为需要技能培训的社会人员服务。了解地方需求，瞄准地方经济社会发展主战场，找准学校与地方经济社会发展切入点，更好地将职业教育与地方发展融合起来，因地、因时制宜地满足地方需求，培养地方所需人才。积极主动根据地方需求、学校自身资源优势开设各种技能培训，为提升当地劳动力技能水平服务。与企业联合培养人才，为企业培养人才。一是校企联合创办专业、开设课程，或学校直接到企业公司为其员工开设课程。二是校企联合培养人才。职业教育院校与企业联合培养技能人才不是一个新现象，这也是校企合作的一个形式。这种联合培养的途径主要有两种：一是由高校接受企业的委托，由企业提供经费，学校提供师资、实训室等，为企业培养学历人才；二是由企业选派技术人员到高校接受培训，并由企业提供培训经费，或者由企业提供资金和场所，高校提供师资，就地设立教学点，进行人才培训。

第五章　云南省人力资源利用效率与产业人才缺口及需求预测

产业转型升级的主要推动力来自人才，人才是产业结构转型升级的原动力，经济社会发展中的一切竞争归根结底是人才竞争。提高人力资源利用效率是实现产业转型升级的重要着力点，也是推动创新发展的重要源泉。新常态下，人的收入增长改变了低成本竞争模式，实施人才优先发展战略，以创新型人才推动产业升级才是出路。

第一节　人力资源利用率与人力资本贡献率

一、人力资源利用率与人力资本贡献率内涵

一般来说，人力资源利用率①是指已使用的人力资源/人力资源存量×100%，反映了某一地区人力资源存量中已开发的人力资源，主要考察人力资源使用情况，该指标比值是≤1，当然无限趋近于1最理想。因65岁及以

① 人力资源利用率=就业人口/15—64岁人口×100%。

上人口基本已退出劳动生产领域，因此该指标剔除掉该人口群体，相较就业率，该指标能更准确地反映某地区人力资源使用状况。云南省人力资源利用率持续上升，从 2000 年的 79.75%上升到 2010 年的 90.76%，2019 年达 91.23%，体现出了全省人力资源利用率呈直线上升且利用率较高的态势。

表 5-1　云南省人力资源利用率

年份	2000	2010	2019
就业人口（万人）	2295.4	2765.9	2990.38
15—64 岁人口（万人）	2878.31	3047.48	3278.02
人力资源利用率（%）	79.75	90.66	91.23

资料来源：就业人口数据来自各年云南统计年鉴。2000 年、2010 年 15—64 岁人口数据来自人口普查资料，2019 年该值由中国国家统计局网站云南人口抽样数据推算获得，http://www.stats.gov.cn/tjsj/pcsj/。

人力资本贡献率是指人力资本当期创造的价值占人力物力所共同创造价值的贡献比例。一般来说，人力资本贡献价值，需要从企业的生产要素析出人力资本和物力资本两类，计算人力资本的贡献率，引入生产函数要素分析方法，建立企业生产要素与产出的函数关系式：$D = \frac{\alpha B}{B + \beta C}$。

式中，D 为人力资本贡献率。

B 为人力资本投入的对数值。

C 为物力资本投入的对数值。

α 为人力资本投入的效益参数。

β 为物力资本投入的效益参数。

α 和 β 是按不同的行业，根据当地、当期普遍经营状况设定的一个估计值，其基本公式为：$A = \alpha B + \beta C$（A 为企业效益或产出的对数值）。本书根据人力资本增长率与 GDP 增长率的预测结果，部分指标则利用有效劳动模型分析并预测人力资本投资对经济增长的贡献率。

二、云南、广东及全国就业率比较

凡在指定时期内届满一定下限年龄,有工作并取得报酬或收益的人,或有职位而暂时没有工作(如生病、工伤、劳资纠纷、假期等)的人,以及家庭企业或农场的无酬工作者,均计算为就业人口。就业率①直观地反映一个地区人力资源的开发利用程度,失业率高的地区通常都存在人力资源结构不合理、劳动力供求矛盾等情况。

表 5-2 云南、广东及全国就业率比较

地区	年份	就业人口(万人)	15 岁及以上总人口(万人)	就业率(%)
云南	2000	2295. 4	3136. 34	73. 19
	2010	2765. 9	3644. 0	75. 90
	2019	2990. 38	3970. 2	75. 32
广东	2000	3989. 32	6467. 39	61. 68
	2010	5752. 37	8671. 64	66. 34
	2019	7150. 25	9645. 38	74. 13
全国	2000	72085	97731	73. 76
	2010	76105	111832	68. 05
	2019	75447	117347	64. 29

资料来源:就业人口数据来自历年云南统计年鉴,历年广东统计年鉴,全国数据及 15 岁及以上总人口数据来自中国国家统计局网站,http://www.stats.gov.cn/tjsj/pcsj/。

2000 年、2010 年、2019 年,云南省就业率均超过 70%,分别高于同期广东省 11.51 个、9.56 个、1.19 个百分点(表 5-2);与全国相比,2000 年云南

① 就业率=就业人口/15 岁及以上总人口×100%。

省就业率低于全国 0.57 个百分点，2010 年、2019 年分别高于全国 7.85 个、11.03 个百分点。这表明云南就业呈向好发展，反映全省人力资源开发和利用率高于经济发达的广东省与全国平均水平。

三、云南、广东及全国人力资源利用效益比较

就业率是从数量上反映一个地区人力资源开发程度，但并不能从质上体现该地区人力资源利用程度。人力资源利用效益则是更集中、更准确地从质上体现这一程度的关键指标。人力资源利用效益是指生产总值与就业人口数的比值。较高的人力资源利用效益能以较小的生产成本获取较大收益，从而实现劳动力资源的最优配置，而较低的人力资源利用效益则造成劳动力资源的大量浪费，使生产成本升高；另外，人力资源利用效益低的一个重要原因是科技的应用及普及程度不够，从而造成了产业资本有机构成低，反之，资本有机构成较低又会阻碍科技应用与推广，从而相互掣肘、相互牵制，造成生产效率低下。图 5-1 反映了云南省与全国及广东省人力资源利用效益变化状况，2000—2016 年，云南省人力资源利用效益呈上升趋势，表明其人力资源利用效益不断上升，从 2000 年的 0.88 万元上升至 2014 年的 4.33 万元，年平均增长率为 12.05%，上升幅度较为平缓；同时，曲线始终处于全国及广东下，差距明显扩大。2000 年云南省人力资源利用效益比全国低 0.5 万元，比广东省低 1.81 万元，2005 年比全国低 1.08 万元，比广东低 3.08 万元。2010 年，云南与全国、广东差值分别达 2.76 万元、5.23 万元，2015 年扩大到 4.08 万元、7.05 万元，2019 年差值为 5.31 万元、7.29 万元，差值逐年扩大。说明云南省人力资源利用效益不高，不仅远低于经济发达的广东，也低于同期全国平均值。

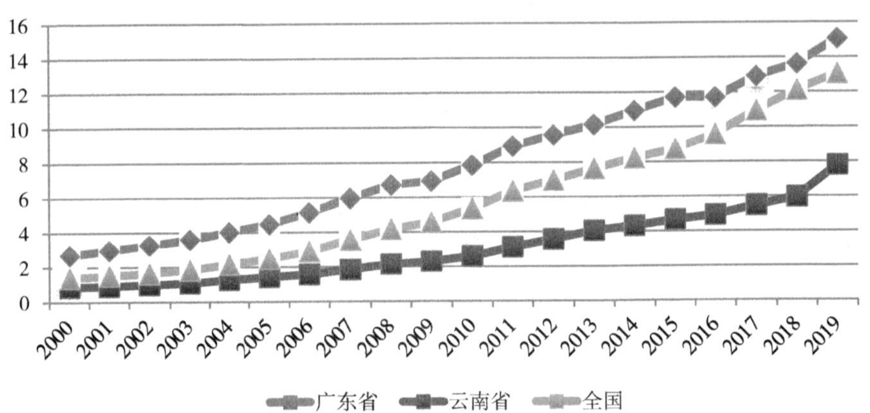

图 5-1　2000—2019 年云南、广东及全国人力资源利用效益（单位：万元/人）

资料来源：全国数据来自中国国家统计局网站，http://www.stats.gov.cn/tjsj/pcsj/。云南省、广东省数据分别来自云南统计年鉴、广东统计年鉴。人力资源利用效益=生产总值/就业人口数。

四、云南、广东及全国分产业的人力资源利用效益

通过分析分产业的人力资源利用效益①能更清楚、更细致地看出某一地区国民产业各组成部分的劳动者生产效率状况，找出其高效率产业与低效率产业，进而充分发挥其产业优势，弥补产业效率不足，按照比较优势原则促进地区产业发展。

计算云南省 2000 年、2010 年、2015 年、2019 年分产业相关指标可明显看出（表 5-3），2000—2019 年，云南三次产业生产总值年平均增长率以第三产业最高，为 15.86%，分别高出同期第一、二产业 5.05 个、3.25 个百分点，说明其间云南第三产业生产总值增速一直快于第一、二产业。绝对量上，2000 年、2010 年，第二产业产值高于第一、三产业产值，2015 年、2019 年，第三产业产值高于第一、二产业产值。云南省分产业就业人数指标显

① 这里的人力资源利用效益是指劳动力就业人员对生产总值的贡献，即人力资源利用效益=生产总值/就业人口数。

示，2000—2019年，第三产业年平均增长率同样高于第一、二产业，分别高出同期第一、二产业6.98个、2.17个百分点，第一产业就业数为负增长，这显然是工业化、城镇化、现代化发展的结果。

绝对量上，2000年、2010年、2015年，第一产业就业人口高于第二、三产业就业人口总量之和，上述3年分别高出了1096.3万人、577.24万人、210.56万人，2019年，第一产业比第二、三产业就业人口总数少200.72万人，呈持续减少状态，不过，该产业就业人口依然偏高，2019年，依然比第三产业就业总量多226.08万人，而第一产业生产总值比第三产业低了9186.93亿元，说明第一产业人力资源利用效益十分低。

从人力资源利用效益上看，2000—2019年，云南省均呈现第二产业显著高于第一、三产业，第一产业人力资源利用效益明显偏低。2000年，第二产业人力资源利用效益高于第一、三产业之和17885.88元/人·年，2010年扩大至47210.31元/人·年，2015年为66719.46元/人·年，2019年为60168.45元/人·年，差值持续扩大。根据刘易斯两部门理论模型可以推测，农业边际劳动生产率在较低的人力资源利用效益作用下并无实质性提高。在人力资源利用效益增长上，其数据则呈现同生产总值与就业人数完全相反状态，其中最高是第一产业，分别高出第二、三产业2.84个、3.37个百分点。第一产业人力资源利用效益增长快于其他产业，第二、三产业增长相对较慢，其中第二产业最慢。结合上两组数据可以看出，云南省第三产业产值增长与其就业人口增长存在密不可分的关系，进一步说，第三产业产值的增长是依靠就业人口增长带动的。随着工业化进一步发展，农业人口将逐渐转移到非农产业领域，从而使农业边际劳动生产率得到提高，同时刺激第二、三产业发展，推动地区城市化与现代化进程，这意味着云南省第一产业就业人数将继续呈负增长，第二、三产业就业人口数不断增长。因此，全省应积极为第一产业人员向第二、三产业领域转移创造有利条件，尤其是人力资源利用效益最高的第二产业，性价比最高，并着力提升第三产业人力资源利用效益，谋求地区发展比较优势。

表 5-3　2000—2019 年云南省分产业的人力资源利用效益

类别	年份	第一产业	第二产业	第三产业
国民生产总值（亿元）	2000	431.80	833.25	746.14
	2010	1108.38	3223.49	2892.31
	2015	2079.31	5450.46	6172.86
	2019	3037.62	7961.58	12224.55
	2000—2019 年年平均增长率（%）	10.81	12.61	15.86
社会劳动者（万人）	2000	1695.90	210.40	389.20
	2010	1671.30	348.06	746.00
	2015	1576.53	382.09	983.88
	2019	1394.83	426.80	1168.75
	2000—2019 年年平均增长率（%）	-1.02	3.79	5.96
人力资源利用效益（元/人·年）	2000	2546.14	39603.14	19171.12
	2010	6631.84	92613.06	38770.91
	2015	13189.16	142648.59	62739.97
	2019	21777.71	186541.24	104595.08
	2000—2019 年年平均增长率（%）	11.96	8.50	9.34

资料来源：《2020 云南统计年鉴》，中国统计出版社 2021 年版。

另一方面，通过云南与全国平均值、广东省相比较，云南省分产业人力资源利用状况同样是优势与劣势并存。与全国平均水平比较可发现，2000—2019 年生产总值年平均增长方面，云南省三次产业年均增长率均高于全国，分别比全国均值高 2.22 个、0.76 个、1.19 个百分点（表 5-3、表

5-4)。

就业人口增长指标上,2000—2019年,第一产业就业人口年均增长降幅低于全国2.39个百分点,第二、三产业则分别高于全国2.36个、2.84个百分点,说明云南省第一产业就业人口转移速度远慢于全国均速,而第二、三产业转移速度则快于全国。

在人力资源利用效益上,2000—2019年,云南省分别高于全国11657.08元/人·年、6172.24元/人·年、18672.52元/人·年、7267.15元/人·年。第一、三产业该值均低于全国平均水平,比如第一产业,2000年、2010年、2015年、2019年,分别比全国同期低了1536.87元/人·年、7458.35元/人·年、13169.07元/人·年、16005.63元/人·年,差值逐年扩大,说明云南第一产业人力资源利用效益不及全国增速。2019年,云南第三产业人力资源利用效益低于全国均值45954.96元/人·年,差距较大。

表5-4　2000—2019年全国分产业的人力资源利用效益

类别	年份	第一产业	第二产业	第三产业
国民生产总值(亿元)	2000	14716.20	45326.00	39734.10
	2010	39354.60	188804.90	180743.40
	2015	57774.6	281338.9	349744.7
	2019	70473.6	380670.6	535371.0
	2000—2019年年平均增长率(%)	8.59	11.85	14.67
社会劳动者(万人)	2000	36042.50	16219.10	19823.40
	2010	27930.50	21842.10	26332.30
	2015	21919.0	22693.0	32839.0
	2019	18652.0	21234.0	35561.0
	2000—2019年年平均增长率(%)	-3.41	1.43	3.12

续表

类别	年份	第一产业	第二产业	第三产业
人力资源利用效益（元/人·年）	2000	4083. 01	27946. 06	20044. 04
	2010	14090. 19	86440. 82	68639. 43
	2015	26358. 23	123976. 07	106502. 85
	2019	37783. 34	179274. 09	150550. 04
	2000—2019 年年平均增长率(%)	12. 42	10. 28	11. 20

资料来源:中国国家统计局网站,http://www.stats.gov.cn/tjsj/pcsj/。

同时,与广东相比发现,云南省第三产业生产总值 2000—2019 年年平均增长率分别高于广东 2. 68、0. 61、1. 63 个百分点(表 5-3、表 5-5);同时第三产业就业人口增长率高于广东 0. 72 个百分点,而第一、二产业则分别低于广东 0. 04、0. 49 个百分点,说明云南省第一、二产业就业人口增长率比广东缓慢。

人力资源利用效益上云南与广东相比,2000 年第二产业云南低于广东,差值为 5241. 15 元/人·年,2010 年、2015 年、2019 年云南高于广东,差值分别为 83. 04、10541. 48、10355. 46 元/人·年,说明云南第二产业人力资源利用效益增长快于广东。云南第一、三产业人力资源利用效益均低于广东,其中第一产业上述 4 个年份差值分别为:3642. 81、9303. 42、10006. 65、11677. 82 元/人·年,第一产业差距先扩大随后缩小。第三产业人力资源利用效益差值远低于广东,4 个年份两省差值分别为:17957. 97、67547. 94、98493. 20、72352. 9 元/人·年,云南第三产业就业人口效益远落后广东,需积极提高人力资源利用效益;从增长率角度看,2000—2019 年,云南省第三产业人力资源利用效益增长率比广东高 0. 72 个百分点,第一、二产业则分别低于广东 0. 04、0. 49 个百分点。2015 年,广州、深圳人才贡献率达 38%,

同期云南人才贡献率仅为17.41%，全国为33.5%。可见，云南与广东相比，人力资源利用效益差距很大。

表5-5 2000—2019年广东省分产业的人力资源利用效益

类别	年份	第一产业	第二产业	第三产业
国民生产总值(亿元)	2000	986.32	5055.71	4768.18
	2010	2254.49	23296.73	20993.41
	2015	3189.76	33642.0	37044.61
	2019	4351.26	43546.43	59773.38
	2000—2019年年平均增长率(%)	8.13	12.0	14.23
社会劳动者(万人)	2000	1593.68	1114.86	1280.78
	2010	1435.17	2487.25	1948.06
	2015	1375.15	2546.57	2297.58
	2019	1300.61	2471.62	3378.02
	2000—2019年年平均增长率(%)	-1.06	4.28	5.24
人力资源利用效益(元/人·年)	2000	6188.95	44844.29	37129.09
	2010	15935.26	92530.02	106318.85
	2015	23195.72	132107.11	161233.17
	2019	33455.53	176185.78	176947.98
	2000—2019年年平均增长率(%)	9.29	7.47	8.57

资料来源:《2020年广东统计年鉴》，中国统计出版社2021年版。

总体看，云南省经济社会发展整体较为滞后，地区生产总值增长提升空间较大，在增长幅度上接近甚至赶超全国水平及发达省份应不足为奇。值得注意的是，云南省是以农业人口为主的省份，理论上，其农业人口转移存量较大，而第一产业就业人口下降幅度低于全国及广东，表明第一产业人口向其他产业转移速度仍很缓慢，这将制约云南第二、三产业发展，延缓现代化进程。就人力资源利用效益而言，尽管其第二产业人力资源利用效益曾与全国水平及广东相比占有一定优势，近年来被反超。总体看，云南省人力资源利用效益整体较低，亟待采取措施实现尽快提升，虽然增长速度突出，但仍不及全国平均水平，远低于广东，云南有待大幅度提高人力资源利用效益。

五、云南省人力资本贡献率

（一）云南省人力资本总量

研究人力资本，势必需要对人力资本进行计量。人力资本总量可以定义为一个区域内某个时点上通过投资形成的专业化劳动力群体所具有的人力资本汇总，是衡量人力资本水平的重要标志。测量人力资本一般可分两类方法。一类是成本法，另一类是收入法。一些学者还提出了人力资本计量的其他方法，如受教育年限法、当期价值法等。从已有大多数文献看，在云南省现有数据基础和数据可靠性条件下，这里采用劳动创造价值量估算方法来度量就业人口的人力资本，用1978—2015年经济、教育、就业与劳动力数据。数据来源于统计年鉴、人口普查资料、中国劳动统计年鉴及中国金融统计年鉴等。

该方法表明个别劳动者人力资本的当年市值是其劳动力被市场承认的价格，即税前年劳动收入；其总价值是当年劳动收入和剩余劳动寿命年数的乘积；全社会拥有人力资本总市值就是当年居民税前总劳动收入和就业劳动力剩余劳动寿命总年数的乘积。按照这一理论构建的宏观人力资本总量计算方法为：

人力资本总市值 = 当年居民税前总劳动收入 × 就业劳动力剩余劳动寿命总年数 =（当年居民总收入 + 个人所得税）× 就业劳动力剩余劳动寿命

总年数

用公式表示为：$V_{HC}=\sum_{i=1}^{n}\frac{R+T}{(1+i)^{i}}=(R+T)\sum_{i=1}^{n}\frac{1}{(1+i)^{i}}$

式中，V_{HC} 表示云南省的人力资本价值量；R 表示当年云南省居民总收入；T 表示当年个人所得税；i 为贴现率，n 为年数。

根据人力资本总量的计量公式，分别对上述数据进行处理计算后，可以得出云南省历年人力资本的价值总量(表 5-6)。

表 5-6　1978—2019 年云南省人力资本价值总量

年份	全省居民税前总收入(亿元)	贴现因子	当年人力资本总量(亿元)	当年 GDP(亿元)	人力资本与 GDP 的比值
1978	47.78	19.38	925.89	69.05	13.41
1979	52.29	17.68	924.29	76.83	12.03
1980	57.66	14.89	858.58	84.27	10.19
1981	70.04	14.89	1042.93	94.13	11.08
1982	83.72	14.30	1197.35	110.12	10.87
1983	97.90	14.30	1400.17	120.07	11.66
1984	120.07	14.13	1696.06	139.58	12.15
1985	149.93	12.61	1890.75	164.96	11.46
1986	171.43	12.16	2085.28	182.28	11.44
1987	191.08	12.16	2324.27	229.03	10.15
1988	257.65	10.53	2712.43	301.09	9.01
1989	300.45	8.43	2531.91	363.05	6.97
1990	337.50	9.31	3141.55	451.67	6.96
1991	392.38	10.53	4130.80	517.41	7.98
1992	468.96	11.63	5453.68	618.69	8.81
1993	589.03	10.04	5913.89	783.27	7.55
1994	785.17	8.61	6764.11	983.78	6.88
1995	959.55	8.61	8266.38	1222.15	6.76
1996	1193.09	9.96	11885.36	1517.69	7.83

续表

年份	全省居民税前总收入(亿元)	贴现因子	当年人力资本总量(亿元)	当年 GDP(亿元)	人力资本与GDP 的比值
1997	1373.46	13.87	19052.18	1676.17	11.37
1998	1483.47	14.31	21225.21	1831.33	11.59
1999	1546.80	16.74	25893.55	1899.82	13.63
2000	1107.09	20.07	22221.03	2011.19	11.05
2001	1218.72	20.07	24461.57	2138.31	11.44
2002	1341.25	20.76	27843.00	2312.82	12.04
2003	1443.08	19.64	28343.07	2556.02	11.09
2004	1702.44	19.52	33236.97	3081.91	10.78
2005	1869.08	18.95	35420.12	3472.89	10.20
2006	2092.49	18.38	38464.74	4006.72	9.60
2007	2472.30	17.83	44075.43	4741.31	9.30
2008	2839.76	19.58	55602.50	5692.12	9.77
2009	3058.20	21.82	66729.92	6169.75	10.82
2010	3344.07	21.65	72399.12	7224.18	10.02
2011	4271.34	13.33	56936.96	8893.12	6.40
2012	5214.01	12.29	64080.18	10309.47	6.22
2013	5932.18	12.90	76525.12	11832.31	6.47
2014	6438.29	13.09	84277.22	12814.59	6.58
2015	6825.92	16.46	112354.64	13619.17	8.25
2016	8221.67	17.23	129734.20	14818.80	8.75
2017	10851.91	18.10	141025.41	16376.34	8.61
2018	11591.19	18.98	161158.98	17881.12	9.01
2019	20980.05	19.03	186087.83	19456.16	9.56

资料来源:测算获得。

自改革开放以来,云南省人力资本总量逐年递增,2007 年比 1978 年扩大了 47.6 倍,2015 年是 2010 年的 1.55 倍,2019 年是 2000 年的 8.37 倍(表 5-6)。这完全得益于改革开放以来云南经济社会快速发展,人口总量与劳动人口总量不断增加,以及云南省居民收入的稳定持续快速增长。另外,居民人均可支配收入稳定增长,有力地促进了人力资本存量提高,2019年,云南省居民人均可支配收入为22082元,是2000年的8.42倍。全省居民税前总收入同样稳步增长,2019年是2000年的18.95倍。不过,贴现因子的变化波动较大,反映了人力资本总量中的不稳定因素。2005—2015年,人力资本在GDP中所占比重较1995—2005年明显下降,2015年后有所反弹,这也反映出人力资本GDP转化效率有了显著提高。

（二）人力资本总量预测

统计学中有许多进行预测的方法。但由于数据的可得性、相关因素无法量化等问题,人才预测受到一定限制。如影响人才发展的因素过于复杂,且根本无法得到有关影响因素的数据资料时,因果回归分析法就无能为力了。而在这种情况下采用时间序列平移法,以单一的时间因素替代各种其他的影响因素,却可以达到预测目的。基于上述考虑,由于二次移动平均法、加权移动平均法、平均年增长率法这三种方法,适应于相关因素只能是时间,即适应于时间序列,计算方便,适应性强,不需要相关影响因素的观测值就可以预测。与因果类预测模型相比,该方法的抗干扰能力较强。

因此,根据数据资料采用二次移动平均法、加权移动平均法、平均年增长率法,对云南省人力资本总量进行预测(表5-7)。预测值1表示由二次移动平均法预测得到的数值,预测值2表示由加权移动平均法预测得到的数值,预测值3表示由平均年增长率法预测得到的数值。

表5-7　云南省人力资本总量预测　（单位:亿元）

年份	预测值1	预测值2	预测值3	组合预测值
2009	49919.62	48571.60	58428.71	56382.16
2010	53452.80	51174.58	67273.06	63940.24

续表

年份	预测值 1	预测值 2	预测值 3	组合预测值
2015	71118.68	64189.50	136118.05	120821.28
2020	88784.56	77204.42	275416.66	232325.85

对组合预测值和实际值进行检验，相关系数为 0.988，相关系数的显著性检验表明显著值为 0.000，由此可知，组合预测值具有很高的可信度（图 5-2）。

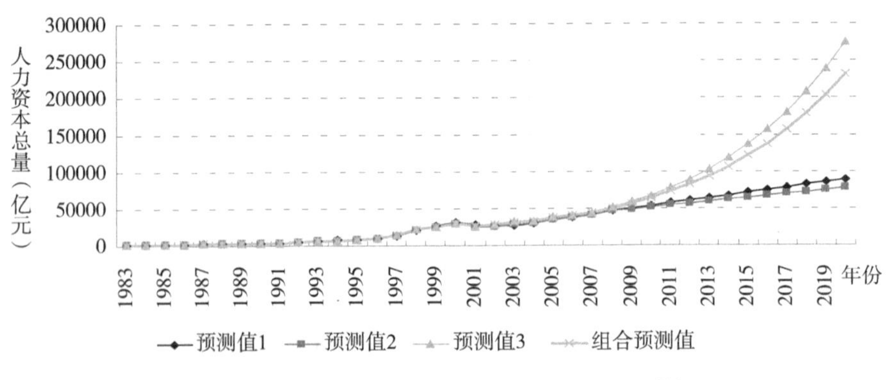

图 5-2 基于劳动价值量法的人力资本总量预测结果

（三）人力资本贡献率预测

人力资本在经济增长中的作用已得到了广泛认同，深入研究人力资本与经济增长之间的关系具有十分重要的意义。根据人力资本增长率与 GDP 增长率预测结果，利用有效劳动模型分析并预测人力资本投资对经济增长的贡献率，预测结果如图 5-3 所示。

从图 5-3 中可看到，云南省人力资本贡献率不断增加，预计 2020 年达 22.29%（表 5-8），与 2006 年的 8.29%相比有了大幅提升。云南省人力资本增长的原因主要是由于受经济发展的影响，GDP 增长率有了相对下降，

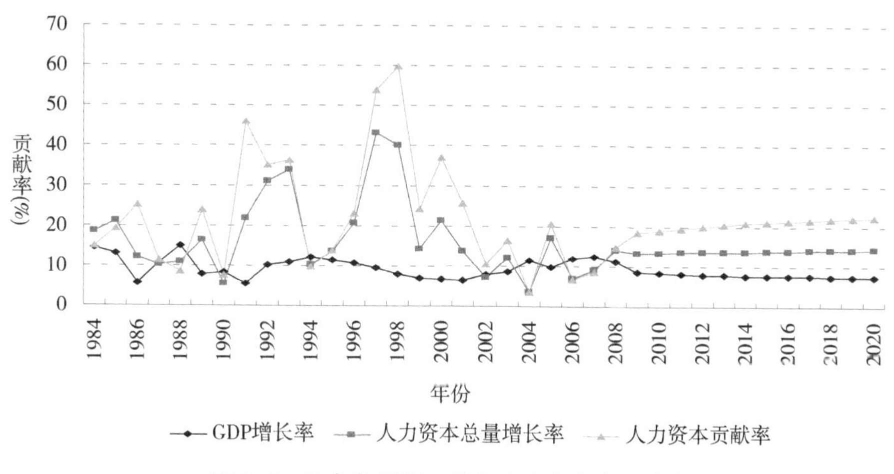

图 5-3　云南省 1984—2020 年人力资本贡献率

在人力资本增长情况下，GDP 增长率下降必然导致人力资本贡献率明显提高，这也符合随着经济社会发展，人力资本对经济增长贡献率不断提高的规律。

表 5-8　2006—2020 年云南省人力资本贡献率

年份	2006	2007	2008	2009	2010	2015	2020
人力资本贡献率(%)	8.29	8.77	13.31	18.51	19.04	21.15	22.29

总的来说，云南省人力资本存量不足，对经济增长的作用远不及其他资本。加强对人力资本的投入，是云南省提高人力资本存量的关键所在，也是促进云南省经济增长的有效办法。现在是经济增长方式转型的关键时期，经济增长主要是依靠科技进步和劳动者素质的提高，人是经济增长各要素中最能动的因素，所以劳动素质的提高是经济增长的决定力量。因此，云南省应该采取各种措施提高人口的整体素质，加强教育事业的发展，加大教育投入力度，促进经济快速健康增长。政府要以较大幅度增加财政支出，保证

基础教育和职业培训教育等各方面人力资源的开发费用，不断增大云南人力资本存量，推动人口大省向人力资本强省跨越式发展。另外，为推动农村经济大发展，应加大农村地区教育投入，改善农村办学条件，提高农村教育质量，从根本上解决农村劳动力素质较低的状况。

第二节　产业人才需求预测

近10年来，云南省人才队伍建设和人才工作取得了显著成效。但由于国际化趋势越来越明显，国家之间、省际之间的人才竞争已日趋跨区域化，云南由于人才历史存量起点较低，加上区位和经济发展劣势，省内人才发展战略正处在关键期。

一、云南人才发展现状及特点

经过改革开放40多年的充分发展，云南省人才队伍通过强化人才选拔、培养、使用、流动及环境的体制机制设计与相关制度制定，人才队伍建设得到了明显加强，并已经形成了一支初具规模、门类齐全、实力较强的人才队伍。

（一）人才总量有所增加，但发展速度缓慢

近年来，云南人才总量不断增加。“三支人才队伍”由2000年的220.33万人增加到2007年的338.42万人，增加了118.09万人。“六大类人才”2013年底人才资源总量为381.63万人，其中专业技术人才128.73万人，占人才资源总量的33.73%，高技能人才61.96万人，占技能劳动者比例的24.7%。2016年，全省人才资源总量465.05万人，比2013年增长了

17.94%，比2012年总量增长了107.9万人，六大类人才分别为：中央驻滇单位人才共30.44万人，本省人才434.61万人。中央驻滇机关党政人才总数1.72万人，中央驻滇企事业单位人才总数28.72万人。本省人才中，党政人才32.5万人，企业经营管理人才67.86万人，专业技术人才157.30万人，高技能人才84.94万人，农村实用人才86.42万人，社会工作专业人才5.58万人①。但相对于其他省份，云南人才年均增长率为5.5%，而诸如湖南省人才年均增长率为6%、四川省为6.8%，可见云南省人才总量的增长速度相对稍显缓慢。

（二）人才增长发展不均衡，无法满足云南经济社会发展需要

比较各类人才分布情况看，党政人才、专业技术人才以及经营管理人才中的国有部分发展稳定，2004年以来，云南省党政人才总体上呈不断增长趋势，年平均增长率为2.5%，2007年，全省党政人才总人数达到25.3168万人，较2004年增加7.85%，占全省人口的0.51%，占“三支人才队伍”总量的24.50%，占全省干部总数的24.50%。2007年全省专业技术人才总量达108.3万人，与2002年的80万专业技术人才相比，人才总数增加了28.3万人，增幅达35%，年均增长7%。2007年，经营管理人才中公有制人才数为177260人，非公部分为134050人，从二者对经济贡献看，非公部分的人才数量低于公有制部分。至2016年底，全省党政、企业经营管理和专业技术人才中大学本科及以上学历人数76.56万人，高技能人才占技能劳动者比例为26.2%②。

相比2013年，2016年全省“六大类人才”数量与所占比重均呈现上涨

① 《2016年度云南省人才发展统计公报》，新华网，http://www.yn.xinhuanet.com/newscenter/2017-12/08/c_136810293.htm。

② 《2016年度云南省人才发展统计公报》，新华网，http://www.yn.xinhuanet.com/newscenter/2017-12/08/c_136810293.htm。

趋势(表 5-9)。各类人才中,社会工作专业人才队伍增长率最快,达 60.99%,但增长数量不是最多的。增量最多的是专业技术人才,2013—2016 年增长了 39.66 万人,其次是高技能人才、企业经营管理人才,分别增加了 28.72 万人、21.71 万人,增加数量排在前三的三大类人才队伍,环比分别增长了 23.56%、31、67%、29.93%,农村实用人才增幅较小,环比也增长了 18.77%,只有党政人才较其他五类人才呈现相对稳定状态。

六类人才中,行政事业及国有经济单位"三支队伍"基础扎实、发展稳定,而后两类人才及非公经济经营管理人才队伍发展平台相对要低,整体素质低于前三类人才。

表 5-9　2013、2016 年云南省人才规模　　(单位:万人、%)

	2016 年	2013 年	2016 年较 2013 年增长率
党政人才	34.88	32.22	7.63
企业经营管理人才	72.54	50.83	29.93
专业技术人才	168.35	128.69	23.56
高技能人才	90.68	61.96	31.67
农村实用人才	92.54	75.17	18.77
社会工作专业人才	6.05	2.36	60.99

资料来源:根据新华网 2013 年、2016 年度云南省人才发展统计公报(http://www.yn.xinhuanet.com/newscenter/2017-12/08/c_136810293.htm)整理获得。

从全省人才分类与所占比例看(图 5-4),专业技术人才占比最高(36.44%),其次是农村实用人才(20.37%),比重排在第三的是高技能人才(18.9%),比重最低的是社会工作专业的相关人才,仅占总人才数量的 1.21%。截至 2015 年底,全省社会工作专业人才总数达到 4.85 万人,2016 年 9 月 1 日数据显示,全省持证人才总数已超过 2000 人。此外,技能人才与农村实用人才近几年虽然得到了长足发展,但是,这两类人才的发展起步较慢,从总量、素质及构成上看低于三类人才,同时,由于这两类人才覆盖面较广,变化较大,规范化程度低于前三类人才。

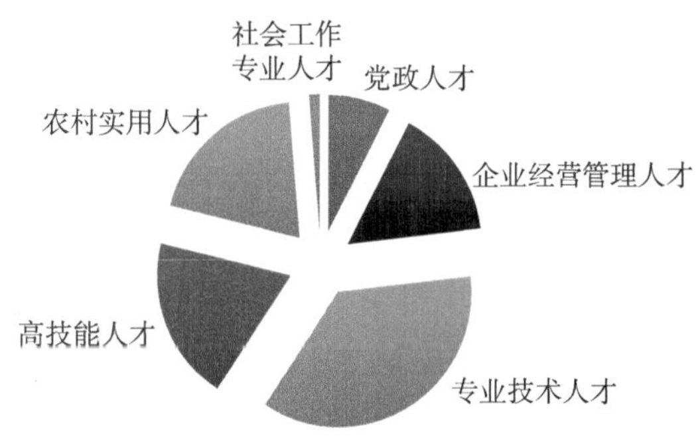

图 5-4 2016 年云南省各类人才所占比重(单位:%)

(三)人才结构逐步优化,但人才分布非均衡特征逐渐明显

随着人才队伍建设步伐加快,云南省人才队伍在产业、年龄、行业、地区以及素质结构等方面得到了较大发展。

1. 人才队伍产业结构分布有所改善,但变动趋势不同步

从三次产业分布看,随着全省经济结构与产业结构布局调整与完善,第一产业所占比重从 1978 年的 42.7%下降到 2016 年的 15.5%,下降了 27.2 个百分点;第二产业所占比重从 1978 年的 39.9%上升至 2016 年的 41.2%,上升了 1.3 个百分点;第三产业所占比重从 1978 年的 17.4%上升到 2016 年的 43.3%,上升了 25.9 个百分点。呈现第一产业大幅下降,第三产业较快增长,第二产业保持平稳发展的结构态势,呈典型的“二、三、一”产业分布特点。相对于产业结构分布,2001—2016 年云南人才产业结构分布也呈“三、二、一”结构特点,但比例由 2001 年的 8.3∶40.5∶51.2 转变为 2016 年的 7.6∶44.3∶48.1,三次产业人才与结构分布变化呈现出不一致,产业变化为第一产业下降,第二产业稳中有升,第三产业大幅上升,而产业人才结构变化呈现出第一产业上升、第二产业稳定、第

三产业下降态势。

2. 人才队伍在各地区分布具有首位度偏高的特点

昆明、曲靖、红河三个地区的人才数量就占了全省人才总数的一半，昆明占全省人才超过30%。从人才资源总量上看，2014年，云南省16个州市中，昆明市人才资源总量最高，为864993人，其次是曲靖市，达365592人，不过两市人才资源总量差异十分明显，昆明市是曲靖市的2.3倍。排在第三的红河州也超过26万人。人才资源总量最小的是怒江州，仅34882人。全省平均值197421人，说明怒江州只是全省平均值的17.67%。

从每万劳动力中研发人员数量看，16个州市中，以昆明市最高，达51.00人年/万人，排前三位的分别是昆明、玉溪、西双版纳；排后三位的分别为文山、昭通、临沧，全省平均值为9.82人年/万人，每万人劳动力研发人数最低的临沧市，只有1.11人年/万人，仅是昆明市的2.18%，是全省均值的11.30%，说明各州研发人员数量差距很大，且集中度过高。

从人才贡献率指标看，所有州市中贡献率最大的是丽江市，为18.50%；其次是昆明市，高达18.39%，排第三的是曲靖市；全省均值为14.32%，贡献率最低的是保山市，为11.24%，比同期丽江市低了7.26个百分点，较低的还包括临沧市、西双版纳州。相对其他指标，该指标差异值相对较小，离全省平均水平基本稳定在3—4个百分点。

表5-10　2014年云南省人才资源发展总体状况统计

指标	人才资源总量（人）	每万劳动力中研发人员数量（人年/万人）	人才贡献率（%）	人力资本投资占GDP比重（%）	高技能人才占技能劳动者比重（%）	主要劳动年龄人口受高等教育人口比重（%）
均值	197421	9.82	14.32	12.1	14.76	8.82
中位数	165405	3.47	13.76	12.46	14.63	7.9

续表

指标	人才资源总量(人)	每万劳动力中研发人员数量(人年/万人)	人才贡献率(%)	人力资本投资占 GDP 比重(%)	高技能人才占技能劳动者比重(%)	主要劳动年龄人口受高等教育人口比重(%)
极大值	864993	51	18.5	16.1	26.32	20.63
极小值	34822	1.11	11.24	6.99	7.4	4.99

资料来源:转引自冯沙沙:《云南省人才发展分析及预测》,云南财经大学 2017 年硕士学位论文,第 25 页。

从全省人力资本投资占 GDP 比重看(表 5-10),16 个州市平均值为 12.10%,各州市这一比例在均值附近波动,全省整体水平以及各州没有出现异常值,即各州市相差不大。怒江州排第一,达 16.10%;玉溪市最小,为 6.99%。整体看,绝大部分州市人力资本投资占国内生产总值比例集中在 9%—16%,相对较为稳定。

从主要劳动年龄人口受高等教育人口比重看(表 5-10),云南省 16 个州市平均值 8.82%,最高的是昆明市,为 20.63%,是全省平均值的 2 倍多,排第二的是文山州,为 12.02%,玉溪市也不低,达 11.28%。整体看,昆明市首位度因素依然较高。全省 16 个州市主要劳动力人口中受高等教育比例基本稳定在 6.78%—8.98%;最小昭通市(4.99%),其次是迪庆州,为 5.0%,保山市也仅为 5.8%。

从高技能人才占技能劳动者比重看(表 5-10),全省 16 州市均值为 14.76%,有 7 个州超过均值,其中西双版纳最高,为 26.32%;其次玉溪市(22.0%)、红河州(20.9%);排在后三位的州市分别是临沧市、普洱市与昭通市,分别为 7.40%、7.93%、9.60%。可看出,高技能人才占技能劳动者比重,各州市差异较大,发展不平衡。

3. 人才素质有所提高,杰出人才数量增长较慢

2016 年,云南省党政、企业经营管理和专业技术人才中大学本科及以

上学历人数 76.56 万人,比 2014 年增加了 14.94 万人,增长率为 19.51%;高技能人才占技能劳动者比例为 26.2%,比 2014 年提高了 1.1 个百分点;从事 R&D① 人员数 7.46 万人,比 2014 年增加了 2.17 万人,增长率达 29.09%,其中企业 R&D 人员数 3.13 万人,比 2014 年提高了 0.98 万人;每万人口中 R&D 人员数 8.62 人,每万劳动力中研发(R&D)人员数 12.95 人/年②。整体上看,云南人才无论是数量还是质量,均呈现上升趋势。

2016 年,云南省共有“两院”院士 8 人(表 5-11),不过与 2014 年相比该数据没有发生任何变化,国家“万人计划”入选者 35 人(环比增长 29.63%),全国杰出专业技术人才 6 人,“百千万人才工程”国家级人选 68 人,国家有突出贡献中青年专家 63 人,享受国务院政府特殊津贴人员 1666 人,“长江学者”9 人(比 2015 年减少 1 人),全国宣传文化系统“四个一批”人才 14 人(比 2015 年减少 1 人),国家级非物质文化遗产项目代表性传承人 69 人,省委联系专家 651 人,省有突出贡献优秀专业技术人才 1795 人(比 2015 年增加了 120 人),享受省政府特殊津贴专家 1878 人(环比增长 5.62%),省科学技术突出贡献奖获得者 14 人,省科技领军人才 26 人(比 2015 年增加了 6 人),省云岭学者 58 人,省云岭产业技术领军人才 79 人,省云岭首席技师 129 人(比 2015 年增加了 42 人),省云岭教学名师 105 人,省云岭名医 58 人,省云岭文化名家 45 人(比 2015 年减少 1 人),省中青年学术和技术带头人后备人才 994 人(环比增长 8.99%),省技术创新人才培养对象 677 人,省级创新团队 180 个,省宣传文化系统“四个一批”人才 173 人,省级非物质文化遗产项目代表性传承人

① R&D 指的是 Research and Development 的缩写,指研究开发,或简称研发,所属部门就是研发部门。

② 《2016 年度云南省人才发展统计公报》,新华网,http://www.yn.xinhuanet.com/newscenter/2017-12/08/c_136810293.htm。

1016人,“西部之光”访问学者231人(环比增长10.53%),省“拔尖乡土人才”600人。

表5-11　2014—2016年云南省杰出人才指标及增长速度

指标	2014年累计数(人)	2015年累计数(人)	2015年环比增速(%)	2016年累计数(人)	2016年环比增速(%)
“两院”院士总数	8	8	0	8	0
国家“千人计划”入选者	22	24	9.1	26	8.33
国家“万人计划”入选者	10	27	170.0	35	29.63
全国杰出专业技术人才	6	6	0	6	0
“百千万人才工程”国家级人选	61	68	11.48	68	0
国家有突出贡献中青年专家	56	63	7	63	0
享受国务院政府特殊津贴人员	1614	1614	0	1666	3.22
“长江学者”	9	10	11.11	9	-11.11
全国宣传文化系统“四个一批”人才	11	15	36.36	14	-11.11
国家级非物质文化遗产项目代表性传承人	69	69	0	69	0
省委联系专家	698	651	-6.7	651	0
省有突出贡献优秀专业技术人才	1675	1675	0	1795	7.16
享受省政府特殊津贴专家	1678	1778	5.96	1878	5.62
省科学技术突出贡献奖获得者	12	13	8.33	14	7.69
省科技领军人才	15	20	33.33	26	30.0
省云岭学者	30	43	10.0	58	34.88

续表

指标	2014 年累计数（人）	2015 年累计数（人）	2015 年环比增速（%）	2016 年累计数（人）	2016 年环比增速（%）
省云岭产业技术领军人才	45	79	75. 56	79	0
省云岭首席技师	45	87	93. 33	129	48. 28
省云岭教学名师	87	84	-3. 45	105	25. 0
省云岭名医	30	46	53. 33	58	26. 09
省云岭文化名家	31	46	48. 39	45	-2. 17
省中青年学术和技术带头后备人才	808	912	12. 87	994	8. 99
省技术创新人才培养对象	573	628	9. 60	677	7. 80
省级创新团队	116	149	28. 45	180	20. 81
省宣传文化系统“四个一批”人才	173	173	0	173	0
省级非物质文化遗产项目代表性传承人	1016	1076	60	1016	4. 65
“西部之光”访问学者	197	209	6. 09	231	10. 53
省“拔尖乡土人才”	500	600	20. 0	600	0

资料来源：根据 2014—2016 年度云南省人才发展统计公报进行汇总，新华网，http://www.yn.xinhuanet.com/2016ynnews/20160919/3447241_c.html。

（四）人才投入增长缓慢，低于全国平均水平，人才引进效果不理想

2011 年，全省人力资本投资 1256. 59 亿元，占 GDP 的 14. 36%。其中全省各级各类学校教育经费支出 638. 89 亿元，占 50. 84%；全省卫生总费用 565. 0 亿元，占 44. 96%；全社会研发支出 52. 7 亿元，占 4. 20%；到 2013 年、2014 年，人力资本投资分别为 1864. 26 亿元、1610. 68 亿元，人力资本投资占 GDP 的比重减少了 0. 71%。2016 年，全省人力资本投资 2096. 49 亿元，占 GDP 比重为 14. 10%，虽然比 2015 年总量增加了 247. 43 亿元，占 GDP

比重仅增长了0.62个百分点。其中：云南全社会教育支出1191.73亿元，占总人力资本投资的57.0%，比重最高，全社会卫生支出772亿元，占比达37.0%，全社会研发支出132.76亿元，比重为56.0%①。可见，云南省人才投入增长十分缓慢。

另外，2016年入选"百名海外高层次人才引进计划"者累计114人，比2011年增加了46人，与2015年持平；省"高端科技人才引进计划"入选者累计101人，与2015年相比没有变化；全年来滇工作的外国专家1087人，比2015年提高了40.6%；来滇挂职干部达231人，比2015年提高了29.1%；安置回国留学人员14人，与2015年相比没有变化，比2011年减少了15人，与2014年相比，安置回国留学人员增长比例为-41.67%（表5-12）。可看出，全省人才引进吃力，效果也不太理想。

表5-12　2011—2016年云南省人才引进指标及增长速度　（单位：人）

指标	类型	2011年	2014年	2015年	2016年	比2015年增长（%）
省"百名海外高层次人才引进计划"	累计数	68	106	114	114	0
省"高端科技人才引进计划"	累计数	51	91	101	101	0
来滇工作的外国专家	当年数	533	715	773	1087	40.6
来滇挂职干部	当年数	—	104	179	231	29.1
安置回国留学人员	当年数	29	24	14	14	0

资料来源：根据2011年、2014年、2015年、2016年度云南省人才发展统计公报，新华网，http://www.yn.xinhuanet.com/2016ynnews/20160919/3447241_c.html。

（五）人才效能较低

与全国平均水平相比，云南人才效能相对较低，2015年，全国人力资本

① 《2016年度云南省人才发展统计公报》，新华网，http://www.yn.xinhuanet.com/newscenter/2017-12/08/c_136810293.htm。

对经济增长贡献率达33%，人才贡献率35%。2016年，云南省人力资本对经济增长贡献率为25.4%，人才贡献率仅为17.51%（表5-13）。2016年，云南省万人发明专利拥有量1.90件，比2011年的0.67件提高了1.23件，比2014年提高了0.6件，但远低于全国2016年同期每万人口发明专利拥有量的6.7件，2016年云南省PCT（《专利合作条约》）国际专利申请量31件，与2015年相比减少了17件，仅比2011年的0.0039件提高较多，申请量呈现较大波动变化。

表5-13　2011—2016年云南省人才效能主要指标

指标	2011年	2014年	2015年	2016年
人才贡献率（%）	16.57	17.40	17.41	17.51
本省万人发明专利拥有量（件）	0.67	1.30	1.61	1.90
本省PCT国际专利申请量（件）	0.0039	27	48	31

资料来源：根据2011年、2014年、2015年、2016年度云南省人才发展统计公报，新华网，http://www.yn.xinhuanet.com/2016ynnews/20160919/3447241_c.html。

（六）人才发展核心指标增长相对较缓

2011—2016年，云南人才发展核心指标增速相对缓慢（表5-14），其中人才贡献率指标增长较慢，其间仅增长了0.94%，其次是高技能人才占技能劳动者比例，增长了4.3个百分点，上述两项指标在经济社会与人才发展中都是重要核心指标，甚至是关键指标。但云南省人才发展指标中，这两个指标增长较慢。增长最快的是每万劳动力中研发人员数，2011—2016年增长率为38.22%。而人力资本投资占GDP的比例在2013年达近几年最高点16%，2014年环比下降了21.44%，此后缓慢增长，不过2016年还不及2011年水平。从2015—2016年相关指标看，人力资本投资增长最快，增长了13.4%，人才贡献率增长最慢，仅增长了0.1个百分点。

表 5-14 2011—2016 年云南省人才发展核心指标及增长速度

核心指标	单位	2011 年	2013 年	2014 年	2015 年	2016 年	2016 年比 2015 年增长(%)
人才资源总量	万人	333.12	381.63	402.76	431.39	465.05	7.8
人才资源占人力资源总量比例	%	9.32	10.3	10.9	10.85	11.67	7.6
每万劳动力中研发人员数	人年	8.0	7.78	8.3	12.87	12.95	0.6
高技能人才占技能劳动者比例	%	21.9	24.7	25.1	25.80	26.20	1.60
人才贡献率	%	16.57	17.22	17.4	17.41	17.51	0.10
人力资本投资	亿元	1256.59	1864.26	1610.68	1849.06	2096.49	13.40
人力资本投资占 GDP 比例	%	14.36	16.0	12.57	13.48	14.10	4.60

资料来源:2011 年、2013 年、2014 年、2015 年、2016 年度云南省人才发展统计公报,新华网,http://www.yn.xinhuanet.com/2016ynnews/20160919/3447241_c.html。

(七)高学历专业人才数量减少较多

2011 年,云南全省党政、企业经营管理和专业技术人才中大学本科及以上学历人数 80.61 万人;高技能人才占技能劳动者比例为 21.9%;从事 R&D 人员数 4.2 万人,其中规模以上工业企业 R&D 人员数 1.5 万人;每万人口中 R&D 研究人员数 5.4 人,每万劳动力 R&D 人员折合全时当量 6.64 人年。从表 5-15 中也可以看出,2014—2015 年高技能人才占技能劳动者比例增长速度相对缓慢,仅增长了 2.79%。

2015 年,全省党政、企业经营管理和专业技术人才中大学本科及以上学历人数 66.27 万人,比 2011 年减少 14.34 万人,2016 年,上述人才增长至 76.56 万人,高技能人才占技能劳动者比例为 26.2%,比 2015 年提高了 0.4 个百分点;从事 R&D 人员数 7.46 万人,每万人口中 R&D 研究人员数 8.62 人,每万劳动力 R&D 人员数 12.95 人年。

表 5-15　2014—2016 年云南省人才结构及素质类指标

指标	大学本科及以上学历人数（万人）	高技能人才占技能劳动者比例(%)	从事 R&D 人员数（万人）	每万人口中 R&D 人数（人）	每万劳动力 R&D 人数（人年）
2014 年	61.62	25.1	5.29	6.48	8.3
2015 年	66.27	25.8	6.75	8.34	12.87
2014—2015 增速(%)	7.55	2.79	27.6	28.7	55.06
2016 年	76.56	26.2	7.46	8.62	12.95
2015—2016 增速(%)	15.53	1.55	10.51	3.36	0.62

资料来源：根据 2014—2016 年云南省人才发展统计公报汇总获得，新华网，http://www.yn.xinhuanet.com/2016ynnews/20160919/3447241_c.html。

（八）人才载体指标增长参差不齐

表 5-16 中显示了主要衡量人才载体类 6 项指标，且均为累计变量，2013—2016 年人才载体指标中，专项基层科研工作站 2013—2014 年从 0 个增加到了 86 个，2015—2016 年该项指标增加了 30 个；院士工作站 2013—2014 年增加了 49 个，2015—2016 年增加了 42 个；省级企业技术中心 2013—2014 年增加了 24 个，2015—2016 年增加了 15 个。其他如博士后科研流动站和工作站、高层次人才创新创业示范基地、经济技术开发区等各类园区等指标变动不大，整体看，6 大类衡量人才载体指标变动参差不齐（表 5-16）。

表 5-16　2013—2016 年云南省人才载体累计数与增速（单位：个、%）

人才载体指标	2013 年累计数	2014 年累计数	2013—2014 年增速	2015 年累计数	2016 年累计数	2015—2016 年增速
院士工作站	66	115	74.23	197	239	21.3
专项基层科研工作站	0	86	0	136	166	22.1

续表

人才载体指标	2013年累计数	2014年累计数	2013—2014年增速	2015年累计数	2016年累计数	2015—2016年增速
博士后科研流动站和工作站	69	77	11.59	84	84	0
高层次人才创新创业示范基地	6	21	40	21	21	0
国家重点实验室、国家工程技术研究中心	7	8	60	10	10	0
国家级企业技术中心	17	18	5.88	19	20	5.3
国家级高新技术开发区、经济技术开发区等园区	6	7	40	7	7	0
省重点实验室、省工程技术研究中心	130	141	8.46	161	168	4.3
省级企业技术中心	275	299	8.73	328	343	4.6
省级高新技术开发区、经济技术开发区等园区	62	62	0	63	64	1.6

资料来源：2013—2016年云南省人才发展统计公报，新华网，http://www.yn.xinhuanet.com/2016ynnews/20160919/3447241_c.html。

二、云南省人才预测、人才指标体系构建基础及方法

云南人才总量和结构存在高层次人才稀缺、各类人才结构与经济结构间不匹配，表明要发挥人力资本在经济发展中的重要作用，有必要分析经济与社会发展所需人才。

（一）基础和条件

1. 人才发展与经济发展的依存度

人才规模与质量已成为一个地区经济发展的基础，但是一个地区对人才需求及其规划并不是完全随意的，要受到政治、经济、社会、科技、教育等多种因素影响，这些因素对人才总量与结构合理性既提出了要求，又形成了制约。当中，最为重要的因素之一，即经济发展因素，尤其是经济发展速度、规模与人才发展关系极为密切，在经济发展越来越依靠人才创造力，科学技

术在经济发展中的地位越来越重要的背景下，人才发展成为经济社会发展的决定性因素。

2. 已有研究基础

针对云南省历年人才总量和人才结构变化数据进行梳理，利用类比法、弹性系数法以及回归方法对2015年与2020年人才需求总量、三次产业人才分布进行预测，为本书提供了借鉴基础。

3. 已有数据的支撑分析

A.根据云南省人力资源与社会保障厅历年的基本统计有：云南省2005—2016年党政人才、国有企事业单位的经营管理人才以及专业技术人才及其分行业的数据类型。

B.历年云南省统计年鉴中提供了关于人口数量、就业人口数量、高等院校在校学生数、GDP等数据。

C.云南省中长期人才发展规划（2009—2020年）的战略专题研究成果中的25个专题研究为本书提供所需的各类人才的基础数据。

4. 预测约束条件

A.本书关注的人才需求总量数据在时间维度上过短，很大程度上，采用常规回归分析及弹性系数法的预测结构是有偏的，且有效性较低，因此，数据缺失使可选择的预测方法受到较大限制，加大了预测难度。

B.云南省人才数据的统计集中于三支队伍，而针对非公有制经济、农村实用人才及技能人才的统计工作相对欠缺，当前人才队伍总量数据来源是建立在各主要职能部门归口管理人才队伍数据及由此获得的人才队伍总量汇总结果。由于农村实用人才与技能人才的界定问题，可能产生人才队伍总量统计与现实数据不一致问题，数据本身的测量误差会导致预测的有偏性。

因此，为尽可能地利用现有数据和资料，通过对数据结构及数据时序特点的归纳，在研究方法和预测思路上做了相应调整。

（二）人才创业指标体系

云南省人才创业人员以2001年第二次基本单位普查资料汇编中，按等级注册类型划分的法人单位数单位个数作为省人才创业人员数。采用集体、股份合作、联营、国有联营、集体联营、国有与集体联营、其他联营、有限责任公司、其他有限责任公司、股份有限公司、私营、私营独资、私营合伙、私营有限责任公司、私营股份有限公司、其他内资、与港澳台合资经营、与港澳台合作经营的注册类型公司。这些公司的法人单位个数2001年为74940个，占2001年总法人单位数98325个（统计年鉴上为98339个，所有数据都来源于统计年鉴）的76%，以一个法人单位为一个创业人员计算，以此推出2001年云南省有74940个创业人员。其余年份也同样按照创业单位数占单位总数的76%来推定，得出当年的创业人员数。这里的创业指数是用当年创业人员数与当年的从业人员之比获得，人才创业率是用创业人才与当年的人才数之比获得。

从表5-17中云南人才创业活动指数看，全员人才创业率增长缓慢，1997年全员人才创业率为0.27%，人才创业率为2.77%；2001年全员人才创业率较2000年有所增长，上升了0.05个百分点，此后6年变动不大，而人才创业率有较大增长，增长了0.51个百分点，2003年、2004年、2005年人才创业率有下降趋势，其中2002年为这几年中最低，人才创业率为2.71%，2003年上升到3.43%，2010年上升到4.21%，随后2013年又有所下降，至2015年上升至6.57%，同年全员人才创业率接近1，说明最近几年云南省也符合国家2014年提出的“大众创业、万众创新”“草根产业”的号召，发展速度相对较快。

表 5-17　1997—2016 年云南省人才创业活动指数　（单位:个,%）

年份	法人单位总数	创业人员数	当年从业人员数	全员人才创业率	人才创业率
1997	80269	61004	22235000	0. 27	2. 77
1998	81013	61570	22405000	0. 27	3. 28
1999	81093	61631	22440000	0. 27	3. 13
2000	80234	60978	22954000	0. 27	2. 97
2001	98339	74738	23225300	0. 32	2. 97
2002	97492	74094	23412500	0. 32	2. 71
2003	97219	73886	23533300	0. 31	3. 43
2004	96211	73120	24013900	0. 30	3. 26
2005	99132	75340	24613200	0. 31	2. 77
2006	102372	77803	25176000	0. 31	3. 28
2007	110196	83749	25738000	0. 33	3. 13
2008	126405	96068	26383700	0. 36	3. 70
2009	148613	112946	26848000	0. 42	3. 98
2010	170936	129911	27659000	0. 47	4. 21
2011	197322	149965	28572400	0. 52	4. 50
2012	214490	163012	28819000	0. 57	4. 56
2013	191663	145664	29123600	0. 50	3. 82
2014	279006	212045	29622500	0. 72	5. 26
2015	372755	283294	29425000	0. 96	6. 57
2016	424195	313040	30013500	1. 04	6. 73

说明:2008 年至 2010 年人才数据缺失,由 2011 年至 2015 年人才数据回归计算所得,2017—2018 年人才数据未更新。

根据人才需求数量预测结果,可以获得未来人才数、从业人员数未来发展趋势;本书对法人单位总数在现有经济发展背景下,采用二次指数平滑法获得预测结果,据此可以获得全员人才创业率及与人才创业率未来变化趋势。2010 年,全省人才数 333 万多人,2020 年 546 万多人,2030 年增至 846

万多人，人才数持续上涨；就全员人才创业率看，从2010年的0.47%上升至2030年的1.62%，将增长3倍多，人才创业率将增长3.1个百分点（表5-18）。基于对云南经济运行系统中企业规模增长历史与趋势基本判断，研究与分析人才创业率预期变化。由于云南经济发展水平较低，经济活动的创业活力不够，国营大中型企业在经济活动中占据主导地位，能够提供的人才创业的中小企业、民营企业成长环境较差，导致人才创业率较低，另外由于云南省经济结构变化仍处于规模扩张期，现代企业构造需求，企业规模与聚集效应的牵动将导致中小企业创业空间受到挤压，与人才规模在未来快速发展趋势成反向变化，故云南省人才创业活动指数增长缓慢，人才创业率将出现下降趋势。为落实党的十九大精神和以创业促进就业要求，以人才创业尤其是高科技人才创业带动就业，政府应逐步完善政策体系，加强创业培训和创业服务，并努力营造良好的社会创业氛围和创业环境，以便更多的人才参与到创业活动中来。

表5-18　2010—2030年云南省人才创业活动指数预测

年份	法人单位总数（个）	创业人员数（个）	人才数（万人）	从业人员数（万人）	全员人才创业率（%）	人才创业率（%）
2010	170936	129911	333.12①	2765.90	0.47	4.21
2015	372755	283294	431.49	2942.50	0.96	6.57
2020	456832②	347192	546.16③	3271.38④	1.40	6.36
2030	814615	619107	846.63	3831.10	1.62	7.31

① 此处为2011年数据。

② 平滑系数为0.4。

③ 平滑系数为0.5。

④ 平滑系数为0.2。

（三）预测方案和方法的选择与调整

1. 预测目的及思路

第一，预测目的：科学编制云南人才队伍建设中长期规划，是做好人才工作的重要基础，通过规划的制定与实施，加大人才资源开发力度，建设成一支规模宏大、素质优良、门类齐全、区域分布合理、使用效率高、创新能力强的人才队伍，由此促进人的全面发展，构建以人的发展需求为导向，以人的创造能力为导向，人的社会价值实现为动力的经济社会发展格局，加快推进科教兴滇和人才强省战略，推动云南经济社会全面协调可持续发展。

第二，预测思路：本书基于总分结构对云南省人才规划进行预测，主要思路为利用已有年份人才数据对人才总量采用建模型方式进行预测，根据预测结果对不同预测方案进行组合，获得关于人才总量的预测，在此基础上分别采用指数平滑、结构类比的方法对五类人才进行预测。

第三，分析思路：考虑到人才发展的综合性与复杂性，针对人才指标体系的构建，本书结合云南省的现实情况，构建容纳了云南省人才规模、质量、结构、环境等因素的评价指标体系，对云南省人才竞争力进行了评价；利用法人单位数的普查数据构建全员创业指数及人才创业指数，并对其进行趋势外推预测；评价云南省人力资本价值总量，建立有效劳动模型，估算人力资本贡献率并对其预测。

2. 预测方法

第一，根据云南省的经济社会发展状况、历年人才数量变动情况、人才政策变化分析，分别采用 Bootstrap 估计法以及 GM（1，1）对人才需求总量做预测分析，并对预测精度进行检验，综合预测方法获得预测结果，采用组合预测法获得最终预测结果。

第二，根据云南省产业结构、行业结构之间变化情况，采用 Bootstrap 回归法、指数平滑法对云南省三次产业人才比重进行预测，并对预测精度进行分析。

第三，根据云南省经济发展状况及人才发展现状，构建云南省人才竞争力评价指标体系，并利用主成分法对人才竞争力水平作了分析。

第四，根据云南省法人单位数的普查结果，采用指数平滑法、趋势外推法预测全员创业率及人才创业指数。

第五，根据云南省人口素质变化情况，采用劳动价值法估算云南省人力资本价值总量，在此基础上建立计量模型对云南省人力资本贡献率进行预测。

三、云南省人才总量需求预测

云南省人才总量数据表明数据时间维度过短，常规预测方法运用存在较大难度，拟采用 Bootstrap 模拟回归法与灰系统 GM(1,1)模型进行预测。

（一）Bootstrap 模拟回归法

1. 数据和变量分析

人才需求量会受到多种因素的影响，主要包括经济因素和非经济因素，非经济因素受人为因素控制，难以预测，且这些因素会随着人才市场的良性化程度不断提高，不会对人才需求产生持久的规律性影响；此外，人才规模变化受人口数量增长变动的影响。鉴于目前可获数据较少，考虑较多的影响因素会加大估计误差，分析中主要考虑经济与人口因素，而人口因素主要考察高等院校在校学生人数、就业人数占总人口数的比重；经济因素主要以 GDP 衡量。

根据数据可得性，用模型作预测时，越往外推，预测值可信度就越低，由于本书可获得的人才总量数据相对有限，利用计量经济学的 OLS 估计由于样本量小将违背高斯—马尔科夫定律，为此，这里的数据为取自于云南省历年人才总样本中的小样本数据，将利用 Bootstrap 方法通过用反复抽样获得所需要的估计参数。此时，利用人才总量与上述变量的散点图可以发现人才总量与各变量间存在明显的线性关系，考虑到除人才变量外各变量间的相关性很大的问题，为减轻多重共线性的影响，利用就业人数、高等院校在校生数占总人口比重作为影响人才总量的人口因素引入估计方程，经过处理后共线性问题得到一定程度的改善。

2. 预测模型的建立与未来人才需求总量的预测

运用 Stata 统计软件做 Bootstrap 建模试验，对建立的五种模型进行 Bootstrap 估计并进行相应的统计检验，结合数据可获性，分析 Bootstrap 估计结果的统计量显著性，考虑变量共线性问题，通过比较和分析，分别采用人口因素影响下考虑人才供给因素的计量模型以及经济因素（GDP）影响下考虑人才需求因素的计量模型进行预测。根据两类模型中解释变量的要求，分别对云南省未来的就业人数、高等院校在校学生数、总人口数以及 GDP（1978 年不变价）进行预测，为避免误差增加，总人口数采用人口学的年龄移算预测方法，其余变量分别采用指数平滑方法进行预测①，预测结果如下：

A.未来人口数预测：考察人口结构的自然属性，利用 CPPS 软件对人口总量进行仿真模拟，为简单起见，考虑现有生育模式保持稳定条件下，即 TFR=1.8，人口自增率维持 6‰左右的水平，利用 2010 年人口普查数据采用年龄移算法进行预测。对比 2001—2019 年的云南省人口实际值，可以发现相对误差较小，预测的精度较高。

B.高等院校在校学生数预测：根据云南省历年高等院校在校学生数的变化情况，1978—1982 年间高等院校在校学生数出现明显的波动状态，鉴于 1978 年以来刚开始恢复高考尚不稳定，剔除 1978—1982 年间数据，利用 1983—2007 年高等院校在校学生数，采用二次指数平滑法进行预测，预测

① 考虑到本书中预测方法的多元化，每种预测方法不再做多方案估计。

结果如图 5-5 所示。

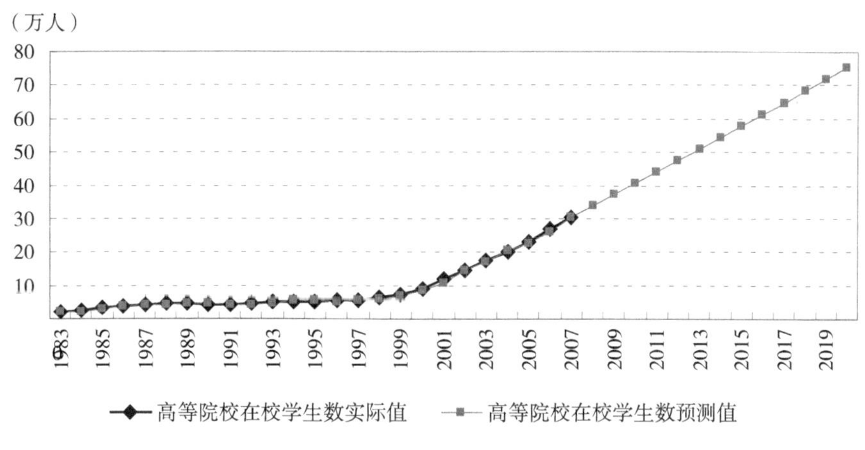

图 5-5　云南省 1983—2019 年高等院校在校学生数的预测结果

1999 年以前，云南省高等院校在校学生数一直保持缓慢低速增长，1999 年高校扩招以来，在校学生人数迅速增长，1999—2007 年，呈现明显线性上扬趋势（图 5-5）。结合 1999 年前后增长态势，利用指数平滑法可以获得随后中长期发展趋势。

由于 2000—2007 年相对误差很小，预测精度较高，尽管随着人口年龄结构演变，高等院校招生数将呈现递减趋势，但根据现有人口结构研究表明，人口增长峰值年份尚未到来，高等院校招生数在基数较高的前提下出现递减态势，这意味着高等院校在校学生数增量上出现递减，总体上，在校学生数仍然庞大，这为人才供给提供了良好基础。

C.就业人口数预测：根据云南省历年就业人口数变化情况，1978—2018 年，云南就业人口呈明显上扬趋势，采用 Holt-Winter 无趋势平滑法预测结果如图 5-6 所示。

云南省就业人口数自 1978 年以来一直保持着稳定增长态势，利用指数平滑法可以获得其后中长期发展趋势（图 5-6）。

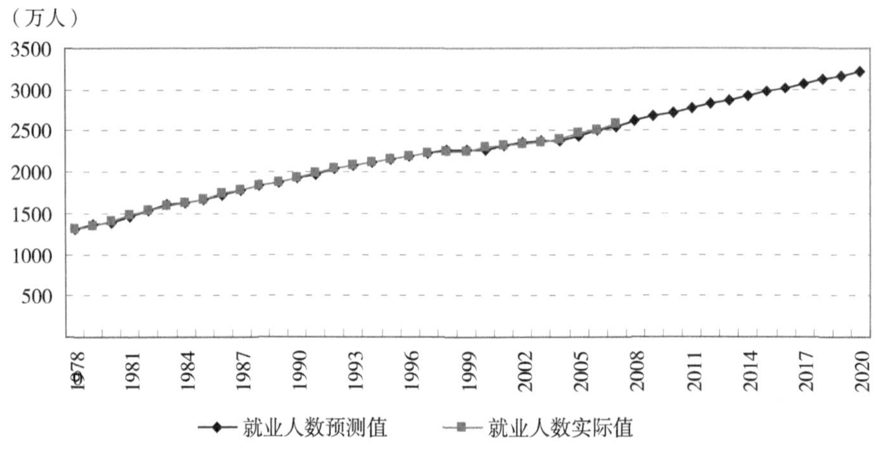

图 5-6　云南省 1978—2020 年就业人口预测结果

D.GDP 预测:根据云南省历年 GDP(作价格平抑处理,以 1978 年不变价为基准)变化情况,GDP 数据自身特性,采用二次指数平滑法和 Holt-Winter 无趋势平滑法进行预测,表明两种方法预测结果基本相同,采用二次指数平滑法预测结果(图 5-7)。

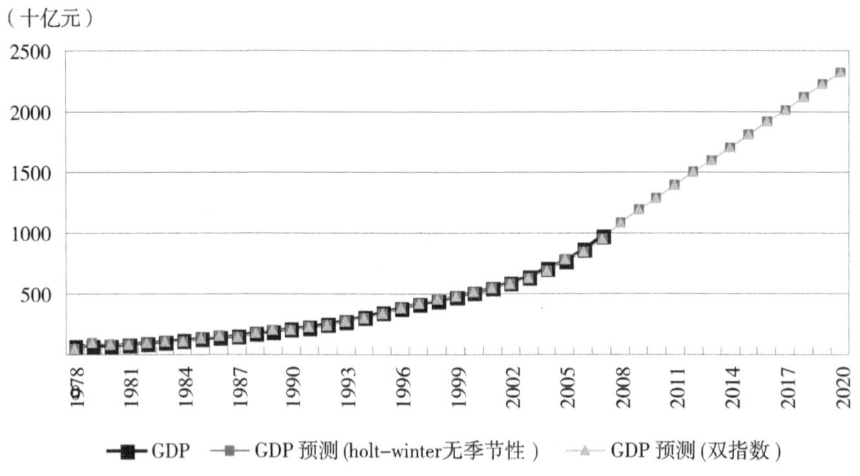

图 5-7　云南省 1978—2020 年 GDP(以 1978 年不变价为基准)预测结果

E.Bootstrap 方法的人才总量预测结果。根据云南省总人口数、高等院校在校学生数、就业人数以及 GDP（1978 年不变价）预测结果，分别对考虑人才需求因素的计量模型和考虑人才供给因素的人才需求模型对人才总量进行预测有如下结果：

考虑人才需求因素的预测结果，估计式为：人才需求量 = $0.242 \times GDP + u$，利用其对云南省人才总量进行预测，得出如图 5-8 所示变化趋势，利用 2000—2007 年人才总量数据预测值与实际值对比可看出，预测结果很好地拟合了现实情况，人才总量预测值保持线性变化趋势。

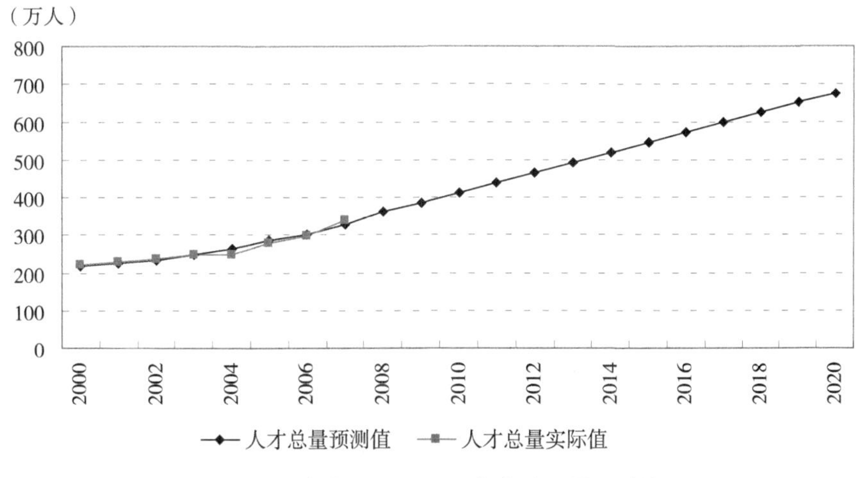

图 5-8　云南省 2000—2020 年人才总量预测结果

针对预测结果，利用 2000—2007 年预测值与实际值结果进行计算，平均相对误差在 0.03%，说明模型预测精度较高。模型预测结果表明，2020 年达 675.86 万人。考虑人才供给因素预测结果，估计式为：人才需求量 = $12709.18 \times HIGHR + 1879.813 \times empr + u$，利用其进行预测，得出如图 5-9 所示变化趋势，利用 2000—2007 年人才总量数据预测值与实际值对比可看出，预测结果很好地拟合了现实情况，自 2007 年以后人才总量预测值保持线性变化趋势。

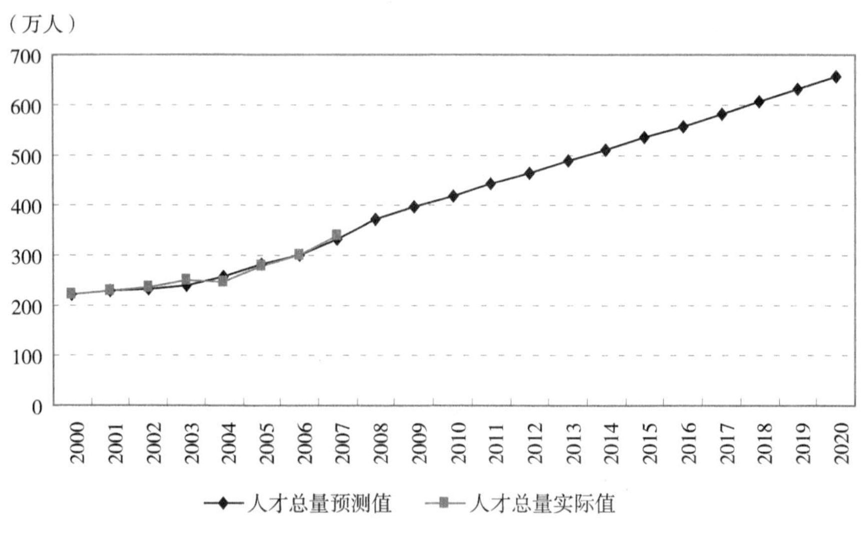

图 5-9　云南省 2000—2020 年人才总量预测结果

针对预测结果，选取主要年份的人才总量预测，利用 2000—2007 年预测值与实际值结果进行计算表明，平均相对误差在-0.016%，说明模型预测精度较高。模型预测结果表明，2020 年达 656.28 万人。

（二）GM（1,1）方法预测

人才系统是一个既含有已知又含有未知非确定、混合的信息不完全系统，是一个典型的灰色系统，可以采用灰色预测方法建立模型对其进行预测。从现有统计数据可得性及已有数据特征，这里建立 GM（1,1）模型，采用 Matlab 软件对云南省人才需求总量进行预测分析。通过对云南省 2000—2007 年人才总量数据变动进行考察，2007 年人才总量与其他年份相比偏离较大，通过统计检验发现该数据异于其他年份数据变动，为保证数据自身变动的稳定性，本书将其作为异常值予以剔除，利用 2000—2006 年数据进行预测，根据 GM（1,1）模型预测，人才需求量的时间响应函数为：

$$x(t+1)=(x(1)-b/a)e^{at}+\frac{b}{a}$$

$$=3938.674\times e^{0.05432t}-3763.344034$$

式中 $a=-0.05432$ 表明人才需求量的发展系数，$b=204.426398$。根据邓聚龙教授关于灰模型的研究认为，对于 GM(1,1) 模型而言，当 $-a<0.3$ 时，进行中长期预测结果较好，此外，GM(1,1) 的预测结果显示平均相对误差＝2.09%，相对精度达 97% 以上，可以采用此预测结果（图 5-10）。

图 4-10　云南省人才需求总量图

根据 2001—2007 年 GM(1,1)模型的人才需求总量预测值与实际值的比较可以看出，预测结果比较接近于实际值。主要年份预测结果如表 5-19 所示。

表 5-19 云南省 2009—2020 年人才总量预测结果[GM(1,1)模型]

（单位:万人）

年份	2009	2010	2015	2020
预测值	343.42	362.57	475.74	624.20

（三）组合预测

对比上述三种预测模型,考虑人才需求因素模型是从经济发展对人才总量需求角度出发进行预测;而考虑人才供给因素模型则是现实经济发展过程中,人口发展态势、就业及教育发展程度对人才需求的影响,主要侧重于现实人才供给规模对人需求的影响;GM(1,1)则是基于现有人才数据的变动情况,利用灰色系统特征进行预测。三种方法预测结果比较接近,但为提高预测精度,本书将采用组合预测法可以避免三种估计方法分别使用时产生的偏差问题。

综合起来,组合预测结果如表 5-20 所示,2010 年云南省人才需求总量 396.29 万人,2015 年 517.30 万人,2020 年达 652.27 万人,与 2007 年相比,平均增长率保持在 5.17%,与 2001—2007 年 5.5%的平均增长率非常接近。

表 5-20 云南省 2000—2020 年人才总量组合预测结果 （单位:万人）

	人才需求因素模型	人才供给因素模型	GM(1,1)	组合预测
2000	215.69	220.57		
2001	224.63	229.58	222.38	225.11
2002	232.99	233.78	234.79	233.84
2003	246.67	237.93	247.90	244.85
2004	261.24	256.17	261.74	260.11
2005	284.38	281.92	276.35	280.86
2006	299.86	301.57	291.78	297.41

续表

	人才需求因素模型	人才供给因素模型	GM(1,1)	组合预测
2007	328.96	332.89	308.06	322.49
2008	360.18	372.04	325.26	350.73
2009	386.49	395.40	343.42	373.36
2010	412.79	418.60	362.57	396.29
2015	544.32	534.92	475.74	517.30
2020	675.86	656.28	624.20	652.27
方差	57.77	39.14	54.16	
权重	0.26	0.18	0.56	

（四）五类人才预测与分析

由于云南省三支队伍、五类人才、三次产业的时间序列数据不可得，当前所能获得的数据为：（1）云南省2005—2016年党政人才队伍、国有企事业单位的经营管理人才和专业技术人才；（2）2016年非公经济的经营管理人才与专业技术人才、技能人才及农村实用人才。因此数据结构的非平稳性和大量数据缺失的特性增加了预测难度。为此将利用定性分析判断、指数平滑以及简单的平均增长率法进行预测。

1. 党政人才预测

根据2004—2007年云南省党政人才的变化情况，2005年党政人才规模为24.14万人，2007年25.32万人（数据来源于云南省委组织部、云南省人事厅2005—2007年干部（人才）统计资料汇编），加上央属公务员，2007年云南省党政人才总量为26.8万人，2016年32.5万人。此外2005—2016年党政人才平均增长率为2.3%，对党政人才的预测考虑云南省行政事业机关党政人才队伍建设情况，以此为基础分析其未来发展趋势。根据《云南省人才资源开发年度报告（2008）》、云南省党政人才现有规模及流动情况、国家机构编制的稳定性及国家长期以来坚持的关于精简政府机构和人员的要求，云南省历年来党政人才的变化幅度较小，以小幅稳定增长为主要特征。设定未来云南省党政人才将保持稳定略有微小的增长率，结合2005—2016年增长情况，根据云南省人口发展状况，预计在2038年呈零增长。据此，在现有32.5万人的基础上，2020年云南省党政人才规模达35.87万人，同时随着人口经济发展变化，预计2040年后党政人才增长至57.62万人的峰值后逐渐呈负增长，2050年党政人才将回落到50万人左右（表5-21）。

表5-21 主要年份云南省党政人才预测结果 （单位：万人）

年份	2020	2030	2040	2050
党政人才	35.87	45.92	57.62	49.69

2. 企业经营管理人才预测

由于经营管理人才数据非常少，不能按常规方法进行预测，在基于可进行趋势判断和解释前提下，这里采取一些替代方法进行经营管理人才预测。管理学理论认为随技术复杂程度的增加，组织结构复杂程度也相应增加，管理层级数、管理人员同一般人员的比例以及高层管理者的控制幅度也会随之增加，而且对不同组织复杂程度、不同的技术专业程度，组织中一般工作人员与管理人员的比例关系也会存在差异，但是这种差异是可以在一定范围进行科学分析与解释的。管理学认为技术程度与组织结构规范化程度较低的企业比例关系通常为1∶23，随企业规模扩大、技术复杂化程度及企业组织结构规范化程度的加剧，管理人员与一般人员的比例关系将增加，该比例关系将分别增加为1∶16和1∶8，后者反映了企业组织结构高度复杂、组织管理规范、生产技术水平较高的企业类型。

考察云南省企业经营管理人才队伍与企业从业人员比例关系，两类企业比例关系印证了管理学理论对企业组织管理结构分析，分别代表了组织结构演化的较高层次与较低层次企业状况。由于本书是以区域经济宏观情况为主要对象，需要从经营管理人员与城镇从业人员之间的总体配置状况推断未来变动趋势。本书认为，长期以来云南省生产技术水平发展缓慢，组织结构的演化程度较低，企业组织的效率不高，全要素生产率对云南省经济增长的贡献率较低且不稳定（结果备索），同时，云南省技术发展程度较高的企业主要集中于云南省属 18 家国有大中型企业，其他企业的技术水平较低，大量的中小企业组织结构仍在低端演化，因此在总体上云南省企业的整体技术水平较低，组织结构现代演化缓慢，在技术构成与组织结构较为稳定的条件下，云南企业组织的管理层级结构不会发生大的改变，加上本预测期间云南经济仍然处于规模扩张期，农村富余劳动力转移任务尚重，劳动密集型经济仍会是云南经济的主要形态，企业组织结构仍将在低端演化。因此，假定在未来时期里，现有管理人员与城镇从业人员比例关系保持衡定，据此，采用上述配置关系与 2012—2016 年企业经营管理人才变动，综合确定云南省经营管理人才的变动数据（表 5-22）。

表 5-22　主要年份云南省企业经营管理人才预测结果　（单位：万人）

年份	2020	2030	2040	2050
企业经营管理人才	86.85	158.77	289.72	386.89

2020—2050 年，云南省企业经营管理人才平均增长率为 6.4%，保持 1∶15.3 的配置关系，2020 年云南省企业经营管理人才达 86.85 万人，2050 年接近 387 万人（表 5-22）。

3. 专业技术人才与社会工作人才预测

据云南省人社厅统计数据，全省 2007 年共有专业技术人才 108.3 万人，根据云南人才发展与统计公报，2011 年为 117. 71 万人，2016 年为 168. 35 万人。利用统计年鉴中云南城镇专业技术人员数据，观察 2001 年以来专业技术人员变化情况与增长率，平均增长率为 4. 8%，考虑到未来经济结构调整、升级和非公有制经济的迅速发展，假定未来 30 年云南省专业技术人员平均增长比率为 5. 0%。社会工作人才 2011 年仅有 4800 人，2016 年增长至 6. 05 万人，增长尤其快。据此，基于云南省专业技术人才与社会工作人才变动，根据未来经济社会发展等相关要素，这里采用趋势外推法进行预测。

表 5-23　主要年份云南省专业技术人才与社会工作人才预测结果

（单位：万人）

年份	2020	2030	2040	2050
专业技术人才	202. 68	277. 65	319. 03	325. 13
社会工作人才	10. 58	40. 61	115. 16	173. 61

2020 年，云南省专业技术人才与社会工作人才为 213. 26 万人，2030 年达 318. 26 万人，2040 年达 434. 19 万人，2050 年将增至 498. 74 万人（表 5-23）。

4. 技能人才和农村实用人才预测

云南省技能人才和农村实用人才数据同五类人才中其他部分相似，缺乏连续的时间序列数据，本书采取一些替代性的间接方法进行估算。

农村实用人才预测。根据当前经济社会发展现状，在城市化进程加速及省直管县政策推动的过程中，产业结构中第二、三产业的价值链将会由城市逐步向农村延伸，发展现代农业、提高农产品的附加价值等发展趋势将会成为农村大幅提升劳动力素质的平台，推动农村实用人才的快速增长；新农村建设战略部署与城乡统筹发展的政策要求也将在强化农村实用人才队伍建设的基础上深度展开；政府转移支付中农村建设资金投入力度加大的背景下，全民医疗保障以及养老保障的推行，扩大了农村实用人才的培养范围与使用；在更大范围将农村公共产品与设施纳入社会建设规划，将扩大农村实用人才建设的规模与需求；此外，农村技术人员评聘机制的建设都会促进农村人才的爆发式增长。2011 年云南省农村实用人才 54. 2 万人，参照云南三次产业中第一产业变动状况，这里对 2011—2020 年农村实用人才变动可能性进行趋势性判断。根据 2001—2019 年云南省第一产业人才变动情况，农村实用人才近年来增加幅度很大（最高年份达 27. 4%），集中反映了基于国家发展战略对农村发展的倾斜和关注，在实现城乡统筹发展的目标模式下加大了云南农村实用人才发展的政策力度，同时还反映了人才统计制度调整变化。根据产业变化规律，1978 年以来云南第一产业变动数据表明，2020 年其在国民经济中比重将收缩，农村实用人才需求迅速扩张后，于 2010 年以后保持较前期相对平稳增长率，但其增幅也将远高于党政人才、专业技术人才以及经营管理人才的增长速度。基于此判断，在充分考虑 2001—2018 年第一产业人才变化情况下，采用平均增长率方法对农村实用人才进行预测，以云南省 2011 年 54. 2 万人、2016 年 92. 54 万人的农村实用人才为基础，增长率为 9. 33%，依据产业调整升级趋势、供给侧结构性改革、新型城镇化发展进程等综合因素，外推 2030 年为 138. 58 万人，2050 年将达 177. 62 万人（表 5-24）。

高技能人才预测。高技能人才是在国家技能资格等级标准基础上，通过职业培训、技能评价认证而确定的，其发展规模与经济发展水平、现代化程度提高直接相关。因此，云南产业结构升级、新型工业化推行，随着城市化进程加速，农村富余劳动力非农转移等将大幅增加对技能人才需求，激励技能人才增长，提升技能人才职业素质；此外，云南省政府提出的“三年十万”及“415”高技能人才培养计划等战略举措，也将对技能人才增长起到重要推动作用。综合看,2020—2050 年,云南省高技能人才以 2020—2030 年需求量最大,达 63.77 万人,2030—2040 年为 55.97 万人,2040 年起需求量随之下降。

表 5-24 主要年份云南省农村实用人才、技能人才预测结果

(单位:万人)

年份	2020	2030	2040	2050
农村实用人才	107.22	138.58	164.02	177.62
技能人才	112.33	176.1	232.07	202.64

(五)产业结构人才预测

云南省人事厅统计数据显示,2007 年第一、二、三次产业人才比例分别为 13.34∶43.42∶43.24,比较三次产业人才内部结构变化可发现,第一产业人才比重迅速增加、第二产业人才比重小幅略增、第三产业人才比重大幅下降(图 5-11)。随着经济发展、技术进步、农村建设步伐加快,在人才总量大量增加的同时,云南人才产业结构也在逐步发生改变,其变动趋势越来越趋近于经济发展对人才需求的规律性,基于此背景,结合可用数据的时序性,本书采用分产业人才结构 Boostrap 回归法进行预测。

各产业人才数量与产业结构的关系如下:

ln(第一产业人才数)=-4.742757+1.26544ln(第一产业值)+$e$ln(第二产业人才数)=1.229478+0.48835ln(第二产业值)+$e$ln(第三产业人才数)=3.12478+0.23928ln(第三产业值)+e

利用上述分三个产业的回归结果进行预测,结果如图 5-11 所示。

随着三次产业内部人才结构变化,第一产业人才比重大幅上升,第二产业人才比重稳定略上升,第三产业人才比重较大幅度下降(图 5-11)。与 2007 年 13.34∶43.42∶43.24 相比,2020 年三次产业人才结构比为

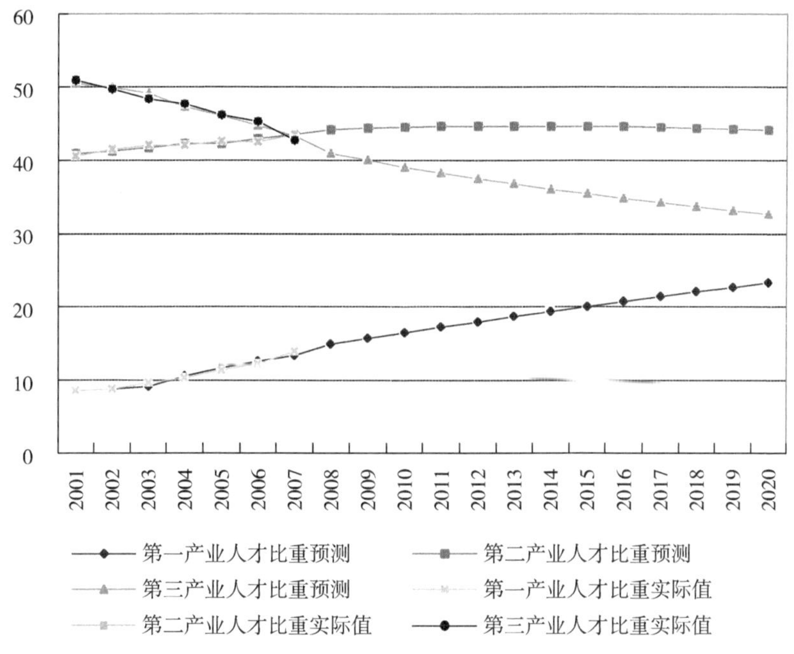

图 5-11　三次产业人才结构及预测结果

23. 24∶44. 15∶32. 62。这意味着未来云南人才产业结构将以第二产业人才为主,第一产业人才比重上升较快,具体到主要年份的三次产业人才结构变化如表 5-25 所示。

表 5-25　云南省三次产业人才结构预测　　（单位:%）

年份 三次产业结构	2008	2009	2010	2015	2020
第一产业人才比重预测	14. 94	15. 71	16. 47	20. 03	23. 24
第二产业人才比重预测	44. 11	44. 33	44. 48	44. 58	44. 15
第三产业人才比重预测	40. 95	39. 96	39. 05	35. 39	32. 62

(六)云南省人才发展的主要目标

综合六类人才预测结果及产业人才结构预测可看出:(1)六类人才未

来发展中，最大的增幅来源是专业技术人才与技能人才，2020—2050 年将分别增长 122.45 万人、90.31 万人，党政人才、经营管理人才以及农村实用人才经过改革开放以来快速发展，在经济发展新常态背景以及现代化发展进程中，今后将保持相对稳定状态，这也完全符合未来经济结构调整与发展规模；(2)三次产业人才结构主要年份预测结果如表 5-26 所示。

1. 进一步扩大人才总量规模

根据预测结果(表 5-26)，云南省 2020 年人才总量为 555.53 万人，2030 年为 837.63 万人，2040 年将达 1177.62 万人，2050 年将达 1315.58 万人。与 2016 年相比，2050 年人才总量将大幅度增加，那时整个中国也将建成现代化强国。

表 5-26 云南省主要年份六类人才及三次产业人才结构预测结果

(单位:万人)

年份	人才总量	党政人才	企业经营管理人才	专业技术人才	农村实用人才	社会工作人才	技能人才	三次产业结构
2020	555.53	35.87	86.85	202.68	107.22	10.58	112.33	21∶42∶37
2030	837.63	45.92	158.77	277.65	138.58	40.61	176.1	22∶42∶36
2040	1177.62	57.62	289.72	319.03	164.02	115.16	232.07	22∶40∶39
2050	1315.58	49.69	386.89	325.13	177.62	173.61	202.64	23∶38∶39

注:本表三次产业人才结构预测数据没有保留小数点后更多数值。

2. 注重人才类型多元化均衡发展

2016 年全省人才资源总量 465.05 万人，云南省各类人才中，党政人才 32.5 万人，企业经营管理人才 67.86 万人，专业技术人才 157.30 万人，高技能人才 84.94 万人，农村实用人才 86.42 万人，社会工作人才 5.58 万人。六大类人才分别占人才总量的 7.5%、15.6%、36.2%、19.5%、19.9%、1.3%。2050 年，以上各类人才数量要求分别达 49.69 万人、386.89 万人、

325.13万人、202.64万人、177.62万人、173.61万人，占总人才比重分别为3.78%、29.41%、24.71%、15.4%、13.5%、13.2%，与2016年相比，社会工作人才比重增长最快，党政人才、专业技术人才、高技能人才等比重有所下降，未来缺口较大的主要集中在企业经营管理人才与社会工作人才，在保证三支队伍稳定发展前提下，要加大各类人才的重点培养、使用及激励机制的建设力度，平衡人才结构。

3. 协调三次产业人才的内部结构

三次产业人才预测的结果显示，云南省2020年三次产业人才结构为：21∶42∶37，2030年为22∶42∶36，2040年为22∶40∶39，2050年为23∶38∶39。三次产业人才结构发展缺口在第一产业人才，2020年相比2007年增加近8个百分点，加速第一产业技术人才发展将会改变三次产业人才结构比重，使三次产业人才比重在较大程度偏离客观需求点位上，较2007年下移近8个百分点，形成三次产业的“均衡型”人才结构。

云南人才发展主要目标：进一步扩大人才总量规模、注重人才类型多元化均衡发展、协调三次产业人才内部结构，形成一支人才类型多元化、结构均衡、高素质人才队伍。

第六章　广东省现代职业教育发展对云南的经验借鉴

当今世界，标准往往决定了行业技术路线，并最终决定企业产品发展方向，谁掌握了标准制定权，谁就在一定程度上掌握技术和经济竞争主动权。对职业教育同样如此。科学而完善的标准体系是当今世界职业教育内涵发展的核心动力，决定现代职业教育人才培养质量和发展方向。建立科学标准体系，体现了现代职业教育发展规律，职业教育发达的英国、德国、澳大利亚等国就是通过开发国家职业资格框架体系，从知识、技能和能力 3 个维度对学习成果进行等级评定，进而实现职业教育与劳动力市场、终身教育体系的衔接，并为职业资格在不同国家、不同系统和不同院校间的比较提供了可能。

与西方发达国家相比，我国职业教育标准体系建设尚处于初级阶段，标准研制工作相对滞后，在加快建设具有中国特色、世界水准的现代职业教育体系建设背景下，有效研制与国际接轨的现代职业教育标准体系显得尤为重要。省域层面，广东先后有 74 个专业开展了现代职业教育标准研制工作，涉及中高职衔接、中高本衔接、现代学徒制及 IHK 证书本土化等标准研制项目，初步形成了广东特色、国际水准现代职业教育标准研制的总体思路与方法路径。

第一节　广东省职业教育发展现状及思路

职业教育是促进就业和改善民生的重要保障，世界发达国家和地区都十分重视职业教育，在普及九年义务教育乃至高中阶段教育、高等教育，由精英教育向大众化、普及化教育发展中，众多国家把发展职业教育作为推动经济社会发展的重要作用。比如德国，职业教育改革一直助推了产业结构调整升级，对该国工业崛起至关重要；中国台湾地区所构建的现代职业教育体系随着产业升级不断调整完善，形成了从中等职业教育到专业学位研究生教育的完整职业教育体系。总体上，国际职业教育呈以下发展趋势：一是发达国家和地区政府都加大对职业教育的投入，以政府为主导，政府、行业、企业、社会团体、职业院校等各方分工协作，共同推进职业教育发展；二是高等职业教育地位逐步上升，职业教育发展重心开始上移，“科技大学现象”凸显；三是中高职衔接模式多样化，实现职业教育内部与普职教育的有效衔接与沟通。

一、发展背景

世界各经济体发展规律表明，先进的产业发展离不开优质的职业教育所提供的人才和技术支持。随着国际职业教育蓬勃发展，广东省职业教育也不甘落后。广东正处在新一轮产业结构调整与优化升级关键期，经济发展方式转变对高素质技能型人才提出了更高要求，确立了“两强五化一率先”全省教育战略目标，明确提出了广东高职教育要实现规模、结构、质量、效益和特色协调发展，建设集约化高水平职业教育基地，构建起满足区域需求、适应现代产业体系的现代职业教育体系。

广东作为我国经济大省，也是职业教育大省，职业院校数量约占全国的1/12，在校生人数约占全国的1/10，规模居全国首位。根据全国职业院校专业设置管理与公共信息服务平台数据，广东通过高等职业教育专业设置备案的专业点共4002个。于2013年率先启动了中高职衔接专业教学标准和课程标准的研制工作，通过科学建立现代职业教育标准体系，推动人才培养过程及评价方式规范化和标准化，促进职业教育内部衔接和外部对接，全面提高人才培养质量。在国家层面，广东承担了教育部委托的市场营销、运动训练2个高等职业教育专业教学标准研发项目，职业教育成为其培养技术技能人才的主阵地。中等职业教育招生规模、在校生规模及每万名户籍人口中等职业教育在校生连续五年保持全国第一，呈现校企合作“量大面广”的改革成效①。每年为社会输送超过25万名高端技术技能人才，就业率保持在95%左右，本省就业率为94%，到中小微企业等基层组织工作的就业率为71.92%②。改革开放40多年来，广东职业教育不断创新，主动对接区域经济社会发展，构建与现代产业体系相适应的专业结构，为全省甚至全国源源不断地输送了大量高素质技术技能人才。据统计，广东省新增技术技能人才近七成由职业院校配置。实践充分证明，大力发展职业教育是广东实现产业优化升级、增强经济持续竞争力的根本所在。

广东省作为我国的经济发达省份，未来需要依托职业教育改革发展和强有力的技能型人才支撑发展经济。为此，广东省委、省政府专门部署了关于建设“我国南方教育高地”的战略计划，要求全省职业教育必须适应新形势，通过对全省职业教育空间布局、发展目标与规模、层次结构、专业建设、

---

① 《南方日报》2016年7月3日。

② 《广东省高等职业教育质量年度报告2019》，http://www.gd.gov.cn/wzfj/广东省高等职业教育质量年度报告(2019).pdf。

院校整合等方面进行全局性、战略性调整优化，建立适应经济社会发展要求的职业教育体系，对提升广东职业教育发展水平提出了更高要求，同时也为广东省推进新型城市化、社会主义现代化建设奠定了坚实基础。

二、发展特点与思路

（一）现代职业教育体系特点

广东职业教育改革和发展基本点：实现职业教育与普通教育相互融通，职业教育与高等教育相互衔接，职业教育与成人教育相互渗透，职业教育与劳动就业紧密结合，建立了布局合理，科类齐全，以就业为导向，产学结合，校企联合教育体。以开放性教育理念、开放性校园文化、开放性教育功能定位、开放性教育层次、开放性教育模式和开放性区域发展等为基础平台搭建现代职业教育体系。

1. 学习型社会体系下的开放性教育理念

高等职业教育根本属性“终身性”。广东省特色高等职业教育与普通高等教育的重要区别还在于广泛开展职前教育、职后教育、准入资格培训、岗位技能培训、员工学历提升培训等。从终身教育角度看，非学历教育已不再是学历教育的补充教育，要求高等职业教育必须适应经济社会发展，调整优化结构，实现功能转变，加快终身学习设施建设步伐，面向社会积极开展多层次、多形式的职业培训，为学生分流就业和回流深造提供机会，促进高端技能型专门人才全面发展和终身发展。“学有所教、学有所成、学有所用”，以终身教育体系作为广东现代职业教育体系的核心教育理念。

2. 以文化融合建构开放性校园文化的职业特色

广东省一直把建设有职业教育特色、融合现代产业文化的校园文化作为一项重要工作。着力培养“德技双全”、综合素质高的技能型人才。“以校企文化对接为切入点，进一步凸现校园文化的职业特色”。“要树立校企文化对接意识,以职场文化建设为重点,校企合作,共同构建与优秀企业文化对接的校园文化"。各职业院校通过各种主题职业活动来承载职业道德、职业意识和技能教育,增强学生职业意识和职业素质。

3. 创新中高职教育协调发展的开放性教育功能定位

优化职业教育结构,构建现代职业教育体系,以对职业教育进行科学定位为基础。"必须明确中等和高等职业学校定位,在各自层面上办出特色、提高质量,促进学生全面发展。"广东特色现代职业教育体系从职业教育区域分布、专业设置、教育层次、人才培养类型等方面构建,具体包括:中职教育与高职教育的衔接、专业文凭与职业资格证书的融通、职业教育与职业培训的沟通。

(二)发展特点

1. 综合发展实力全国领先

一是规模全国领先。广东已形成了中等、高等职业教育及职业培训共同发展的全国最大规模的职业教育体系,中等职业学校在校生规模2010年起就超过普通高中。且中等职业教育规模、在校生规模及每万名户籍人口中等职业教育在校生连续10多年保持全国第一。《广东省中等职业教育质量年度报告2018》(以下简称《报告》)①显示,2018年,广东省共有独立设置的中等职业学校444所,校均规模1953人。以广州市中等职业学校数最多,占全省总量的18.47%,其次湛江市53所,排在第三的佛山市33所,最少的是阳江市5所(图6-1)。这与其经济社会与产业发展布局有着高度一致性。另外,全省共有39所国家中等职业教育改革发展示范学校,124所国家级重点中等职业学校;48所省级示范学校,225所省级重点中等职业学校。

① 广东省教育厅官网:《广东省中等职业教育质量年度报告2018》,http://edu.gd.gov.cn/zxzx/btxx/content/post_2271672.html。

《报告》显示，2018 年全省中等职业学校招生数 29.72 万人，在校生 86.73 万人。与 2017 年相比招生减少 7.78%，在校生减少 12.74%。在高中阶段教育生源逐渐减少大背景下，中等职业学校在校生规模缓慢下降，但总体依然稳定。

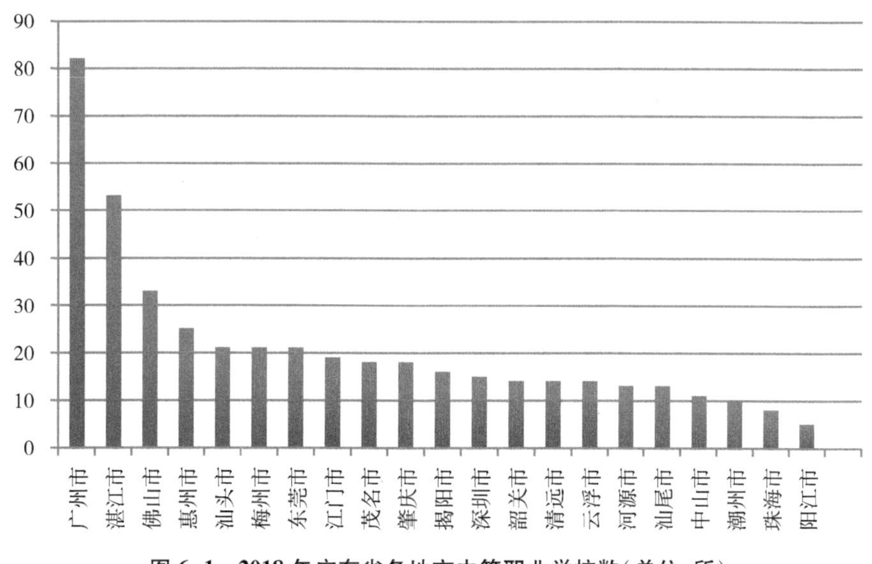

图 6-1　2018 年广东省各地市中等职业学校数（单位：所）

资料来源：广东省教育厅官网：《广东省中等职业教育质量年度报告 2018》，http://edu.gd.gov.cn/zxzx/btxx/content/post_2271672.html。

具体看，广州市无论招生数还是在校生数均名列前茅（图 6-2），广州市在校生数 184094 人，占全省总量的 21.23%，该年招生数为 66026 人，占全省总量的 22.22%，两项指标均远高于其他地市，也高于其学校数占总量的比重。但招生数、在校生人数与学校数也不一定完全对等，比如佛山有 33 所中等职业学校，招生数（18527 人）、在校生人数（60002 人），均高于拥有 53 所学校的湛江市，两项值分别为 18473 人、59927 人，说明各校均人数差异较大。

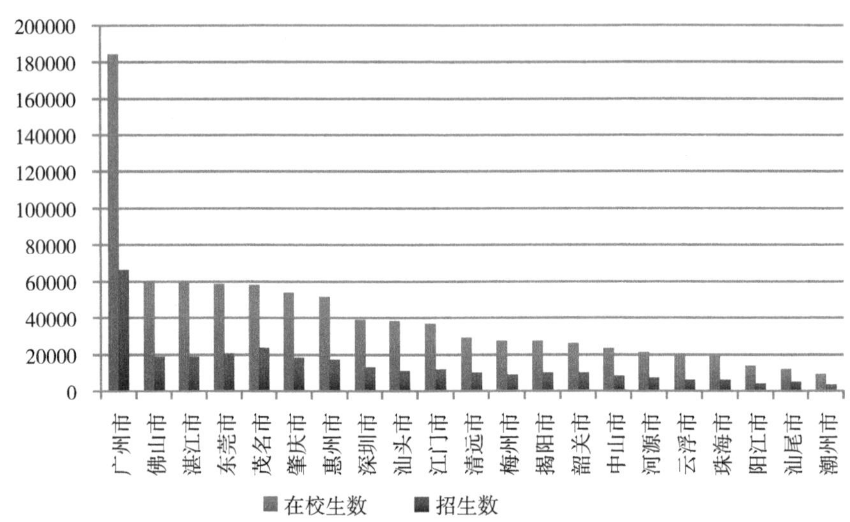

图 6-2　广东省各地市中等职业学校在校生数与招生数(单位:人)

资料来源:广东省教育厅官网:《广东省中等职业教育质量年度报告 2018》,http://edu.gd.gov.cn/zxzx/btxx/content/post_2271672.html。

二是办学水平位居全国前列。广东技工教育连续多年保持在校生数、当年招生数、校均规模、就业率、技能鉴定人数、教学科研成果、全国性技能竞赛获奖名次和奖牌数目、高技能人才培养量等 8 项综合指标位居全国首位。

三是构建现代职业教育体系全国领先。广东省积极探索高技能人才培养机制,构建中等职业教育、高等职业教育、应用型本科教育、专业学位研究生教育纵向衔接的技能人才培养体系。其现代职教体系工作被教育部批准为"改革职业教育办学模式,构建现代职业教育体系"国家教育体制改革试点地区。广东省所建成的现代职业教育体系具有典型的广东特色、适应经济社会发展、基本达到世界水平。

四是职业教育改革全国领先。为适应经济社会发展和产业结构调整升级对技能型人才培养新要求,广东省不断深化职业教育办学体制机制和人才培养模式改革。涌现了“双精准”专业示范点建设工作，对标粤港澳大湾区产业发展规划，2018 年已确立了 108 个省中等职业教育“双精准”示范专业建设点，助力大湾区建设，参与高职院校产学合作的企业数达 20779 个，高职院校在企业建实习实训基地 18919 个，2018 年省级财政投入 9.8 亿元建设职教示范基地①。另外还包括诸如“校企双制”“一校多制”“企业校区”“园区办学”等多种办学模式。扶贫扶志“双零”（零学费入学、零距离上岗）人才培养模式改革试点取得丰硕成果，成为全国职教改革的一面旗帜，积极推动并形成了职业教育多元办学格局。

2. 办学体制机制不断创新

一是深化推进教学改革。广东职业院校教育教学一直遵循经济发展规律、人的认知成长规律、职业教育内在发展三大规律，积极开展教育教学改革，在专业建设、课程设计、师资队伍建设、教材应用、教学环境、教学方式、评价方式等努力创新。全省高职院校通过实施“广东省高职高专教育改革与实践工程”，通过示范性高职院校、示范专业、精品课程、实训基地和“双师型”教师队伍等项目建设，引导高职院校加强内涵建设，深化改革提高质量。中职学校推进“名校”“名专业”“名师”建设计划，积极开展专业建设，启动课改试点、粤东西北地区中职校长到珠三角学校挂职培养提升计划、专业带头人和专业科组长培训活动，开展以骨干教师为重点的“双师型”师资队伍建设。

二是大力推进教育基地建设。职教基地是职业教育集约发展、提高效益的重要途径，是构建现代职教体系的重要载体，是加快技能人才培养速度，扩大人才培养规模，满足区域产业发展需要的必由之路。广东省大力推进职业教育集团化办学，作为推动高等职业院校创新办学体制机制和深化

① 《广东省高等职业教育质量年度报告 2019》，http://www.gd.gov.cn/wzfj/广东省高等职业教育质量年度报告(2019).pdf。

产教融合,充分发挥职教集团在资源整合、产教融合、师资培养和校企合作等优势,使职教基地建设成为深化产教融合、校企合作的重要抓手。

三是积极探索人才培养模式。广东省着力推进教育与产业、学校与企业、专业设置与职业岗位、课程教材与职业标准、教学过程与生产过程的深度对接,探索多样化人才培养模式。2009 年起,广东开展中高职对口自主招生、推进中高职一体化培养高技能人才试点工作,取得了众多阶段性成果。在国家示范性高职院校试点单独招生,探索多样化高职教育生源选拔评价机制,完善“知识+技能”入学考核机制。加强国际合作,开展联合办学、开发专业课程、师资培训、学生交流等活动,与英国、德国、澳大利亚、新加坡等国家有关部门和机构签署职业教育合作意向书和备忘录。校企一体集团化办学取得新进展,专业建设全面融入产业链、承包制生产性实训、校企参股提升技能等 6 个教学模式入选教育部案例集,入选案例居全国首位。

3. 社会服务能力提高快

一是成为技能人才培养主阵地。职业院校已为全省社会经济发展输送了 300 多万既有学历又有专业技能实用型人才,全省新增技能人才近 7 成来自职业院校。从技工学校学生毕业生人数与在校生人数看,2000 年全省技工学校毕业生数 4.28 万人,2018 年上升到 16.51 万人。在校学生数从 2000 年的 15.46 万人上升到 2018 年的 54.27 万人,在校生 38.81 万人①,2018 年全日制高职在校生规模达 75.91 万人②,职业教育快速发展为社会培育了市场需求的众多技能人才。

二是有力推动了“双转移”战略。通过不断加大珠三角中等职业学校

① 广东省教育厅官网:《广东省中等职业教育质量年度报告 2018”》,http://edu.gd.gov.cn/zxzx/btxx/content/post_2271672.html。

② 《广东省高等职业教育质量年度报告 2019》,http://www.gd.gov.cn/wzfj/广东省高等职业教育质量年度报告(2019).pdf。

面向粤东西北地区的转移招生力度，服务“双转移”战略成效显著。2020年，广东省在全国率先基本实现教育现代化，基本形成学习型社会，以珠江三角洲地区为核心，与港澳紧密合作，把广东建设成为教育强省和人力资源强省，建成了我国南方重要的职业教育基地。

三是服务社会能力进一步提升。坚持发挥职业院校主阵地作用，大力推进农村存量劳动力转移培训。创新实施村官职业教育试点工作，着力培养培训一批政治素质高、业务能力强的农村致富带头人。实现了“培养一人、成才一人、脱贫一户、带动一方”的目标，在服务“三农”、推动区域经济社会协调发展中发挥了重要且不可替代的作用。从数量上，广东省技术技能人才依然短缺，作为制造业大省，全省有着大量用人需求，还可以带动职业教育进一步发展。

4. 教学资源集聚

一是投入保障力度不断加大。2017 年全省高职院校经费总投入 191.26 亿元，该年实现了职业院校经费总收入与财政投入增长率达 39.44%①。2013 年起，为促进职业教育发展，广东将中职教育免学费实施范围扩大至所有农村（含县镇）户籍全日制在校生。

二是发展条件进一步改善。广东省高职教育在国家和省级示范院校建设、特色专业建设、精品课程建设、实训基地建设、专兼结合教学团队建设方面取得了一系列成就。至 2018 年底，广东省共有独立设置的高等职业院校 88 所，国家示范性高职院校和国家骨干高职院校 11 所，教育部现代学徒制高职院校 27 所，省级示范性高职院校 25 所，中央财政支持实训基地 41 个，省级高职教育示范性专业 100 个，全省高职院校共开设 426 个专业，覆盖 19 个专业大类，专业布点数 3001 个，平均专业布点数 7.05 个，其中与“中国制

① 《广东省高等职业教育质量年度报告 2019》，http://www.gd.gov.cn/wzfj/广东省高等职业教育质量年度报告（2019）.pdf。

造 2025”密切相关的专业布点数和培养规模稳步增加①。

三是师资队伍进一步扩大。师资培训方式采取“基地培训+企业实践”模式，实施中职学校师资技能提升计划和专业带头人培养计划模式，针对不同情况实施不同创新培训模式，比如为高职院校开展“送教上门”服务，与德国 China Window 公司合作成立了中德（广州）职业技术培训中心，以培训中心为平台，开展“德国 IHK 培训师资格证培训”等高职院校师资培训项目。2018 年，全省教师总人数平均（人/校）为 631. 5，全国为 463. 5，硕士学位平均人数（人/校）广东为 225，全国为 153，“双师”素质教师人数（人/校）广东为 233，全国为 166 人，生师比比全国高了 0. 16②。

5. 发展方向明确

一是推进“五个统一”。全省要求按照统一发展规划，统一招生平台，统一经费投入，统一资源配置，统一人才培养评价标准等要求，统筹推进职业教育发展。

二是突出“六个重点”。提出了从创新技能人才培养培训体系，提高师资队伍素质水平，推进校企一体化合作，构建多元办学格局，实施技能人才激励政策，推进职业教育与普通教育协调发展等六个方面，构建现代职业教育体系。

三是实施“六项工程”。提出实施南方重要职业教育基地建设工程、示范性职业院校建设工程、职业教育实训中心建设工程、高端技能型人才队伍建设工程、职业院校基础能力建设工程、信息化建设工程等六大工程，打造南方重要职业教育基地。

① 《广东省高等职业教育质量年度报告 2019》，http://www.gd.gov.cn/wzfj/广东省高等职业教育质量年度报告（2019）.pdf。

② 《广东省高等职业教育质量年度报告 2019》，http://www.gd.gov.cn/wzfj/广东省高等职业教育质量年度报告（2019）.pdf。

（三）职教园区建设定位准确

广东职教园区建设模式分为三种类型：

1. 功能综合的大型职教园区模式

清远市省级职教园区和广州教育城是广东省正在规划建设的两个大型职教园区，两个职教园区总占地面积都超过 20 平方公里，园区内学生规模都超过 20 万人。一是占地面积大，学校数量、学生数量多，建设规模巨大。二是功能综合复杂。清远市省级职教园区的建设目标是“以职业教育产业为驱动引擎，融山、水、林、城为一体，集教育培训、研发孵化、商贸服务、文化娱乐、运动休闲等功能的多元复合型宜居智慧新区”。园区有非建设用地 1434.78 公顷，基本都是山水自然生态，城市建设用地中，除教学用地外，居住用地 472.85 公顷，商业服务业设施用地 224.12 公顷，交通设施用地 222.26 公顷。整体上按一个新的城市区域规划设计。三是园区定位与城市整体规划紧密结合。清远市省级职教园区的发展定位是建设成为广东省职业教育示范基地，使之成为清远市全面对接珠三角的着力点，推动清远城市空间拓展和功能升级，吸引高素质人才，促进清远产业和经济社会发展。广州教育城周边的广州开发区、增城经济技术开发区、国际健康产业园等先进制造业片区对中高级技工形成了强大需求，为教育城职业教育发展提供了支撑，最终形成“产—学—研—城”相互融合的发展格局。

2. 资源整合的区域型职教园区模式

“南方职教基地”战略发布后，各地州统筹规划职业教育资源实现了扩容和提升。比如中山的五桂山职教园区、东莞的横沥东莞职教城、惠州的惠城区三栋镇职教园区是典型代表。2009 年以来，广东实施“双转移”战略，珠三角地区产业结构调整升级，劳动密集型产业向东西两翼和粤北山区转移，粤东西北地区的劳动力向第二、第三产业和珠三角地区转移，极大地激发了粤东西北地区职业教育需求和发展潜力，部分地市优先发展职业教育，整合职教资源，建设区域型职教园区，比如湛江的湖光农场职教园区。

广东区域型职教园区主要特点有：一是占地面积在500公顷（5000亩）以下，园区入驻院校数量3—5所。区域型职教园区的规模大小与该区域职教资源的整体情况和发展需要密切相关，因此，规划园区大小、集中程度因地而异。二是功能重点突出，院校组团方式多样化。中山、东莞、惠州工业制造类产业集中，职业教育有很大发展空间和潜力，进一步扩大中职教育规模，推进中职教育与产业对接，提升高职教育发展空间。针对不同情况，职教园区功能重点和院校组团方式各不相同。中山市职教园区、惠州职教园区是中、高职院校集中在一个园区发展，相互依托，资源共享；东莞职教园区将高职园区和中职园区分别规划，东莞职业技术学院与东莞理工学院资源共享，中职园区理工学校与技师学院、公共实训中心资源共享。

3. 片区整合的专业组合型职教园区模式

广东省职业教育系统较为完整，有良好职业教育发展基础的珠三角地区的深圳、佛山、珠海等中心城市，上述城市在建设“南方职教基地”方式上不是以新建职教园区为重点，而是以突出专业集群优势、增强职业教育与产业体系的匹配度为重点，根据区域产业布局建设成为集约化、集群式专业技术人才培养基地。比如深圳市把“探索以产业园区为依托的职业教育园区建设”作为职业教育发展重点工程。根据规划，把深圳职业技术学院和深圳信息职业技术学院建设成为高级技能与工艺型人才培养基地、中高职衔接和高技能人才的孵化器；盐田、龙岗两区组团建设成为集物流、旅游和先进制造业职教基地；宝安、光明两区组团建设成为集服装、汽车、模具和服务业职教基地；福田、罗湖、南山三区组团建设成为集金融事务、电子与信息技术、珠宝和创意产业于一体的职教基地。

第二节　广东省现代职业教育成功发展经验

一、形成了特色现代职业教育标准体系的实践功能

(一)解决了普通职业教育不能满足产业升级人才需求问题

当前,以"智能工厂""智能生产"为主题、融合工业企业和互联网企业的"工业4.0"浪潮正深刻影响整个社会,同时以互联网引领转型升级,主动瞄准技术密集型产业和高端服务业,形成了广东经济发展新业态。2019年,广东省实现地区生产总值(初步核算数)107671.07亿元,全国排名第一。人均地区生产总值94172元(按年平均汇率折算为13651美元),已进入工业化中后期,符合"工业4.0"时代发展的经济特征。"工业4.0"在为广东产业转型升级提供契机的同时,深刻改变着现有生产方式和产业组织形式,同时带来人才需求结构的变化。"工业4.0"相当于全球化一起生产,这要求一线生产的员工具备对产品的判断和立刻作出决策能力,因而对从业者的组织能力、沟通能力、综合能力、素质和前瞻性的要求非常高。

在当前广东职业教育尚不能充分满足产业转型升级带来的人才需求背景下,对相关企业技术变化、运营方式变化、劳动组织变化等带来的岗位职业能力变化进行深入分析,将其准确反映在职业教育教学标准中,可以较好地解决职业教育与现代产业对接不畅问题,引导省内职业院校相关专业人才培养朝现代产业发展方向调整。无论是普通高等教育还是职业教育均需进一步开放,面向世界开放,作为未来广东现代职业教育发展趋势。

（二）解决了普通职业教育体系内部中职、高职、应用型本科衔接不畅问题

现代职业教育是一个包括中职、专科高职、应用型本科直至专业学位研究生的完整体系，近年来，广东致力于现代职业教育体系内部中职、专科高职、应用型本科形式衔接。2010 年启动“中高职衔接”试点工作以来，全省共 46 所高职院校开展中高职衔接试点工作，占高职院校的 58%，163 所中职学校参加中高职衔接试点，占中职学校总数的 1/5，高职衔接计划招生数达 7 万多人，中职学校参与中高职衔接三二分段的学生数超过 20 万人。2013 年起，广东先后开始试行专本“3+2”和“2+2”分段培养。2014 年，东莞职业技术学院等 14 所高职院校与东莞理工学院等 11 所本科院校的 13 个专业开展专本“3+2”分段培养，佛山职业技术学院等 9 所高职院校与佛山科学技术学院等 9 所本科院校的 11 个专业开展专本“2+2”分段培养。广东中高衔接、专本衔接的专业数和规模还在不断扩大。广东职业教育对如何从形式对接转向人才培养目标、人才培养方案、课程、教学方法等方面进行了实质对接，作为提升中高职衔接、高职本科衔接质量的关键所在，且通过研制中高本一体化专业教学标准给予了准确界定。

（三）解决了不同学校同专业人才培养规格差异与质量难题

不同学校同一专业虽然需要体现学校自身及所在区域特色，但在人才培养规格核心指标，如人才培养目标、核心课程结构、基本资源配置、人才评价等方面应基本一致，如果不同学校同一专业培养出的学生质量参差不齐、规格五花八门，导致学生、家长、企业和社会对职业教育人才培养不理解、不认同。针对不同学校同一专业人才培养规格差异较大，不同学校同一专业人才培养方案各不相同、互不对接的情形，广东通过研制统一的专业教学标准予以了改变（图 6-3）。做到了既建立统一的专业教学标准，同时实现不同学校同一专业的人才培养方案保持相对统一，做到既特色鲜明又规范可控。

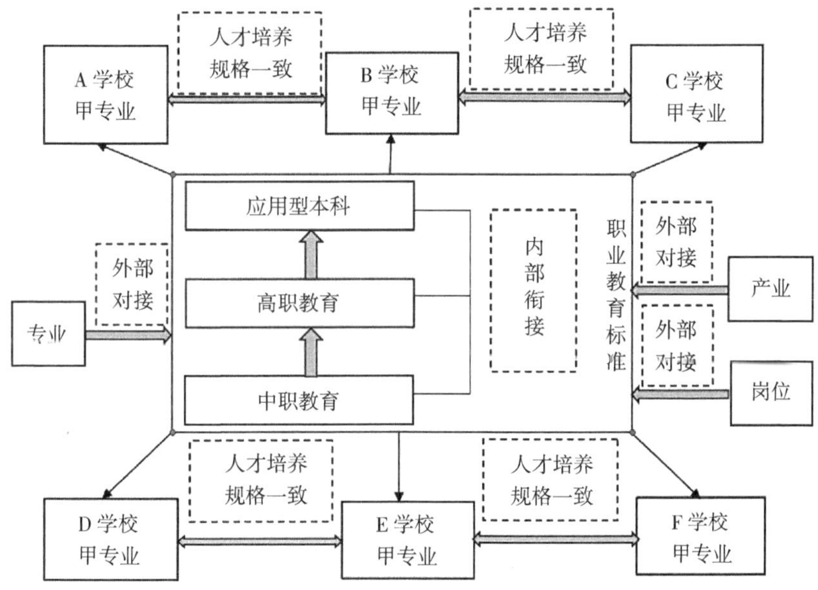

图6-3　广东特色职业教育标准体系示意图

（四）实现了高对口就业率

2018年，广东中等职业学校毕业生总数28.53万人，就业学生数27.94万人，就业率为97.91%，高职院校就业率达94.56%，与2017年基本持平并继续保持高位（2017年就业率为98.00%）。毕业生到国家机关及各种所有制企事业单位的比例最大，占直接就业学生的73.84%，其中个体经营占比21.22%。从就业地域看，本地就业的毕业生比重最大，占直接就业学生的76.61%①。

从全省各专业大类就业率看，学生就业率均超过95%（图6-4），其中司法服务类专业学生就业率最高，达99.94%，其次是石油化工类，99.59%，

① 广东省教育厅官网：《广东省中等职业教育质量年度报告2018》，http://edu.gd.gov.cn/zxzx/btxx/content/post_2271672.html。

排第三的是体育与健身类，也达 99.22%，最低的是医药卫生类，为 95.17%。在当今就业竞争日趋激烈的形势下，广东省中职毕业生对口就业率始终保持在较高水平，实现了就业岗位与专业基本一致，充分证明了中职学校在教育主管部门指导下，学校积极适应就业市场需求和区域产业发展特点，遵循办学规律，不断提高办学水平，做好就业准备相关工作，为就业打下坚实基础。同时也反映出学校加强学生职业技能训练与职业素养养成上取得的好成绩。这些既体现出全省中职学校各专业毕业生继续受到了市场认可，中职教育与产业经济发展紧密相连相扣，是支撑和保障区域经济发展的重要力量之一，也证实了广东中职学校培养技能人才为本地经济发展发挥出重大作用。

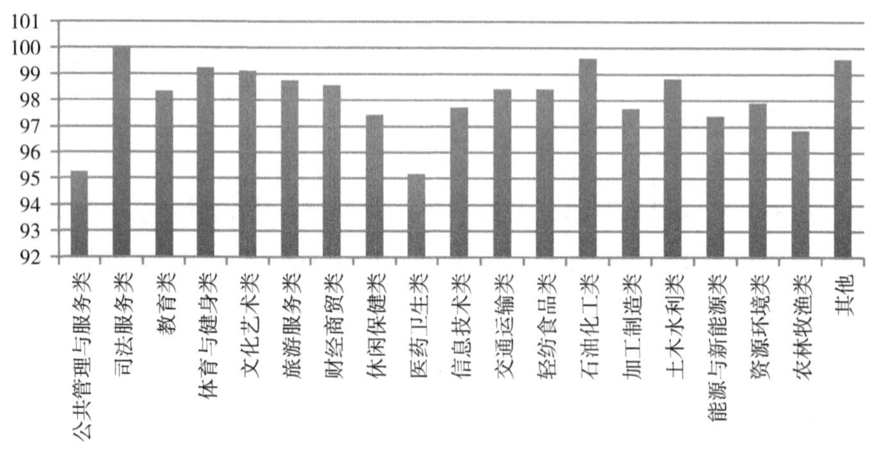

图 6-4　广东省各专业大类就业率（单位：%）

资料来源：广东省教育厅官网：《广东省中等职业教育质量年度报告 2018》，http://edu.gd.gov.cn/zxzx/btxx/content/post_2271672.html。

二、现代职业教育制度体系的构建

（一）形成了较完整的学制体系

广东省已建立了较完备的现代职业教育学制体系。一是中等职业学校学制比较成熟。经过30多年的积淀、调整、补充、完善，广东省中职学校办学任务、入学条件、学习年限基本稳定下来，有着科学的监督管理制度。二是高职院校学制形成。尽管高职院校入学制度已多样化，高职院校学制除了普通高考外，主要有三种入学制度：第一，高职自主招生制度（试点）；第二，“三、二分段”制度（试点），即经过三年中职教育，符合条件的转入高职院校；第三，“3+专业技能证书”招生制度（“3”指语数英）。但超过80%的招生计划依然执行普通高等学校入学制度。三是应用型本科院校学制正在探索。有两所高校的若干专业进行试点，入学制度与其他普通本科院校一样，中高职毕业生还没能与其招生衔接。四是专业研究生学位制度已形成。全省共有35个类别的专业学位研究生教育，由于应用型本科院校还没建立，专业学位研究生教育生源基本上来自普通高等教育系统的本科毕业生，当然普通高等教育系统的毕业生进入专业学位研究生也是学制衔接的本意之一。但由于应用型本科还没建立起来，中高职毕业生基本上只能通过进入普通本科或成人教育本科、自考本科之后才有条件考上专业学位研究生。从教育层次、学校层级、入学条件、学习年限、专业学位五个方面进行基本框架设计（表6-1）。

表6-1　广东省现代职业教育学制系统的构建

<table>
<tr><th>教育层次</th><th>学校层级</th><th>入学条件</th><th>学习年限</th><th>专业学位</th></tr>
<tr><td rowspan="2">研究生</td><td rowspan="2">普通本科院校
应用科技大学</td><td>专硕或学硕参加考试，择优录取</td><td>2年</td><td>专业博士</td></tr>
<tr><td>专硕或学硕参加考试，择优录取</td><td>2年</td><td>专业硕士</td></tr>
<tr><td rowspan="2">本科</td><td rowspan="2">应用科技大学</td><td>参加高考，择优录取；参加“3+专业技能证书”考试择优录取；同等学力+3年职业年资；高中毕业文凭和毕业成绩，注册入学</td><td>4年</td><td>专业学士</td></tr>
<tr><td>高中毕业，参加本科插班考试，择优录取；同等学力+5年职业年资</td><td>2年</td><td>专业学士</td></tr>
</table>

续表

教育层次	学校层级	入学条件	学习年限	专业学位
专科	高职院校	初中毕业,凭中考成绩入学;同等学力+ 3 年职业年资;高职院校自主招生,“三二分段”初中毕业和5年	5年	
		职业年资;凭高中包括中职学校毕业文凭,注册入学;参加普通高考,择优录取;参加“3 + 专业技能证书”考试,择优录取	3年	
中职	中等职业学校	凭初中毕业文凭,注册入学;有持续3年职业年资;同等学力	3年	

(二)构建了技能型人才培养的开放性教育层次

积极探索在职业教育系统内部设置高职本科与应用型硕士、博士等更高层次的职业教育新模式。专科、本科、研究生等层次共同构成健全的高等职业教育体系。另外还设计了非学历的在职培训、转岗培训和继续教育。这些不同办学层次和办学形式的职业教育之间相互衔接、纵向贯通,形成统一整体。从终身教育的大教育观出发,高等职业教育与普通高等教育,二者相互沟通、相互渗透、取长补短,系统内部纵向贯通,外部与普通教育横向立交。真正地实现终身职业教育,使不同层次的职业教育学生可以顺畅地选择其他教育形式进行继续教育。对高考制度进行适度改革,设计合适的接口,使中等职业教育与普通高等教育有效衔接;对入学考试制度进行改革,设计合适接口,使高等职业教育与其他高等教育有效衔接。

(三)完善了城乡职业教育协调发展的开放性区域发展模式

“加快发展面向农村的职业教育,对在工业化、城镇化深入发展中同步推进农业现代化,推进社会主义新农村建设,推动城乡统筹发展,建设教育强国和人力资源强国,具有重大而深远的意义。”广东省早就打破了职业教育服务城乡分割局面,建立了多元投资主体办学机制。采用灵活多样方式,鼓励多元投资主体举办农村职业教育。建立农村职业教育应当与本地区产业结构特点相适应的发展模式。将传统农业类教育与第二、第三产业类教育协调起来。开设有关农业和非农业职业技能和经营管理知识课程，以培养适应现代化农业所要求的新型农民，便于农村富余劳动力向非农产业转移。完善农村中介服务体系，为农民提供各种信息服务，帮助农民解决生产和学习中遇到的问题。

三、职业教育发展成功经验

（一）工学结合，不断优化职业教育

一是顶岗实习。这是目前广东职业院校普遍实施的校外工学结合典型模式，需要在学校和企业合作的平台支撑进行。二是校内建立实训车间或者经营实体。这是广东省职教的普遍现象，学校享有充分自主选择权，不受企业限制，可随时安排理论或实践教学。三是软件模拟实际训练。有些职业中要求学生能够熟练掌握操作价值昂贵的高精尖设备，这对于职业院校有不小压力。从设备购买、运行和后期维修保护费用给学校带来了负担。而学校运用软件模拟实训可较好地解决这一难题。

（二）内外联动，办学机制不断创新

内外联动可让职业教育突破限制，实现资源利用最大化，扩大了职业教育范围。广东省职业院校通过学校与学校、学校和行业以及企业三方联合，产生了职业院校内生活力，从而加快了职业教育发展速度；同时，校校联合充分发挥了珠江三角洲地区中等职业学校的资源和就业优势，对推动粤东西北中等职业教育发展，提升广东省中等职业教育整体水平具有很强的推动作用。在广东省职业院校中，学校与企业的合作被认为是重要的职业教育办学模式之一。各大职业院校都在努力寻找企业合作伙伴，推行工学结合人才培养模式，如广东轻工业职业技术学校、广东交通职业技术学院、番

禺职业技术学院等，针对校企人才培养探索出了成熟的发展模式。

（三）教育资源整合，不断优化教育资源配置

2006年开始，广东省相继采取了一系列措施对区域内职业院校布局进行了重新调整、优化重组，撤并了招生规模小、办学条件差、布局不合理的多所职业院校，把留下来的职业院校做强、做优。对解决粤东西北本地中职教育资源不足，提高本地区人力资源水平和劳动力素质等方面发挥了突出而显著的作用。

（四）提高职业教育社会服务功能

职业院校教育与普通学校相比，社会服务职能更突出、意义更重要。开展社会服务作为区域经济社会发展客观要求，同时也是学校生存发展需要。广东省高职院校秉承“行业指导、企业参与”办学体制，以“行业—企业—学校”一体化办学理念，利用建设国家中等职业教育改革发展示范学校等契机，立足地方经济产业升级，依托行业创新发展，满足区域内农村、企业及社区对职业教育培养多样化需求，开发针对农村服务教学资源，使学校人才培养逐步由“企业配合”培养向“校企联合”培养转变。广东省深化职业教育改革，把提升社会服务能力作为职业教育发展必然趋势，各学校除了主动适应市场和社会需求外，无论专业设置还是职业园区建设，都随着地方经济发展方式转变及时“调整”，跟着地方产业调整升级及时“行走”，围绕企业技能型人才需要科学“转动”，适应市场需求变化实施灵活“变动”。

第三节　对云南职业教育发展的启示

目前，职业教育在国务院及省市政府高度重视下受到了前所未有的关

注，迎来了发展的大好机遇。在全国职业教育大发展背景下，云南省职业教育也得到了快速发展，为社会与市场提供了各种各样有用人才。广东职业教育有许多经验值得借鉴，给云南职业教育提供了诸多有益的启示。

一、构建与产业发展相适应的培养体系

（一）明确办学定位

云南省职业教育职业导向功能和办学定位还需进一步明确，尤其进一步增强职业教育体系对经济社会发展的敏感性、前瞻性洞察力，构建产业发展与职业教育良性互动机制。云南经济社会发展对应用性专门人才需求已从数量紧缺型转向结构与质量紧缺型。当前人才总量不小，但在专业特色、人才规格、地方特色、标准规范等方面还存在结构性缺陷。在院校布局、专业设置等方面，在加强社会和产业需求论证、区域产业结构特点，合理设置学校和专业，走差异化、特色化与走出去发展的云南道路有待进一步加强。

（二）构建灵活多样的培养模式

云南作为人口大省，也是全国职业教育规模较大省份，面临职业教育办学体制机制深化、人才培养模式创新改革等问题。职业教育发展已倡导和实践了好些年，但云南省职业教育培养模式依然映射出更多传统教育影子，比如注重理论轻实践性教学，未真正把加强实践教学落到实处，教学方法陈旧，理论与实践脱节。部分学校在教学内容、课程设置、教学方法、教学手段和产学研等方面进行了卓有成效的改革，也取得了一定成绩，但在实践教学环节上改革创新力度不够，没有形成科学合理的实践课程体系和课程大纲，实践性教学缺乏系统性、完整性和可操作性。还没有形成行之有效的考核机制，使学生对实践性教学不够重视，造成学生对所学理论知识缺乏直观认知，动手操作能力与技术技能训练欠缺。因此，科学制定与课程体系相对应的实践性教学大纲指导并践行实践教学，不断完善实践教学过程考核机制

及管理办法,使教学与考核达到内在统一,真正凸显实践教学重要性,继续探索行之有效的、适合本省人才培养与经济社会匹配的职业教育教学培养模式。

(三)推行与普通教育、成人教育衔接和互认机制

由于历史原因,云南省职业教育体系大多具有终结性教育性质,还未形成一个有利于受教育者终身发展的结构体系。近年来该局面虽有一定程度改观,但是初、中、高等职业教育间还未完全贯通,职业教育与成人教育沟通十分有限,职业教育与普通教育之间基本上处于隔离状态。由于缺乏相应制度和政策保障,实现"立交桥"畅通依旧任重道远,类似广东模式形成普通教育与职业教育开放融合、互连贯通的完备体系还很困难。

二、构建科学合理的职业教育管理体制

(一)完善云南职业教育规划体系

当前,云南职业教育尚未纳入统一规划体系,没有规范的制度形成统一体,与云南经济建设、产业转型、区域经济和社会发展相适应的合理结构体系尚未建成。未能形成类似广东职业教育根据区域及产业特点,以及职业教育布局形成的体系设计。从纵向结构看,当前职业教育体现比例失调,培养市场需求的技术工人学校过少,尤其是工科类学校,所培养的符合市场需求的人才也相对较少,比如新型高原生态农业产业发展技术技能人才的培养、农业产业一体化人才培养等;从管理体制看,存在教育部门、劳动部门、行业、企业、社会团体等多种管理形式,政出多门,容易造成决策滞后甚至失误。

(二)构建职业教育、普通教育、终身教育一体化体系

自改革开放以来,职业教育经历了不同发展阶段,每个阶段都面临不同新问题。从职业教育组成体系看,中等职业教育与高等职业教育不同层次

之间、学历教育与职业培训不同教育模式之间联系松散,职业教育还没有形成一个有利于受教育者终身发展的结构体系。职业培训是职业教育“两条腿”中的一条腿,它与职业学校教育各居其位,相辅相成。目前,各种类型的技术培训和继续教育作为人才培养的重要环节,职业教育、职业资格证书教育以及劳动就业不能有效衔接,同时非学历教育、技能培训未能得到应有重视,发展困难。如果职业教育成为跛脚的鸭子,技能再好,也很难跟上经济社会发展步伐,难以为经济社会发展作出应有贡献。

(三)构建开放共享的职业教育体系

职业教育体系由于长期受计划经济影响,结构较为死板,体系相对封闭,体系与环境信息交换不畅,自我调节功能差,尚未在政府宏观指导下形成向社会和市场自我调节机制。职业教育内部向上缺乏贯通渠道与动力,外部缺乏与行业、企业的有效沟通频道与资本,也缺乏与普通教育的有效联通,学历证书与职业资格证书缺乏互通。职业教育作为服务国家战略、产业升级与转型、区域经济社会发展重要资源,云南正面临从“低端制造”向“精品制造”转型升级关键期,需要大量技术密集型劳动力者,更需要职业教育培养数以万计的职业技能人才,为此,应加快建立外部融通、内部衔接、多元立交的人才培养体系。

三、构建富有实效的现代职教集团

云南省第一个职教产业集团于 2015 年 9 月 22 日成立,这是一家整合相关院校、科研院所和企业等职业教育资源,推进产教融合、校企合作,促进优质资源开放共享、产业链和人才培养链融合发展的职教集团,比国内最早(1992 年)成立的职教集团晚了很多年。职业教育集团化办学晚、数量偏少、类型单一,多为区域性或行业性集团,缺少多元型和复合型集团。从实际效用看,少数发挥了一定作用,多数还只是“形象工程”,对内部成员没有控制力,基本处于“失灵”状态。

(一)尚未实现资源强强联合

云南职业教育集团化发展虽有着众多利好政策和发展空间,但职教集团资源未能实现强强联合,组织化程度依然不高,没有相应的配套组织与制度,缺乏成员联系与合作长效机制,难以发挥集约效应;集团功能单一,还停留在有限合作与发展阶段,难以满足成员单位多方利益诉求,集团成员参与积极性不高,依旧处于起步阶段。因此,如何立足职教集团科学化发展,如何加强各集团内部管理与外部联合体制机制建设,如何有序地开展各成员间、各集团间有效合作,及时地回应成员单位的利益诉求,完成各集团间年度工作目标,是当前急需研究探索的创新性工作,也是如何更好更快地实现区域经济发展的有力举措。

(二)内部控制失灵

组建职业教育集团的目的或实质是为了实现成员单位间在设备、师资、信息、实训基地、技能鉴定、就业等方面实现资源优化配置与共享,形成集团经营优势,最大限度地发挥办学与经营效益。当前,云南除了几家事业单位性质的集团内部管理相对紧密些,多为松散型职教集团组织,仅为集团成员搭建资源共享平台。有些集团仅挂了个牌,搭建平台合作只是一纸空言。有些集团网站半年甚至一年都未更新过,有的根本没有网站。很多行业、企业并没有加入职业教育集团的动力,被硬拉入集团后也无所作为,由于成员参与职业教育集团的广度和深度很低,有些职业教育集团形同虚设,最终导致已有职教集团也难以形成实际效应。

(三)服务范围较窄

职业教育集团从性质上属于非营利组织,非营利组织是市场和政府双重失灵后寻找的“第三只手”,但这只手有时也会失灵。萨拉蒙称之为“志愿失灵”。“志愿失灵”有一个表现就是“志愿不足”,即慈善活动狭隘性,只针对特定社会群体,忽视了另一些急需帮助的群体,导致资源浪费,云南职业教育集团同样也遇到上述“失灵”状态。牵头单位在集团日常工作中应起到重要作用,这样,集团往往只关注与牵头单位关系密切的单位,忽略了其他有需求的集团单位。如此狭窄的服务理念,不仅造成资源浪费与社会不良影响,对职业教育持续发展也极为不利。

(四)社会认可度较低

我国对职业教育与职教集团认可度低与发达国家不可同日而语。据统计,德国约 30%的青年选择上大学,约 70%选择职业教育。我国大部分学生及家长只有在彻底没有上高中的希望时才选择中职学校,考不上本科院校才考虑高职院校,职业院校成为考场失败者的无奈选择。云南省当前职业教育社会认可度的调研结果显示,男生对选择职教学院(校)学习的自我认可值为 19.37%,女性为 13.83%。职业教育认可度如此低,职教集团社会认可度更低。很多人对职教集团意义并不了解,一听到这个就以为是职业院校办企业。由于对职业教育存在偏见,更加觉得职业教育集团是“不务正业办企业”。云南已成立的 19 个职业教育集团实际成果不显著。很多职教集团除了成立时报道一下理事会信息、集团组织机构和章程外,大多无声无息,很难找到有效信息。

职教集团建立与发展,必须充分激发集团内生动力,获取外部支持,践行内外贯通。立足产业发展需要,实现职前职后一体化养成,深化现代学徒制,提升专业人才培养质量,高效实现服务产业转型升级与区域产业协调发展。

四、提升人力资源利用效益

(一)切实将人口结构优势转化为现实效益

云南省当前产业发展潜在优势大,人力资源储量丰富,人口结构优势较明显，劳动年龄人口丰富，但利用效益不高。通过与全国水平及发达省份广东相比，虽然云南省人力资源利用效益在不断提高，但相比广东以及全国平均水平是偏低的，使用效益亟待提高。人力资源利用效益的高低与多方面因素有关，人口产业结构不合理及教育水平落后是其中两个关键影响因素，要提高人力资源使用效益，必须注重产业结构优化升级与提高教育水平。只有切实提高人力资源利用效益，才能从根本上将云南人口结构潜在优势转化为现实收益。

（二）改变人力资本存量缓慢增长与不均衡现实

云南省人力资本总量有所增加，但增长缓慢且增长不均衡现象明显。近年来，人才总量不断增加，但与同期发达省份乃至全国平均水平相比，差距十分巨大。另外，云南省人才年均增长率慢于同期其他省份（2018 年，云南为 5.5%，湖南为 6%，四川为 6.8%），云南省人才总量增速相对缓慢，高端科技人才增长更慢。另一方面，各类人才增长速度不均衡现象明显，党政人才、专业技术人才以及经营管理人才中国有部分发展稳定，呈不断增长态势，而其他类型的人才，如高学历专业人才特别是杰出人才虽有一定增长，但增长较为缓慢。加大对人力资本的投入，是云南省提高人力资本存量关键所在，也是促进云南省经济增长的有效举措。

（三）积极扭转人才结构失衡状况

云南人才总量不断增加，但结构均衡状况不容乐观。全省现有人才从数量上与其他省市相比仍处于落后水平，特别是高层次专业技术人才、高级经营管理人才、高技能人才和农村实用人才短缺状况十分突出，专业技术人才匮乏是导致云南省经济社会发展长期落后于其他省市的一个重要原因，且该类人才过多集中在高等院校、科研院所及行政事业单位中，企业中专业技术人才分布明显不足，这使得企业创新活力不足，长期发展受到影响。同时，人才行业分布和地区布局也存在不合理现象，全省大部分各类优质人力资源主要集中在昆明、玉溪、昭通等经济发展相对较快较好地区，边疆边境地区人才供给和需求严重失衡，拉大了地区发展差距，致使地区经济发展更不平衡。

（四）加快高层次人才引进

人才素质虽有所提高，但问题依然存在，主要体现在高素质人才占比不高，提升缓慢上。高学历专业人才数量减少较多，2016 年全省党政、企业经营管理和专业技术人才中大学本科及以上学历人数相比 2011 年有所减少；高技能人才占技能劳动者比例比 2011 年仅提高了 3.9 个百分点。杰出人才增长缓慢，如本省所拥有院士总量仅 8 人，好几年没有变化。2016 年云南省人力资本投资占 GDP 比重为 14.10%，比 2015 年增加了 247.43 亿元，相较于 2015 年人力资本投资占 GDP 比重仅提高了 0.62 个百分点，且比全国水平低了 1.5 个百分点。① 另一方面，人才引进不力，导致各类人才引进缓慢，安置回国人员数也是好些年没有变化。

（五）提升人才效能

云南人才效能远低于全国水平，2016 年，云南省人才贡献率 17.51%，比全国 33.5%的贡献率低了 15.99 个百分点。同时，万人发明专利拥有量与 PTC 国家专利申请量也都低于全国水平，其中 PTC 国家专利申请量比 2015 年还减少了 17 项。另外，云南人才发展核心指标相对较缓慢，其中最关键、最核心的指标人才贡献率与高技能人才占技能劳动者比重仅分别增长了 0.1%与 1.6%②。

云南人力资源开发与利用有着一系列问题，其中最核心、最根本的是人

① 《2011—2016 年云南人才统计公报》，新华网，http://m.xinhuanet.com/yn/2017－12/08/c_136810730.htm。

② 《2011—2016 年云南人才统计公报》，新华网，http://m.xinhuanet.com/yn/2017－12/08/c_136810730.htm。

才观念滞后，教育体系建设落后，人才发展体制机制缺乏活力，人才环境软件与硬件支持力度欠缺等。因此，在推进本省人力资源开发中，在学习广东等发达省份的经验借鉴中，应将人才发展摆到突出位置，将人才观念更新，人才软件、硬件设施建设，人才环境营造与人才发展体制机制健全与创新早日提上议事日程，并尽快落地实施。

第七章　职业教育与产业融合发展路径选择

发展职业教育，是一项基础性、全局性和长远性的重大任务，是党中央、国务院在新时代作出的重大战略部署。党的十九大报告为职业教育发展指明了方向，“坚定实施科教兴国战略、人才强国战略……完善职业教育和培训体系，深化产教融合、校企合作”。随着《国家职业教育改革实施方案》等一系列重要文件出台，进一步明确职业教育是国民教育和人力资源开发体系的重要组成部分。

当前，云南职业教育领域也出现了许多新理念、新经验、新模式、新特色，逐渐走上了技能型人才培养快车道，但全省总体发展与经济社会发展需求还不相适应，需进一步推进职业教育与产业发展深度融合，有效服务云南经济发展方式转变和产业升级，加快构建具有云南特色的职业教育体系。

第一节　加快产业转型升级与职业教育改革

职业教育是以促进就业、适应产业发展与实现转型升级需求为导向的一项实惠教育，正如习近平总书记2019年8月20日考察甘肃省张掖市山丹培黎学校时所强调的:“实体经济是我国经济的重要支撑,做强实体经济需要大量技能型人才,需要大力弘扬工匠精神,发展职业教育前景广阔、大有可为。”经济发展,人才培养是核心。

一、优化产业结构,实现产业升级

当前云南省产业结构不合理主要表现在第一产业就业人口过于集中,第二、三产业就业人口比重过低,加上较低的人力资源利用效益,影响了产业效益。因此,亟须通过产业结构优化引导人口就业结构合理化,出台一系列政策措施,加快第二、三产业发展,进一步提高农业产业化步伐,积极引导劳动力从第一产业向第二、三产业合理流动,以弥补第二、三产业就业人员不足。

加大对中小企业扶持力度,完善财政、税收机制,减轻中小企业税收负担,切实解决企业贷款融资问题,促进企业对劳动力的吸纳,出台相应政策以鼓励社会创业创新热情,提高产业效益,促进经济发展。另外,充分利用云南区位与优势产业,加强对优势产业的引导与培育,让优势产业引领云南产业发展;加强劣势产业人力资源利用效益不高的原因研究,有针对性地加大对人力资源利用效益较低的劣势产业扶持力度,对症下药,充分发掘潜力,提高人口效率。

二、加大教育投入,促进科技创新

教育是人才培养第一阵线,也是最根本、最核心的途径。人力资源利用效益高低说到底是劳动力素质水平高低,高素质劳动力无疑可提高人力资源开发利用效益,而教育则直接决定了劳动力素质高低,教育对劳动力素质的培养及塑造作用不言而喻。因此,要提高劳动力素质就必须把教育事业摆在核心关键位置,进一步加大教育投入,提高教育投入在社会事业各项投入中的比重,加大对教育基础设施建设的投入,切实提高各级教师待遇,提高人口平均受教育年限。积极发展高等教育与职业教育,出台具体措施提高云南省高素质人才比重,完善职业教育配套措施,加强对劳动力职业技能培训。加大对高校及相关科研院所科研创新投入,促进科研成果转化,让科技引领产业发展,推动产业结构优化升级,提高成果转化效率。

三、完善宏观人口政策,促进人口结构调整

人口是人才发展的基础,只有具备相当的人口规模与合理的人口结构才能最大限度地发挥人力资源优势。当前云南省正处于劳动力年龄人口储量丰富的时期,人口抚养比较小,人口压力较小,经济增长不会因抚养负担而受阻。但随着生育率持续减低,人口结构不合理现象逐渐凸显,少子化与老龄化现象进一步发展会使得抚养比加重,经济增长人口红利逐渐式微,会给经济增长带来严峻挑战,因此要抓住国家“全面三孩”政策,加强宣传与形成实惠的配套措施,提高生育率,缓解日益严重的老龄化现象。加强社会保障政策制定与宣传,让每一个老百姓心中有政策,以解决后顾之忧。依据实际提高民众保障水平,解决生育家庭的后顾之忧。相关部门要针对云南省劳动年龄人口规模及结构,适时监测人口发展趋势,并对监测及预测结果进行考量,改善人口结构,使其朝向有利社会发展方向。找出其中不利于促进经济社会发展原因,并找出具体可行办法,促进人口与经济社会协调可持续,推进云南省经济社会快速发展。

四、加大人才引进力度,丰富人才资源储备

人才是人力资源开发中最核心的要素,是产业转型升级与经济发展的关键一环。树立科学人才观,不断创新人才发展体系,增强人才工作责任意识,从全局角度将人才发展提升到优先发展战略,努力做好人才发展工作。

人才培养上，通过拓展不同渠道，创设不同形式加强人才培养，构建人才培养长远规划，进一步建立健全人才市场体系，提高人力资源市场配置化程度，进一步加大对高校人才培养投入力度，切实出台相关措施积极鼓励毕业生留滇工作。

人才引进上，注重人才引进与相关措施完善，拓展人才引进渠道。抓住云南特色产业发展有利时机，以相应企业为平台，着力构建特色产业人才基地，发挥人才集聚效应。充分发挥高校及科研院所人才培养平台作用，以重大项目、重点课题为依托建立专家团队，实现以智聚才的目标。利用好东部地区产业向西部转移机会，加大招商引资力度，以更加优惠的条件吸引全国乃至国际优秀人才来滇工作。

人才培养与引进资金使用上，向优势项目、企业、高校及科研院所倾斜，为其提供良好的外部支持。加强“引才”“留才”“培训”三位一体支撑体系构建，切实保障人才发展规划顺利实施。

五、完善就业政策，健全就业服务体系

人力资源有效开发与就业息息相关，就业岗位不足无法吸纳更多富余劳动力，影响人力资源开发范围及广度。政府应通过制定与完善一系列就业政策促进产业发展，根据实际情况不断调整就业政策以适应不断变化的经济环境。通过不断深化改革，尽可能多地增加就业岗位，积极探索有效就业方式，如推行临时工与弹性工作制等。在促进就业具体工作中，鼓励职工跨地区、跨行业、跨所有制合理流动，充分利用流动所产生的替补倍增效应增加就业岗位。

通过宣传新的就业观念，积极动员并鼓励广大富余务农人员走向二、三产业就业，并从思想上根本转变农村人员不舍土地的情结。在拓宽人力资源开发渠道的同时还要关注特殊群体开发，随着医疗技术水平的提高，退休

老年人群体中不乏老当益壮人员,积极鼓励身体条件许可的老年人进行二次就业,积极开发第二次人口红利;另一方面,在全社会努力营造平等就业氛围,尊重并保障特殊群体利益。在做好促进就业的同时,积极发展社会保障事业,加快健全覆盖全体劳动者的城乡社会保险制度,逐步提高社会保障待遇,为实现充分就业做好保障工作,促进人力资源开发。

六、加快现代职业教育基础能力建设

当前云南职业教育基础设施较为落后,尤其很难满足学生实训需求。发展职业教育,首先必须提升职业教育教学实习实训空间,增加职业教育容纳能力与提升实践效果;其次,在做优做强普通高中教育、普通高等教育的同时,需要尽快提高职业教育质量,以满足市场对人才的要求与雇主的需求;最后,尽快打通职业教育上升发展通道,包括中职学生升入高职高专通道,高职高专升入应用型本科通道,高职本科进入研究生阶段通道。

第二节　职业教育与产业协调发展路径选择

一、以区域产业为基础,加强政府对专业设置的宏观调控

职业教育的直接服务对象是区域经济社会发展和产业结构转型。专业设置和专业结构调整必须符合区域经济和产业结构升级发展,专业设置要针对区域经济和产业升级要求,灵活变通地开设并及时调整。

(一)根据产业发展需要,做好专业设置与规划

云南省职业教育专业发展过快或过慢都无法适应产业结构转型升级。政府相关部门应综合考虑地区经济社会发展短板、产业结构升级等

因素，将项目建设与职业教育规划、地方资金筹措、师资队伍建设、学校运行保障等工作相衔接，统筹协调、综合规划，有计划、科学地、分步骤地增大三次产业专业设置力度，使专业发展程度更好地适应产业发展，实现二者有效对接。

首先，规划专业数量。专业数量应与学校发展规划、区域经济发展需求及三大产业发展相适应，要符合三大产业相关企业数量和企业用工总量发展趋势，宏观地指导三大产业相关企业数量和企业用工总量发展趋势。

其次，规划专业方向。政府应以各产业内部发展情况为依据，根据全省和各地州市特色专业群，针对各区域支柱产业确定重点专业，并针对市场需求数量进行科学预测，在招生就业过程中做到未雨绸缪。

最后，规划专业结构。专业结构是指全省职业教育设置的专业结构，即在全省范围内与产业相关的各专业数量比例构成，以及全省各地州不同主干专业共同构成的专业结构。合理的专业结构是构建合理的人才结构基础，不需要大而全，对产业发展急需专业人才，对数量需求庞大的专业技能人才要尽早设计，这样才能实现人才供给与产业需求的高度匹配。

（二）加强专业资源建设，提升专业支撑能力

目前，云南省职业院校专业设置支撑产业结构发展能力不强，培养的人才与产业发展不能实现完全对接，对口专业就业率相对较低。提升专业设置支撑产业结构发展能力应有针对性地进行专业资源整合。根据现有技能人才结构对产业结构转型升级中的人才需求培养足够量与质量高的技能人才，整合专业资源、合理设置产业发展匹配专业。各地州在省政府统一领导下，加强地市政府统筹，根据地区经济社会发展情况、人口规模、产业结构调整和人才需求等要素，统筹云南省职业院校与产业相关专业内部专业大类设置，同时与三次产业内部的各行业结构发展现状相适应，在区域内职业教育资源优化组合基础上，提前规划各职业院校专业设置。

二、以产业和行业为依托，推进企业主导的校企合作

推进云南省职业教育专业发展更好地促进全省产业升级发展趋势，实现二者科学对接，依托区域产业和行业，让产业带动专业设置。现有专业设置与产业相关专业的内部设置，与三次产业内部各行业结构发展现状不相适应。解决方法就是加强校企合作，特别是加强企业主导式的校企合作①，有效地推动三次产业内部行业结构与产业相关专业大类设置的有效对接。用人单位和各院校是职业教育和区域经济、产业结构发展以及校企合作中两大鲜活主体。推动专业设置和产业结构有效对接，实现良好的校企合作，必须提高两大主体的合作积极性。努力提高两者合作积极性，提高校企合作效率，保证专业设置和产业结构有效对接。提高企业和学校合作的有效性，把利益拉动效应作为最直接的效果，从经济学角度看，校企合作是一种积极行为，以"双赢"和"互利"为基础。根据受益原则，企业是职业教育的主要服务对象和直接受益者，由此推之，企业成为职业教育参与者和投资者顺理成章。而职业教育本身就是一种带有企业行为和强烈经济行为的教育类型，如果职业教育中没有企业参与，该职业教育很难说是一种成功的教育，职业教育的本质决定了企业必须参与校企合作的发展模式中。从根本上避免低效率的校企合作，就要从"双赢"和"互利"着手。实现校企合作，企业选择是关键。只有企业所属行业的生命力及其核心技术，实现产业结构发展趋势和产业技术建设对接，才代表产业和行业发展的主流方向。职业院校也只有有效地进行校企合作，才能真正落实专业设置与产业结构的有效对接。

---

① 是指以企业为主导的校企合作，即以区域支柱产业、行业的需求为主导，有目的地进行校企合作。

三、提高社会服务能力，为市场培训所需人才

云南省在职业教育发展中还需大力加强职业院校社会服务职能，不仅为社会培训所需技能型人才，还应培养有责任心、有担当、具有工匠精神的市场人才。

（一）建立人才培养训练中心，提高社会服务能力

瞄准全省各地州经济社会发展主战场，了解各地经济社会发展需求，找准学校与地方发展作为职业培养切入点，更好地融合地方发展，因时制宜地满足地方需求，培养地方所需人才，积极主动地根据地方需求、学校资源优势开设各种技能培训，既要提升当地劳动力技能服务水平，更要提高技能人才的社会服务能力。

（二）校企联合人才培养，为企业培养人才

一是实施校企联合创办专业、开设课程，或鼓励学校直接到企业或公司为其员工开设相关专业课程与技能培训。二是校企联合培养人才。职业院校与企业联合培养技能人才是校企合作形式之一，培养途径主要有：由高校接受企业委托，由企业提供经费，学校提供师资、实训室等，为企业培养学历与技能人才；由企业选派技术人员到高校接受培训，并由企业提供培训经费，或由企业提供资金和场所，高校提供师资，就地设立相关教学点，进行校企合作的人才培训。

要使人才供给与产业发展相对接，必须采取多种措施、多元方法加强技能人才训练与培养，实现区域技能人才供给对接产业发展。

四、鼓励民间资本以及外国资本兴办职业院校

《云南省人民政府贯彻落实国务院关于加快发展现代职业教育决定的实施意见》（云政发〔2015〕16 号）中提出，鼓励并支持社会力量兴办职业教育，该类职业院校与公办职业院校具有同等法律地位，依法享受教育、财税、

土地等优惠政策,探索公办和社会力量举办的职业院校互相委托管理和购买服务机制,探索利用国(境)外资金发展职业教育途径。改进云南非义务教育阶段受教育群体小,人力资源不充分现状,实现全省常住人口非义务教育阶段人口与义务教育阶段人口比例约1∶5。在义务教育基本普及背景下,鼓励学生进入职业院校学习,培养云南职业技术人才,为经济建设和社会发展提供坚强人才保证和广泛的智力支持。

(一)鼓励民营企业独资或合资兴办职业院校

民办职业院校通过参照企业化运作,与市场需求紧密结合,在人才培养目标与专业设置等方面充分考虑市场需要,建立与市场相适应的课程和人才培养模式,利用民营企业资本,把其背后的企业和公司等作为院校学生技能“实训基地”,把院校建设成企业人才培训基地和人才储备基地。

依托民办资源聘请在实际岗位中技术精湛、经验丰富的师傅对学生进行技能教学,学生毕业后可更好地与省内企业所需岗位直接对接,增强职业教育服务产业发展的能力。比如云南工程职业学院由云南铭鼎集团全资投资举办,是集房地产、物业、汽车、药业、矿业、影视、教育等多种产业的综合型现代投资集团,各方条件、资源、势能都非常好,学校领导班子沿用大型企业集团先进的管理经验,建设“IT应用实训中心”“建筑工程技术实训中心”“汽车技术与服务实训中心”和“学前教育管理学院校内实训中心”四大校内实训中心,17个实验室,以“校内办企业、校外办学校”为指导思想,走产学结合的道路。如“汽车技术与服务实训中心”既是学生实践课程的实训中心,又是汽车前台接待,后台维修的4S店。学校还建立了60多个校外合作实训基地,让学生对专业“学而有用,学而能用”,使学生尽早接触社会,了解当地生产实际。此外,学校还全方位地推行校企结合、工学结合开放式办学模式,与省内外优秀企业合作,并定期向合作企业输送大批专业人才,从而达到“专业与职业一体,学业与岗位融通”的教学目的,学生技术水平得到了用人单位和社会广泛认可。

（二）鼓励行业组织独立或共同举办职业院校

长期以来，产业和教育始终是“两张皮”，职业院校培养的人才实体企业不愿要，产业急需职业技术人才市场上又长期匮乏，这主要是沟通渠道不畅或信息不对称造成，或许行业组织兴建职业院校就能很好地解决这个问题，行业协会处于政府和企业的中间人，可密切关注经济结构调整和培训岗位变化，关注培训质量并及时调整教学内容等。

行业组织筹建的职业院校可依托行业资本和资源优势，提出本行业中等职业教育培养目标、教学基本要求和人才培养质量评价方法，对专业设置、教学计划、课程开发、教材建设提出建议；参与制定本行业中等职业教育教学基本文件、专业设置标准、实训教学仪器设备配备标准和教学评估标准及方案；组织开发本行业相关专业的教学指导方案，指导教学改革实践；组织本行业相关专业教学经验交流活动等，比如让机械、中医药、水利、民政、电子商务、航空工业等行业组织依托本行业的专业性和专业资源兴建特色职业院校，为本行业培养专业技能人才。

（三）鼓励省内职业院校拓展国际合作办学

外国资本融入云南职业教育院校和扩大人才资源市场、产业发展目标非常契合，应鼓励外国资本融入职业院校促进职业技术人才发展国际化。

1. 加强“一带一路”职业教育联盟合作

基于云南地缘、区域和资源优势，形成符合桥头堡战略需要、特色鲜明、结构优化的教育发展模式，加强“一带一路”职业教育联盟建设，助力中国企业“走出去”，加快国际化办学步伐，深化国际交流与合作。云南可通过与东南亚、南亚及其他国家开展全方位、多层次、宽领域、高水平的教育交流合作，鼓励东南亚国家社会资本和云南职业院校合作、合资办学。可与泰国、越南、柬埔寨等东南亚国家开展职业教育合作，比如小语种、会展策划与管理、国际经济和贸易等专业人才的培养；与越南、泰国等东盟国家多所著名职业院校合作“2+2”“2+1”等跨国培养实用型技能毕业生，增加省内国际化人才规模和优化人力资源。

2. 互学互鉴、合作共赢

经济全球化趋势一定会造成社会人才竞争的国际化发展趋势。目前，在华投资的外国企业越来越多，可以鼓励发达国家的社会资本来滇兴办职业院校，借助与这些国家社会资本的合作关系，既可以吸引及鼓励更多外资企业入驻云南，又可以把外资兴建的职业院校毕业生推荐到国内或省内建立的外资企业就业。外资兴建职业院校，为云南吸引外资企业、培养国际化技能人才培养，促进云南经济发展。同时，深化“一带一路”建设与职业教育开展深度对话，促进区域职业教育改革发展，为“一带一路”建设提供更高水平的技术技能人才支持服务。

（四）尽早实现“互联网+职业教育”

随着全球新一轮工业革命步伐，“工业 4. 0”的兴起与我国工业化和信息化的深度融合，构建中国特色职业教育体系，培养数以亿计的高素质劳动者和技术技能人才，促进大众创业、万众创新，推动“中国制造”向“中国智造”转变。同时，云计算、大数据、移动互联网等新一代信息通信技术的广泛应用，也对我国信息化建设产生了深刻影响。加速职业教育信息化建设，利用互联网技术建设数字校园、智慧校园，推动教育现代化进程，使之成为各大职业院校发展方向，并成为经济欠发达的云南省职业教育持续的发展目标。

为提升职业学校教学管理质量及效率，树立学校自身品牌形象，助力职业教育信息化均衡发展及教育资源最大化应用，促使传统教学管理转向可视化、科学化、智能化、综合化，在不断深化同职业院校合作的同时，推出数字化校园软件产品，创新校园服务模式，加速职业院校信息化建设。在“互联网+”政策带动下，借用云计算、大数据、移动互联等新技术，自主开发整套完备的职业院校数字化校园产品，推出移动端的“职教微信云平台”，为职业院校教学管理带来新的变革，创造新生态，实现智慧化管理目标。

1. 实现线上线下混合式教学

“互联网+”提出将加速创造“互联网+职业教育”的新生态，创新职业教育教学模式，助力校园信息化建设。依托“互联网+”进一步发挥职业院校培养多样化人才、传承技术技能、促进创新就业作用，职业院校需注重教育教学模式转变，充分结合互联网新技术，将传统线下教学转至线上，打破以往学生学习时间和空间限制，使教学资源得以高效配置。通过传统线下面授和知识点的详解，敦促学生更好学习，将教学落到实处。同时辅以线上教学，在线与学生沟通交流，针对学生预习情况提前做好课堂内容安排和疑难解答、知识点回顾等，根据大数据分析的学生学习情况对课程进行管理，利用云计算，将课件等资料上传至云空间，让教育教学资源得到最大化共享，促进教育公平。

进行职业教育信息化云服务建设，始终坚持从学校实际出发，融合职业教育地方特色，凭借强劲技术开发实力、丰富的校园信息化解决方案经验，可以自主推出在线招生、在线学习、在线考试、网上科研、网上教研、远程培训等产品，在职业教育信息化进程中，为职业院校新型教学模式的建立与应用发挥重要推动作用。

2. 形成智慧化校园管理体系

随着“互联网+”深化以技术带动职业教育信息化，促进职业教育管理可视化、管理智能化、管理科学化的智慧化校园管理体系形成，极大优化职业教育业务流程，提高学校管理能力及水平，降低资源消耗，真正促进职业教育教学发展。

管理可视化方面，推出 OA 协同办公平台，通过图文并茂形式，搭建清晰审批流程，让学校管理者、老师等随时看到校园各项数据及各自工作进展状态，实现在线自动化办公，节省时间成本；管理智能化方面，搭建服务支撑云平台，采用云监控、云诊断、云反馈等手段，不仅节省学校硬件购买支出，同时可满足其后期运维、升级更新的自动化、智能化，降低数据管理的成本；管理科学化方面，推出统一身份认证系统、教学教务管理系统、学生管理系统、科研管理系统等全系列职业院校数字化校园产品，为职业院校提供决策依据，提高其管理的科学化水平。借助互联网平台及技术，推动智慧化校园建设，是职业院校需要考虑的重要问题。

3. 建设移动互联校园信息化系统

随着职业教育信息化蓬勃发展，越来越多的业务应用系统投入使用。但系统间相互独立，无良好贯通，基于 PC 端的学校信息系统很难有效地、及时地、便利地为师生提供更多资讯和服务，家庭、学校、企业三方互动交流大大受限。随着智能手机普及 4G/5G/无线网络的覆盖，学生需要利用碎片化时间获取更多信息，家长希望能够随时查询到学生成绩和了解其在校状态，老师及时了解学生学习情况，学校领导层也需一个移动化平台便于文件批复等。“互联网+”，让社会各界开始广泛关注移动互联技术在不同行业的应用成果及效用。对职业院校，实现 PC 端与移动端的信息化系统结合，打造智慧应用集成平台、个性化资讯服务平台、个性化招生就业信息推动平台和校家企三方实时互动交流平台，构建职业教育信息化建设新生态圈，将成为未来教育现代化的必然趋势。

为积极迎合时代发展潮流，职业院校建设应不断汲取“互联网+职业教育”新思维，规划搭建基于微信服务号的职教微信云校园等移动信息化系统，帮助学校解决统一管理、对外招生宣传、学生课表查询、标准数据中心建设等需求，满足学校全方位、高品质的形象传播，扩大职业院校招生渠道。与此同时，通过统一后台登录及云平台架构，提高校园系统相互贯通，提升学校管理效率。在移动互联校园信息化系统建设中,建立标准接口,实现与多系统、多应用无缝对接,极大降低学校信息化投入成本,引领职业教育移动信息化系统建设的新方向。

云南省在“互联网+职业教育”发展进程中,继续利用互联网信息技术优势,发挥互联网与职业教育信息化建设桥梁作用,推动“互联网+”特色职业院校信息化建设。

五、加快推进职业教育国际化

(一)增强吸引国际学生的能力

随着经济全球化的深入与发展,世界范围内生产要素和人才流动规模日趋扩大,深刻改变着人们的工作和生活。以国际专业能力、外语能力、跨文化能力为主要内涵的国际能力受到前所未有的广泛关注。以提升职业人才国际能力为目标,职业教育国际化也越来越重视。联合国教科文组织明确提出“现代世界的每个人都需要获得跨文化能力”,建议各国加强教育国际化;强调“职业教育要促进国际理解和包容,培养具有全球视野和责任意识的公民”,倡导加强职业教育国际合作,这已成为很多国家发展共识。《国家中长期教育改革和发展规划纲要(2010—2020年)》(以下简称《规划纲要》)指出:“发展职业教育是推动经济发展、促进就业、改善民生、解决‘三农’问题的重要途径,是缓解劳动力供求结构矛盾的关键环节,必须摆在更加突出的位置。”为此,各省切实行动起来“大力发展职业教育”,同时“增强职业教育吸引力”。

“大力发展职业教育”需要有具体与实实在在的目标,需要有具体行动以吸引学生进入职业院校;《规划纲要》中提出:“根据经济社会发展需要,合理确定普通高中和中等职业学校招生比例,今后一个时期总体保持普通高中和中等职业学生规模大体相当”。这是基于当前建设人力资源强国和加快普及高中阶段教育国情作出的明智战略选择。只有朝着该目标“大力发展”，才能“形成适应发展方式转变和经济结构调整要求、体现终身教育理念、中等和高等职业教育协调发展的现代职业教育体系，满足人民群众接受职业教育的需求，满足经济社会对高素质劳动者和技能型人才的需要”。云南应根据本省区位优势，大力倡导本省更多学生进入职业院校，面向南亚、东南亚国家进行宣传并采取实际行动，吸引更多留学生进入职业院校学习。

（二）加快推进西南地区职业教育国际化

随着全面深化改革的不断深入，中国经济与世界融合进一步加深，对日常工作生活国际能力更加迫切，对具有国际能力的专门人才需求进一步扩大，云南职业教育也应加大力度培养面向东南亚、南亚等市场需求的国际人才。同时把职业教育作为履行大国责任的重要手段，将其纳入对外发展援助，帮助合作国发展职业教育，为欠发达国家和地区培养所需人才，为其经济社会发展奠定人才基础，同时还可为云南企业和产品“走出去”的目标地区培养当地人才，实现互利双赢。加快发展职业教育作为云南“十四五”教育改革发展新目标、新任务，必须继续扩大职业教育开放策略，把全球化融入在国际教育发展大坐标中，以世界眼光谋划适合云南发展的职业教育体系，以国际化促进现代化。

第一，全面提升职业院校学生的国际能力。把培养国际能力作为职业教育人才培养基本目标，纳入教育教学标准和课程建设。加强涉外专业建设，提升培养兼具较高专业和外语水平技术技能能力。加强职业院校外语教学，突出职业教育特点和外语应用能力，抓好外语课程标准和教材建设，改革教学方式方法，提高教学质量和效果。提升教师国际能力，将外语教师纳入教师培训，把国际能力作为教师培养培训内容。支持相关高校将国际能力培养纳入职业师范专业课程，培育一批双语专业教师。

第二,建立完善的国际合作交流机制平台。充分发挥现有教育国际合作平台作用,巩固中德、中英、中澳以及中国与非洲国家职教合作成果,拓展领域、提升水平。把职业教育作为中外人文交流与教育合作交流的新内涵,积极培育合作交流窗口和基地。积极推进职业教育合作融入“一带一路”倡议的双边、多边合作机制,广泛建立职业院校交流联系网络,如积极推进国际职业院校技能大赛。

第三,布局区域特色的职业教育国际化格局。紧密结合对外开放战略部署及“一带一路”建设,结合区域开放重点形成区域特色职业教育国际化格局。服务内陆沿边对外开放,对接外向型产业集群,加强专业建设,打造若干沿边开放职业教育基地。全面提升沿边地区职业院校国际化水平,提升沿边或沿海地区学生国际能力,为建设有全球影响力的先进制造业基地提供技术技能人才支撑。对接先进制造业和经济区主导产业,加强与德、美、法、日等先进制造国家职业教育合作,学习先进经验,提升专业教学水平。结合西南区域布局,加强与老挝、缅甸、越南以及泰国等国家的职业教育支持,积极开展西南职业院校拓展国际合作,打造若干高水平国际化职业院校。

第四,整合资源,强化协作。强化资源整合,打造高水平国际化职业院校。综合利用中央和地方、教育内外部多种资源,积极利用国家援外资金、相关企业资金,充分利用“一带一路”教育行动资源、平台和机制,重点打造一批高水平国际化职业院校。支持职业院校与企业共同“走出去”,与目的地国家职业院校合作,对接企业需求,培养当地人才,促进合作院校改革发展,推介沿边地区职业教育改革发展经验。增强协作保障,建立职业教育国际化协作机制,商务、外交、教育、地方、行业、企业及职业院校共同参与协作机制。建立职业教育国际化信息服务中心,建设职业教育国际化信息文献资源共享平台。

新时代，云南职业教育应以更加积极的态度，更加主动的行动加强国际合作交流。积极“引进来”，广泛借鉴国外先进理念和有益经验，扩大引进国外优质教育资源；主动“走出去”，与世界各国各地区职业教育进行对话、对接，与世界分享中国经验和发展成果，全面提升国际化水平，为职业教育内涵发展、提升质量作出新贡献。

（三）提高职业教育开放性与通用性

自2002年中国—东盟自由贸易区启动以来，高等教育领域合作高歌猛进，《中国—东盟全面经济合作框架协议》将人力资源开发作为五个优先领域实施合作；在《落实中国—东盟面向和平与繁荣的战略伙伴关系联合宣言的行动计划》中，教育合作又被提到战略发展前列。《中国—东盟纪念峰会联合声明》中鼓励扩大双方中等和高等教育机构之间合作、设立中国—东盟名誉奖学金、加强学术交流等教育方面的合作。在国家政策扶持下，云南省高等教育面向东南亚等地区的交流势头越来越好。尽管合作机制在增强，合作步伐在加快，但云南省高职院校所执行的合作办学项目很少，中职院校参与国际合作的项目更少，需尽快加大合作办学力度。在职业教育国际化进程中，引进国外经验与成果多，输出国内的很少，即使有交流合作，更多的是中国学生走出去，具有较强的单向特征；同时我国更多地认可国际社会先进的职业教育发展经验与成果，而被别国所知晓或认可的不多，这说明我国职业教育通用性不强。

当前众多企业对人才需求量主要集中在技能型人才，我国职业人才缺口较大，市场供需不平衡，云南省同样如此。以就业为核心、重视学生实践操作与动手能力已成为提高从业人员职业技能与素质、建设现代服务业和先进制造业的重要基础，成为促进就业和改善民生的重要保障。为实现李克强总理在全国职业教育工作会议强调的“职业教育大有可为，也应当大有作为”目标，全国乃至各省应当统筹发挥好政府和市场作用，既要加大政府支持,还要通过政府购买服务等方式,促进更多社会力量参与,形成多元化职业教育发展格局。

第三节 构建云南现代特色职业教育体系

健全现代教育体系、提升整体教育水平,是云南实现跨越式发展的重中之重。推进云南职业教育需统筹协调政府、企业和学校各方力量,从精英教育思维转向大众教育思维,树立职业教育与普通教育同等重要的观念。同时需统筹协调政府、企业和学校各方力量,加大财政投入,打通责任壁垒、因地制宜地形成分工合理、协调顺畅、资源共享、配合紧密的管理体制,实现职教链与产业链对接,加快职业教育国际化步伐,打造更多省内一流、国内知名,辐射南亚、东南亚示范性、规范化技工院校,培养更多以市场为导向、以素质为主线、以能力为本位、以技能为重点,立足云南经济发展,富有创业创新能力的高素质高技能人才。

一、构建现代特色职业教育体系与基本思路

加快发展职业教育是党中央、国务院与时俱进地作出的重大战略部署,云南省正面临从“低端制造”向“精品制造”转型升级关键期,职业教育走上了技能型人才培养快车道,但总体发展水平与经济社会发展需求还不相适应。云南现代职业教育体系建立,对新时代建设具有云南特色的现代职业教育体系起到积极作用。

(一)关键是进一步解放思想

推进现代职业教育关键是进一步解放思想,应从精英教育思维转向大

众教育思维，树立职业教育与普通教育同等重要观念，为职业院校毕业生提供更加公平、更加广阔的舞台，营造“行行出状元”及“劳动光荣、技能宝贵、创造伟大”的时代新风尚。在大力推进城市职业教育的同时，更要着力发展边疆和农村现代职业教育，实施新生代农民工职业技能提升计划，在农村户籍学生中逐步实现“职业教育全覆盖”，“使无业者有业，使有业者乐业”，让每个人都有人生出彩机会。可以把培训机会与培训点更多让位于农村，在农村实施职业教育与培训，以提高农村青年的综合素质能力。

（二）重点进行核心能力培养①

职业教育发展思路重点在于根据职业教育系统内部不同层级教育所对应的职业岗位不同层级的能力要求，明确各层级各规格教育的培养目标及教学内容，系统规划和设计中职、高职、本科甚至研究生各阶段的课程体系。构建以培养职业能力为核心，重点进行核心能力培养，体现职业教育工作过程导向，及时回应区域产业转型升级和服务国家发展战略带来的岗位及能力需求的变化；现代职业教育只有以系统培养为指导，才能明确学生的职业生涯发展路径及对应的职业能力进阶，才能实现中职、专科高职、应用型本科三个层级教育基于职业能力进阶的实质性与有效性衔接，并与终身教育对接。

（三）回归价值本体②、集成创新

云南现代职业教育体系设计，特别是云南特色的、国际水准的现代职业教育标准制定同样要遵循价值本体思路，明确职业教育归根结底应该是人的职业成长教育，而非就业教育或简单培训，把学生未来职业生涯可能涉及

① 是指以职业能力为核心，构建衔接贯通、一体的课程体系，面向学生职业生涯成长，中职、专高职、应用型本科分级培养人才。

② 所谓价值本体，就是价值上归根到底的“应该”或“应该是”，即“世界归根到底应该是什么”或“人归根到底应该把什么作为价值上的阿基米德点”的问题。

的职业能力及素质作为发展职业教育的“阿基米德点”。利用各种信息技术、管理技术与工具等,对各创新要素和创新内容进行选择、集成和优化,形成优势互补的有机整体与动态创新。当前国内流行的“互联网+”“智慧学习”理念就是一种典型的集成创新形式,它是利用信息通信技术以及互联网平台,让互联网与传统行业后进行彼此选择、深度融合、优势互补,从而创造新的发展生态。集成创新虽然主要用于产业界,但同样适用职业教育领域,特别是它强调灵活性、重视质量和产品多样化,对于职业教育人才培养规范化、多元化具有重要借鉴价值。云南现代职业教育标准制定依旧要遵循集成创新思路,在价值本体(主要是“能力核心、系统培养”的职业能力进阶系统及相应的职业生涯路径)基础上,通过对相关要素(如现代学徒制人才培养模式,英国、德国、瑞典职业资格证书模式,国际标准引入模式等)选择与集成,在人才培养规范化的基础上实现多元化、个性化与阶梯化培养。

(四)执行需求导向,走创新路

与普通教育相比,职业教育兼具职业培训与教育发展的双重属性,并具有鲜明需求导向特征。一方面,职业教育必须满足受教育者知识和技能学习需求;另一方面,必须满足经济社会和产业发展人才需求,从现有职业教育供给出发,重点突破那些不能满足受教育者学习及产业发展需求的薄弱环节,这种需求可通过供需调研、市场导向原则体现在云南省现代职业教育标准体系中。

同时,加快发展职业教育,必须打好改革牌走好创新路。推进职业教育统筹协调政府、企业和学校各方力量,各地应将发展职业教育列入本省各州市“十四五”规划,加大财政投入,打通责任壁垒,因地制宜形成分工合理、协调顺畅、资源共享、配合紧密的管理体制,努力推广工学结合、校企合作的教学改革成果,实现职教链与产业链对接,加快职业教育国际化步伐,打造更多省内一流、国内知名,辐射南亚、东南亚的示范性、规范化的职业院校,培养更多以市场为导向、以素质为主线、以能力为本位、以技能为重点，立足云南经济发展，富有创业创新能力的高素质应用型高技能人才。

（五）寻求国际合作，提升整体教育水平

云南省职业教育与现代职业教育标准体系的制定应坚持国际合作方向，积极与国际先进的职业标准对接，学习并借鉴国外先进职业教育理念及相关行业标准，充分利用英国、德国、中国台湾地区等职业教育先进国家或地区资源，创造性地开展标准制定工作，以确保标准研制的先进性、标准性和前瞻性，加快云南省职业教育国际化步伐，争取早日实现职业教育现代化。

实现云南跨越式发展，应把职业教育摆在经济社会发展重要位置，继续实施高技能人才振兴计划、技能扶贫专项行动、高校毕业生技能就业专项行动和云岭企业职工技能提升工程，不断开创职业教育发展新局面，源源不断释放改革红利和人才红利。

二、构建云南现代特色职业教育体系

根据职业教育发展国际趋势、产业转移以及区域职业教育发展现状，应进一步明确云南省职业教育发展定位与目标，在吸收优秀与先进的职业教育成功经验基础上，加大改革力度，突破发展瓶颈，全面提升职业教育质量理念，加快建立与发展适合云南特色的现代职业教育体系。

（一）健全符合现代职业教育体系要求的体制机制

现代职业教育体系是适应地方经济社会发展需要，满足人民群众多样化职业教育需求，形成由中职、专科、本科到研究生的有机衔接的教育体系。职业教育、普通教育、继续教育相互沟通便形成了现代职业教育系统。打造更多省内一流、国内知名，辐射南亚、东南亚示范性、规范化的技工院校，培养更多以市场为导向、以素质为主线、以能力为本位、以技能为重点，立足云南经济发展，富有创业创新能力的高素质应用型高技能人才。

第一，推进办学体制和管理体制改革，解决多头办学、分散管理、效益低下等相关体制管理问题，建立符合现代职业教育体系要求的体制机制。

第二，实施集群化专业发展战略，解决专业分散、重复设置、效益低下等现实问题，按照专业集群发展要求，优化中、高职学校布局，促进专业集群与全省优势主导产业、特色产业和战略性新兴产业对接和协同发展，加快培养产业专业人才，提升职业教育对产业升级的支撑力。

第三，适度优化职业教育办学规模、着力改善办学条件、提高办学质量，解决校均规模不合理的问题，凸显办学优势和特色，保持做强、做优的状态，切实发挥公办职业教育的示范和引领作用。

第四，优化职业教育办学结构、提升办学层次，形成由中职、高职、应用本科到专业研究生的完整职业教育体系，解决中高职层级结构失衡、重心偏低等问题，使人才培养层级结构更好更快地适应市场需求。

第五，构建职业教育“立交桥”，促进中等与高等职业教育有效衔接，职业教育与普通教育的科学有机贯通，打通技能型人才深造发展渠道，为学生多元发展提供切实保障。

第六，按照做强做优、分类整合、专业集群、资源共享、中高职衔接的原则，建设好职教园区与职教集团，增强云南省职业教育发展的多样性、优质性、特色性和示范性，打造出国内一流的职业教育新高地。

（二）实施完善的现代职业教育体系

1. 面向市场，打造一流师资与实训团队

高素质师资队伍是科学促进职业教育发展与提高教学质量的有效手段，但提高师资素质不能一蹴而就，可以引进“双师型”“一体化”师资，打造多支由企业技术、管理人员组成的外聘教学团队，并形成长期稳定合作关系，优化与提高师资队伍水平，推行教师与学生的双向选择制度。高度专业化教师可实行导师制度进行招生，学生可依据自身就业需求，有针对性地选择导师和对应课程，提高培训实用性与技巧性。注重理论对实践的指导作用，提高实训比重与水平，多元化培训模式，通过市场模拟演练，强化学生的应用技能，在通用学习基础上强化专项人才的培养。深化校企融合度，提高企业参与度。为此，师资队伍建设与提高初期，由政府主导，通过政策倾向吸引企业参与；到中期，学校应主动寻求与吸引符合现实需求，及时更新实训模式；实施远期，学校通过自身特色反向吸引企业参与，真正实现“生产实训一体化教学”。

2. 结合产业特征，强化办学特色，活化职业教育内容

专业设计应动态化，以适应产业发展需求与市场动向设置配套性产业，适应产业结构调整、改造、优化、升级对技能型人才提出的新要求。强化办学特色，加大对服务经济的重点专业和符合云南特色专业的扶持力度，比如高原特色农业、现代农业产业化、新兴产业、珠宝鉴定等相关专业。实施办学开放化，中等职业学校与技工学校尽早实现“学分互认”制度，学历教育和非学历教育协调发展，并与高等职业教育实现良好对接。推进对外联合办学工作，提升教学弹性。引进先进的教育理念和管理经验，转变教学观念，提高师生员工素质，拓宽办学思路，提升办学层次。

3. 塑造特色校园文化，向大学体制与城校一体氛围转化

职业教育同样需强化校园文化建设。比如努力促进中国传统美德和现代工业文化相结合，注重职业素养与企业管理文化相结合，打造具有云南特色、民族职业教育特色的校园文化，营造高等学府氛围很重要。针对性地制定人才培养模式，如企业订单、学校下单、政府买单的人才订单培养模式，使培养形成的技能型人才更具实用性、针对性和专业性。拓宽资本来源渠道，通过政府贷款、拨款，企业投融资，地方性补贴实现流动资本与固定资本（土地、基础设施）的多元化聚集，引进多方社会资本与 BT 项目等开发模

式。比如广州职业教育城所确立的产—城—教高效融合的健康模式，中期逐渐向产业大学与理工学院转变；最终在新一轮的教育产业结构调整与升级中，形成了高品质的专业教育产业与职业培训体系，还是值得云南职业教育发展学习。

4. 融入区域格局，实现产教融合—城教融合

杨林职教园区、安宁职教基地建设与发展，可依托昆明空港经济区、滇中产业新区发展形成有效的区域交通廊道，借鉴广东省形成的中新知识城—广州教育城—增城副中心的东西向区域发展廊道，该廊道已成为产教融合和科教融合的主要区域廊道。沿东西向主要区域廊道在职教城内形成公共服务中心，形成城际功能共享的空间廊道，同时也成为校际共享的基础。融入山水田园式生态格局，利用现有生态基础，依托南北向的区域生态廊道，形成山水田园式的职教城。将杨林职教园区与空港经济区—呈贡大学城形成有效的大通道，实现资源有效共享，为职教发展中产教与城教的科学联盟与融合，形成职教与普通高校的资源共享型教育布局。

5. 组团式校园布局，建立多层次共享体系

教育城整体尺度较大，合理尺度内的集中公共服务相对较为困难。结合职教城经验和区域自然地形特征，教育城各院校可形成活力充沛的组团式共享空间，在人行尺度中形成服务与实训共享。教育城本身结构相对疏散，教育组团之间结合生态基底、大型公共设施、开放产业区形成生态特征强烈的校际共享空间，增加其开放性。如果同时较高程度地做到城校、校校共享，空间上与城市功能紧密结合的组团，就可以通过开放街坊的方式全面与城市共享。整体上通过大型公共设施、实训和公共服务职能共享，如校园公共汽车的开行、共享单车的出现等模式，已打破封闭式校园格局，形成多级别共享体系。

（三）构建云南现代职业教育体系结构

探索与构建现代职业教育体系有效结构，坚持“遵循规律、系统思考、服务需求、明确定位、整体设计、构建制度、分类指导、分步实施”原则，逐步推进职业学校主系统协调发展和重心上移，完善管理系统、职业资格证书系统、法律制度系统和经费投入系统，加快建设科研支撑系统、师资队伍建设系统、学术型和应用型人才。

1. 突出开放性与发展性

突出云南职业教育开放性，体现职业教育与市场需求、受教育者和其他教育的沟通。其开放性应体现“两个适应”“两个面向”“两个衔接”，“两个适应”：适应科技进步带来生产方式变革需要，适应产业升级对职业人才要求的需要，深化产教融合的“两个适应”。“两个面向”：成为面向人人、面向全社会的教育，尤其是农村职业教育。“两个衔接”：职业教育与普通教育的衔接、职业教育与职业培训的有效衔接。

突出发展性，体现职业预备教育、职业继续教育的有效连通。加强职业预备教育，强化职业继续教育，整合职前职后教育资源，设计有利于劳动者工学交替、多次选择、互动开放的课程体系和学习方式，满足个人多样化、终身化学习需求，构建职业预备教育、初次职业教育和职业继续教育统一连续的系统。

2. 增强内部与外部适应性

职业教育必须密切关注区域经济发展方式转变，积极响应产业结构调整，建立与本地区现代产业体系相适应的现代职业教育体系。构建云南特色职业教育应增强外部适应性表现与外界对接的要求，提升职业教育对经济社会发展的贡献度。

一方面，强调体系的开放性，强化学校与行业企业合作；另一方面，密切关注区域经济发展方式转变，响应产业结构调整，既是构建现代职业教育体系的逻辑起点，也是职业教育发展的经济属性。坚持以服务发展为主线，主动服务各地经济发展方式转变，推动职业学校随着经济发展方式转变而动、跟着产业结构调整而走、围绕企业人才需求而转、适应社会和市场需求而变。重点推进深化人才培养模式改革的“五个对接”，即专业与产业对接、课程内容与职业标准对接、教学过程与生产过程对接、学历证书与职业资格证书对接、职业教育与终身学习对接。

职业教育具有为经济发展培养技能型人才的经济属性，更具有承担育人功能的教育属性。云南职业教育促进产业发展的内部适应性体现其育人性和以人为本，真正实现职业教育面向人人、服务终身。育人是职业学校的根本任务，在强调就业导向的同时必须坚持把育人放在学校各项工作的首位，既要加强学生技能培养，更要从学生全面发展出发培养学习能力，为终身学习和发展打下基础。从系统培养人才角度制定和完善政策，营造职业教育发展的良好环境，增强职业教育吸引力。要求突出职业教育与生俱来的教育属性，即作为面向人人的教育，作为终身教育的主要内容。要建立面向人人的学习制度，创新办学模式和教育内容，针对不同教育对象提供量身定制的个性化模块，采取更加灵活的方式方法，为人们在不同的发展阶段提供相应服务，使每个社会成员都可以在该体系内不受年龄、时间、空间限制，为达到各自职业发展目标而自主选择，有针对性地进行学习，多次学习、远程学习和非连续学习。

3. 增强内在协调性与管理连续性

增强云南职业教育内在协调性就是要推进中等和高等职业教育的协调发展，系统培养技能型人才，推进中高职教育协调发展。

首先，必须明确中等和高等职业学校的各自定位。前者作为高中阶段教育的重要组成部分，重点培养技能型人才，需保持发展规模，改善办学条件，提高教学质量，在建设现代职业教育体系中发挥基础性作用；后者作为高等教育的重要组成部分，重点培养高端技能型人才，要以提高质量、创新体制、办出特色为重点，努力建设具有云南特色、世界水准的高等职业教育，在现代职业教育体系建设中发挥重要作用。

其次，中高职教育协调发展要根据经济社会发展及其对技能型人才成长的特定要求，通过中等、高等职业教育在办学规模、教学质量、专业设置、层次结构、经费投入等方面实现协调发展，实现中高职教育在培养目标、专业设置、专业内涵、教学条件等方面的延续与衔接；以职业资格证书等级系统为重要载体，实现中职与高职学生技能水平评价的互认衔接；以规范的专业教学标准建设为抓手，促进课程内容和职业资格标准融通，实现中职和高职学校专业课程体系和教材的有机衔接，探索中高职教育贯通人才培养模式，体现现代职业教育的内在系统性。

最后，通过管理的连续性实现现代职业教育体系的向上延伸，这是经济社会发展的客观要求。比如重点探索高端技能型人才通过应用本科院校教育和高职院校实施专业学位高等教育对口培养制度，系统提升职业教育服务经济社会发展的能力和支撑国家产业竞争力。建立一套符合职业特点的中等职业教育、高等职业教育以及继续教育的课程衔接体系，鼓励毕业生在职继续学习，完善职业学校毕业生直接升学制度，为接受职业教育的学生提供完整的继续学习通道，搭建学生终身发展桥梁，优化现代职业教育体系发展环境，为职业教育持续健康发展提供强有力支撑，为加快建设一支门类齐全、技艺精湛的高素质技能型人才队伍，形成全省技能型人才的竞争优势，实现由人力资源大省向人才强省转变作出重要贡献。

4. 突出完备性与灵活性

突出职业教育体系建设的完备性，应体现从中职到高职专科、高职本科、专业学位研究生的贯通。构建从准学士、学士、专业硕士到博士的学位体系，完善从初级工、中级工、高级工、技师、高级技师到卓越工程师的职业资格体系,形成结构合理、类型多样、相互贯通、功能完善的职业人才成长“立交桥”。突出职业教育体系建设的灵活性,体现学历证书、学位证书与职业资格证书的融通。建立符合职业人才成长的招考制度,改革学制、学籍和学分管理制度,推进普通高校、高职院校、成人高校之间的学分转换,拓宽终身学习通道。推行学历证书与职业资格证书相结合的职业教育等级证书的灵活制度安排。

(四)持续推动云南职教园区科学规划与建设

职教园区可以为职业院校办学模式创新提供全新发展机遇。其一,职业教育集团化办学。职业院校组建职教集团,有利于各种办学资源共享和整合,也更容易发挥集团办学优势。其二,中高职院校联合办学。中职学校与高职院校联合办学有利于拓宽中职学生升学通道,有助于提升高职院校的办学质量和改革发展。其三,校企一体化办学。随着职教园区职业院校与企业合作走向深化,校企一体化办学将成为一种新型办学模式,这种模式将在现代学徒制、双元制人才培养模式改革上取得新突破。

目前,云南职教园区在发展模式和发展策略上还缺乏鲜明的特色,面临一些深层次矛盾和问题,比如需要正确对待与解决“整体与个体”之间矛盾。职教园区是一个整体,而入驻进园区的每一所职业院校则是独立办学个体。如果各院校仅关注自身学校利益,则职教园区整体效益难以得到充分发挥。需要形成完善的“政、校、企”合作办学机制。职教园区发展仅依靠政府推动和资金投入是不够的,应理顺学校和企业合作机制,推进校企合作的深度运作,激发职业院校和职业园区的改革活力。同时创新人才质量评价和监督体系,应充分发挥园区与产业、企业紧密合作优势,吸引企业参与制定人才质量评价标准,并成为职业技术人才评价和监督的重要主体。

1. 政策引导与政府推动策略

政策引导和政府主导推动是职教园区快速发展的原动力。云南各职教园区建设的快速发展得益于相关政策性文件:其一,2005年国务院颁布的《关于大力发展职业教育的决定》中强调"各级人民政府要加强对职业教育发展规划、资源配置、条件保障、政策措施的统筹管理,为职业教育提供强有力的公共服务和良好的发展环境"。其二,《云南省高等职业教育创新发展行动计划(2015—2018年)实施方案》(云教高〔2016〕58号)提出,"要推动高等职业教育与我省经济社会同步发展,加强技术技能积累,提升人才培养质量,为实现'两个一百年'奋斗目标、中华民族伟大复兴的中国梦以及富民强滇的云南梦提供坚实人才保障"。其三,《云南省现代职业教育体系建设规划(2015—2020年)》中提出:"着力构建现代职业教育发展长效机制,加强发展规划制定,改善基本办学条件,强化规范管理和监督指导等工作,实现政府直接管理向宏观引导的转变。充分发挥市场机制作用,鼓励和引导社会力量参与办学,扩大优质教育资源,激发职业院校发展活力,促进职业教育与社会需求紧密对接。"在政策积极引导与政府推动下,到2020年,建立起具有云南特色、适应经济社会发展、结构规模合理、产教深度融合、中等职业教育与高等职业教育衔接、职业教育与普通教育相互沟通、学历教育与非学历教育并重、内外发展环境优良、体现终身教育理念的现代职业教育体系。

2. 超前规划与科学设计策略

统筹规划、科学设计与超前规划是职教园区持续健康发展的保证。其一,云南省政府和各地州市政府应联合制定职业教育发展整体规划。包括职业教育基地建设,在校生规模数量,师资配备等,各州市都应同时根据本地人口、产业、经济等因素,统一制定全州市职业教育发展规划,将职教基地(职教园区)建设列为重点工程或重要项目。其二,职教园区选址、发展规模和功能定位的整体规划。职教园区功能定位比较复杂,不仅要考虑职教园区与职业教育整体布局的关系,还要考虑与区域内产业结构和产业布局的关系、与产业对接互动的关系、与城市功能布局的关系等。每一个职教园区建设方案都是综合考虑城市发展、产业发展、职业教育发展中长期需求的选择。科学设计优质高效的职教园区，其总体性、控制性规划，园区内空间结构、功能布局和土地使用都要求高标准设计。其三，办学条件设计的高标准。职教园区内职业院校的生均校舍建筑面积，特别是实训实验场所、图书馆、教室、体育设施的生均面积，既要符合国家水准，也要考虑本地实际发展需要，可以高于国家标准进行建设。园区内生均拥有的绿地面积甚至要高于市区院校，确保学生拥有一个安静舒适的学习环境。其四，关注职教园区内的院校独特个性风格。职教园区多采用组团式进驻方式，组团之间、组团内的院校均应考虑其原有专业特色、文化特色设计形成独具个性的建筑风格。其五，重视公共空间和公共服务设施的科学设计。资源共享是职教园区规划设计的核心理念，各个职教园区均把公共图书馆、公共技能实训中心、产学合作工厂、公共服务中心作为规划设计的重点。规划设计尽可能使高等职业教育各种办学资源的配置达到最优，提高资源利用效率，在学校之间、学校与城市之间形成资源共享开放平台。

3. 资源整合与资源共享策略

资源整合是避免各自办学的资源重复配置，提高资源利用效率和办学效益的重要手段，职教园区建设本身就是整合、优化职教资源的重要举措。可以学习或借鉴广东职教园区资源整合经验：其一，物质和空间资源整合，包括职教园区的共享中心和公共服务中心。比如东莞职教城的高技能公共实训中心和公共服务中心（图书馆、剧院、体育中心）分列园区南部的东西两侧。广州职教城制定了共享带专项规划，将公共资源整合集中分布在“两心五带”（即东部和西部两个城校共享中心，学校组团布置五条校共享带）。其二，专业资源整合，主要涉及职业院校组团进驻前的专业优化调整。职教园区往往采用组团进驻的方式，同一组团的院校专业上一般都存在重复设置现象，入驻前需要进行专业的优化整合。广州教育城一期入驻交通运输组团、城市建设组团、工业制造与信息化组团共13所院校，学生规模12.9万人。各组团院校组团进驻前，都需制定专业优化组合的整合意见，经教育局批准后实施。其三，人力资源和文化资源整合。职教园区建成后，园区内院校之间的教学资源、文化资源、制度资源都具有进一步优化整合的潜力，需要在实践中不断地进行探索和创新。

资源整合侧重于内部的资源优化整合，资源共享则更多考虑学校、企业与社会之间的共享平台建设。其一，公共实训平台。现代化、高标准、设备先进，与企业生产接轨的现代工业实训中心，是各职教园区的标志性建设项目。其二，公共信息平台，主要包括图书资源、数字资源共享中心。实现一馆资料，全区共享，减少图文信息系统的重复建设，提高使用效率。其三，公共服务平台，主要包括学术交流中心、职业技能考核与鉴定中心、培训管理中心、人才交流中心、后勤服务中心等。其四，科技创新平台，主要是校企联合研发中心、技术孵化推广中心等机构。园区内预留的科技创新平台主要为校企联合研发、教学、科技成果转化服务。

4. 产业对接与校企合作策略

以产业需求为导向，以产业需求为依托，是职业教育改革与发展的依据。建设职教园区是实现职业教育与产业企业主动对接、深入互动的重要手段。其一，园区建设与区域产业布局对接。比如可以仿效广东清远省级职教园区建设与广东产业结构升级及产业转移对接模式；广州教育城建设与周边的科学城、知识城、经济技术开发区、先进制造业基地、现代服务业基地的产业资源对接；深圳、佛山、珠海则主要以产业资源的布局来决定职教资源的整合和共享布局。其二，专业设置与职业岗位对接。目前，针对许多职业学校在专业设置中存在着随意性强、专业设置不规范等问题，需要完善园区校企合作的平台和机制，依托行业协会力量和深入的市场调查，加深了解职业岗位标准的变化，为专业的设置和调整提供依据。其三，教学过程与生产过程对接。就是将生产过程引入职业教育教学，将生产过程作为教学过程中不可缺少的一部分，并作为教学过程的延续，使职业教育和生产过程有机衔接。深入开展校企合作，促进职业院校课程、教学方式改革，主动适应产业和企业提出的新要求，作为云南省职业教育改革和职教园区建设的重要目标。其四，与国外企业和培训中心进行密切合作，可以有效提升职业教育的国际化水平。

5. 管理体制和办学模式创新策略

自身利益考虑办学和发展的局限性，为园区内院校之间的合作发展、错位发展、特色发展提供了更大潜力和空间。要将这种可能性转化为实际效果，关键在于职教园区管理体制机制的创新和活力。

其一，明确职教园区管委会的组织架构和功能定位，充分发挥管委会服务创新功能。管委会不是政府部门，也不是办学实体，只是中间组织和服务平台，主要职责是为政府、园区院校和企业提供信息沟通服务、公共资源服务、园区与社会合作服务。只有把管委会服务平台建设好，才能充分发挥职教园区的优势和活力。其二，职业园区校企合作平台和制度创新建设。职教园区为职业院校提供了一个新的校企合作平台，为校企合作制度创新提供了新契机。进入园区之前，职业院校只能单独与企业进行协商谈判，往往很难与大型企业合作，职教园区则可以联合多所院校共同与大型企业、国际企业洽谈更高层次的合作项目。其三，人才评价标准和质量保障体系创新。职业院校人才培养标准与职业岗位的能力之间对接，一直是困扰职业院校的问题。职教园区建设有利于企业将职业能力标准要求，更快地反馈到职业院校人才培养过程中，并参与人才评价标准和质量保障体系建设，整体提升职业教育质量。

参考文献

Freder Harbison, Charles A. Myers, *Education, Manpower and Economic Growth2St rategies of Human Resource Development*, 1964.

Philip J. Foster, "The Vacational School Fallacy in Development Planning," in C. Arnoold Anderson and Mary Jean Bowman, eds., *Education and Economic Development*, 1965.

Psacharopoulos, G., "The Planning Education", *Comparative Education Review*, 1986, 30(4).

Geoffery, T. (1997) "The Interaction Between Technical and Vocational Education and Training (TVET) and Economic Development in Advanced Countries," *School of Education*, Bolton Institute.

Middleton, J. (1993) *Skills for Productivity: Vocational Education and Trainingin Developing Countries*. A World Bank Book. Oxford University Press, Oxford.

Psacharopoulos, G. (1998) "Education and Development: A Review," *World Bank Research Observer* 3(1).

Lee, E (1995) "Overview," *International Labor Review*, 134.

Raizen, S. A. (1994) "Learning and Work: The Research Base," *In Vocational Education and Training for Youth: Towards Coherent Policy and Practice*, *OECD*, Paris.

Lewin, K.M (1993) "Education and Development: The Issues and the Evidence," *Overseas Development Administration*, London.

Rumberger, Russell and Thomas Daymont, *The Economic Value of Academic and Vocational Training Acquired in High School*, 1984.

Kang, Suki and John Bishop, *Vocational or Academic Coursework in High School: Complements or Substitutes*, 1989.

Philip J. Foster, "The Vacational School Fallacy in Development Planning," *in C. Arnoold Anderson and Mary Jean Bowman*, eds., *Education and Economic Development*, 1965.

Raizen, S. A. (1994) "Learning and Work: The Research Base," *In Vocational Education and Training for Youth: Towards Coherent Policy and Practice*, OECD, Paris.

Lewin, K.M(1993) "Education and Development: The Issues and the Evidence," *Overseas Development Administration*, London.

Rumberger, Russell and Thomas Daymont, *The Economic Value of Academic and Vocational Training Acquired in High School*, 1984.

Kang, Suki and John Bishop, *Vocational or Academic Coursework in High School: Complements or Substitutes*, 1989.

[英]亚当·斯密:《国民财富的原因与性质的研究》(上、下),商务印书馆 1974 年版。

[德]李斯特著,邱伟立译:《政治经济学的国民体系》,华夏出版社 2009 年版。

中共中央马克思恩格斯列宁斯大林著作编译局译:《资本论》,人民出版社 2004 年版。

[美]贝克尔著,郭虹等译:《人力资本理论:关于教育的理论和实证分析》,中信出版社 2007 年版。

欧阳河:《职业教育基本问题研究》,教育科学出版社 2006 年版。

黄龙威:《职业教育协调发展研究》,湖南人民出版社 2005 年版。

吴岩:《必由之路——高等职业教育产学研结合操作指南》,高等教育出版社 2004 年版。

袁旭:《高等职业教育专业立体结构调整的研究与实践》,高等教育出版社 2004 年版。

《教育改革重要文献选编》,人民教育出版社 1986 年版。

张炼:《产学研合作教育若干理论问题的思考》,《江苏高教》2000 年第 1 期。

肖化移:《关于高等职业教育产学研结合体系的构想》,《职教通讯》2004 年第 4 期。

林涤凡:《高职产学研结合的内涵与模式探讨》,《无锡职业技术学院学报》2004年第4期。

陶红林:《高职高专教育实施产学研结合的思考》,《徐州建筑职业技术学院学报》2004年第4期。

黄国英:《高职教育实现产学研结合模式的实践与构想》,《科技创业月刊》2004年第10期。

苏志刚:《高等职业教育产学研结合的探索与实践》,《中小企业科技》2003年第8期。

郭健:《从世界职业教育发展趋势论我国职教改革方向》,《继续教育研究》2010年第6期。

黄春麟、刘娜:《关于高等职业教育产学研结合的思考》,《河南职技师院学报(职业教育版)》2003年第3期。

陈曦、万林、拾景炎:《论产学研结合的创新模式》,《扬州大学学报(高教研究版)》2002年第4期。

谢仁业:《从产学研合作到科教经互动——教育、科技、经济互动理论初探》,《中国高教研究》2003年第12期。

胡德平:《经济新常态下中等职业教育与区域经济发展协调性研究》,《经济研究导刊》2017年第30期。

朱敬忠:《谈新形势下职业教育与经济发展同行》,《教育现代化》2017年第20期。

丁斌:《国际金融危机背景下的高等职业教育发展思路》,《中国轻工教育》2009年第4期。

李新生:《国际产业发展趋势对我国高职教育发展的启示》,《职业教育研究》2008年第2期。

王震、王新:《财政方向:关于我国职业教育财政政策及其改革问题的报告》,《职业技术教育》2008年第15期。

斯琴、武友德、李灿松:《滇西北地区特色经济的发展与产业结构优化研究》,《资源开发与市场》2007年第11期。

蔡翼飞、张车伟:《地区差距的新视角:人口与产业分布不匹配研究》,《中国工业经济》2012年第5期。

苏迅:《资源贫困:现象、原因与补偿》,《中国矿业》2007 年第 10 期。

郑猛、罗淳:《论能源开发对云南经济增长的影响——基于“资源诅咒”系数的考量》,《资源科学》2013 年第 5 期。

杨鹏程:《“桥头堡”战略下的滇西中心城市建设》,《经济研究导刊》2011 年第 28 期。

何沁璇、骆华松:《基于桥头堡战略下的产业发展——以云南滇西为例》,《改革与战略》2011 年第 12 期。

李忠斌、李军、戎平:《“一带一路”视域下云南发展战略研究》,《三峡论坛》2015 年第 5 期。

张永帅:《一带一路与云南对外经济发展》,《学术探索》2016 年第 7 期。

黄裕建:《广东现代职业教育的现状与对策研究》,《佳木斯教育学院学报》2013 年第 6 期。

宋乃成、刘晓莉:《他山之石 可以攻玉——国外职业教育对我们的启示》,《陕西教育(高教版)》2012 年第 10 期。

李波、王艳霞:《国外职业教育发展对我国的启示》,《新疆职业教育研究》2011 年第 1 期。

刘合群、王婷婷:《论构建广东特色现代职业教育体系的若干问题》,《职教论坛》2012 年第 30 期。

钱海军:《广东特色现代职业教育体系开放型框架的构建》,《广西职业技术学院学报》2012 年第 4 期。

郑学瑜:《构建广东特色现代职业教育体系的探索与实践》,《广东技术师范学院学报》2012 年第 10 期。

阮彩霞、王向岭:《构建广东特色的现代职业教育体系的若干思考》,《南方职业教育学刊》2012 年第 6 期。

郑荣茂:《构建具有广东特色现代职业教育体系的探索与实践》,《广东水利电力职业技术学院学报》2012 年第 4 期。

田兴、郑蔼娴:《广东构建现代职业教育体系的“五合”战略》,《中国职业技术教育》2011 年第 24 期。

陶红、梁煜锟:《论适应广东“双转移”战略的现代职业教育体系的构建》,《职教论坛》2009 年第 9 期。

罗文华、秦素菡:《构建广东特色的现代职业教育体系的思考和探索》,《广东技术师范学院学报》2010 年第 7 期。

张宏志:《现代职业教育体系的开放性特征展望——兼论中等职业教育与高等职业教育协调发展》,《继续教育研究》2012 年第 4 期。

王丽娅:《台湾职业教育综述》,《中国职业技术教育》2003 年第 30 期。

林克松、石伟平:《改革语境下的职业教育研究——近年中国职业教育研究前沿与热点问题分析》,《教育研究》2015 年第 5 期。

杨道涛:《德国“双元制”职业教育之于我国未来职业教育改革启示》,《继续教育研究》2017 年第 2 期。

何杨勇:《德国双元制职业教育发展中的公平问题》,《高等教育研究》2017 年第 3 期。

刘晓、石伟平:《职业教育集团化办学治理:逻辑、理论与路径》,《中国高教研究》2016 年第 2 期。

李梦卿、安培:《职业教育耦合“一带一路”战略发展的机遇、挑战与策略》,《职教论坛》2016 年第 7 期。

刘志文、郑少如:《广东职教园区建设的模式选择与策略分析》,《高教探索》2015 年第 4 期。

黄蘋:《世界产业发展动向对我国构建现代职业教育体系的启示》,《职教论坛》2012 年第 20 期。

迪拉娜·叶尔肯、薛寒:《国外少数族裔职业教育的发展经验与启示》,《当代职业教育》2020 年第 1 期。

冯金才:《构建广东高职院校职业技能鉴定创新管理路径探析》,《广东技术师范学院学报》2015 年第 10 期。

高萍萍、陈义辉、唐雪:《高职学校深化产教融合转型的基本举措研究》,《产业与科技论坛》2018 年第 2 期。

姜慧敏、王慧:《职业教育与区域产业协同发展的路径探析》,《教育现代化》2019 年第 A0 期。

焦后海、刘桂霖、柴然:《中等职业教育“双师型”教师准入制度研究》,《成人教育》2020 年第 3 期。

廖铭波:《高职院校职业技能鉴定质量监控的探索与实践》,《现代经济信息》2018

年第 1 期。

刘国炳、刘中华:《着力办好职业教育 助推新一轮经济发展》,《经济界》2019 年第 2 期。

刘莉莉、乞佳:《我国中等职业教育教材制度体系建设的回顾与展望》,《东北师大学报(哲学社会科学版)》2020 年第 2 期。

陆秋:《高等职业教育与职业技能鉴定有效衔接路径探究》,《科技风》2021 年第 24 期。

曲广为:《职业教育和美国经济转型分析》,《时代金融》2020 年第 6 期。

冉永刚:《高等职业教育与职业技能鉴定衔接探析》,《开封教育学院学报》2016 年第 6 期。

王辉等:《中国中等职业教育空间集聚及其影响因素》,《热带地理》2020 年第 3 期。

王丽:《基于提升职业技能鉴定质量的职业教育模式研究》,《科技资讯》2019 年第 10 期。

王晓航:《农村职业教育均衡发展与乡村经济协调发展互动思考》,《农业经济》2018 年第 12 期。

王晓莲:《高职院校职业技能鉴定现状与对策研究》,《职业》2019 年第 6 期。

危浪等:《我国农村职业教育研究的前沿热点与演进态势——基于 CNKI(1992—2019 年)文献的知识图谱分析》,《成人教育》2020 年第 3 期。

徐敏:《贫困地区职业教育与扶贫产业的脱节问题及解决路径》,《教育理论与实践》2019 年第 33 期。

杨惠良、邵宝文:《职业教育与产业发展的适应性探析》,《黑龙江科学》2020 年第 1 期。

于立娟:《职业教育与区域经济发展》,《教育现代化》2019 年第 12 期。

张声洲、何燕春、陈曦:《职业教育助推地方经济发展研究》,《合作经济与科技》2020 年第 1 期。

钟宝芬、吕俊杰:《新形势下高职院校职业技能鉴定工作改革浅析》,《科技资讯》2019 年第 10 期。

周光第:《高职院校职业技术鉴定工作创新模式初探》,《辽宁师专学报(社会科学版)》2017 年第 3 期。

朱成晨、闫广芬:《跨界与共生:农村职业教育融合治理的分析框架》,《教育研究与实验》2020 年第 1 期。

鉏海燕、鄂世举:《改革开放 40 年中等职业教育政策的演进探析》,《职业教育研究》2019 年第 2 期。

广东省省情调查研究中心:《2011 年度广东职业教育学校竞争力评估报告》,2012 年 1 月 6 日。

《关于加强中等职业学校校园文化建设的实施意见》,广东省教育厅,2010 年 4 月。

云南大学发展研究院与民建云南省委联合课题组:《"单独二孩"新政实施与云南人口发展预期》,内部资料,2014 年。

杨启栋:《二十世纪台湾技职教育发展的历程及其贡献》,载《台湾:教育改革、师资培育与教学科技:各国经验国际学术研讨会论文集(三)》,1999 年 12 月。

昆明日报:《云南"桥头堡"建设升格为国家战略》,http://finance.eastmoney.com/news/1346,20110307123436131.html,2011. 3. 17。

《教育部关于推进中等和高等职业教育协调发展的指导意见》,教育部官网,http://www.moe.edu.cn/publicfiles/business/htmlfiles/moe/A07_zcwj/201109/xxgk_124851.html。

《教育部等九部门关于加快发展面向农村的职业教育的意见》,教育部官网,http://www.moe.edu.cn/publicfiles/business/htmlfiles/moe/A07_zcwj/201111/126266.html。

《加快推进中国职业教育国际化》,新华网,http://news.eastday.com/eastday/13news/auto/news/china/20160628/u7ai5777785.html。

张婷:《教育部召开职业教育助力现代服务业发展座谈会:努力培养适应现代服务业发展的技术技能人才》,《中国教育报》2013 年 8 月 29 日。

叶琴:《台湾高等技术及职业教育发展特色研究》,浙江师范大学 2006 年硕士学位论文。

李世凤:《高等职业教育校企合作研究——以重庆为个案》,重庆工商大学 2016 年硕士学位论文。

辛欢:《高等职业教育校企合作现状与对策研究——以山东省为列》,广西师范大学 2016 年硕士学位论文。

后　记

云南职业教育与产业发展问题，不仅有较强的地域特征、区位特征，还包括经济发展与相关体制机制特征，是一个需要集合制度设计、多方协作、多元发展以及共同谋划的综合问题，是边疆地区实践性很强的教育问题。

由于研究水平有限，资料获得相对有限，目前针对云南职业教育与产业协调发展的相关研究还有诸多不尽如人意之处，研究的理论价值、理论支持、实践意义与发展新模式等也有诸多不如人所愿之处，也在此诚恳地期待读者提出宝贵的意见与建议，恳请读者予以批评指正。

本书在写作与出版过程中得到了云南大学社科处、云南大学晏月平主持的“一流大学建设创新团队”项目的支持，得到了云南大学吕昭河教授、罗淳教授、戴波研究员、徐晓勇副研究员、许庆红副研究员的支持与指正，民族学与社会学学院博士研究生李雅琳，硕士研究生郑伊然、张舒贤与李忠骥在文献资料搜集、数据统计分析、图表设计、文字校对与整理等方面做了大量工作；人民出版社程露编辑、李椒元编辑为本书的写作与修改提出了诸多有益的建设性建议，为完善书稿写作、修订与出版倾注了大量心血，在此一并致以最诚挚的谢意。

作　者

2022 年 3 月